所得相応性基準

評価困難な無形資産取引に係る価格調整措置導入の背景

角田伸広【著】
Nobuhiro Tsunoda

中央経済社

はしがき

　平成31年度税制改正により我が国の移転価格税制において，無形資産取引への所得相応性基準を背景とした価格調整措置が導入されることとなった。

　平成30年12月21日に閣議決定された「平成31年度税制改正の大綱」[1]では，移転価格税制について，「BEPSプロジェクト」の勧告により改訂されたOECD移転価格ガイドライン等を踏まえ，見直しを行うとしている。

　「BEPSプロジェクト」の勧告とは，税源浸食と利益移転［Base Erosion and Profit Shifting］（以下「BEPS」という。）への対抗措置として，2015年10月にOECDが公表した最終報告書の移転価格税制に係る「移転価格税制と価値創造の一致」[2]での勧告を指し，それにより改訂されたOECD移転価格ガイドライン[3]「第6章　無形資産に対する特別の配慮」の「D．4　評価困難な無形資産」等を踏まえた見直しを行うものである。

　本大綱では，評価困難な無形資産に係る取引を特定無形資産取引と定義し，特定無形資産取引に係る独立企業間価格の算定の基礎となる予測と結果が相違した場合，税務署長は，当該特定無形資産取引に係る結果及びその相違の原因となった事由の発生の可能性を勘案して，当該特定無形資産取引に係る最適な

---

[1] 平成31年度税制改正の大綱（平成30年12月21日閣議決定）。
https://www.mof.go.jp/tax_policy/tax_reform/outline/fy2019/20181221taikou.pdf

[2] OECD/G20 Base Erosion and Profit Shifting Project Aligning Transfer Pricing Outcomes with Value Creation, Action 8-10-2015 Final Reports.
https://read.oecd-ilibrary.org/taxation/aligning-transfer-pricing-outcomes-with-value-creation-actions-8-10-2015-final-reports_9789264241244-en#page1

[3] Transfer Pricing Guidelines for Multinational Enterprises and Tax Administrations, 2017.
（以下「新OECD移転価格ガイドライン」という。）
　新OECD移転価格ガイドラインの日本語表記は，国税庁仮訳「OECD　多国籍企業及び税務当局のための移転価格ガイドライン　2017年版」
https://www.nta.go.jp/taxes/shiraberu/kokusai/oecd/tp/pdf/2017translated.pdf を参考とし，一部訂正して記載している。

独立企業間価格算定方法により算定した金額を独立企業間価格とみなして更正等をすることができることとしている。

評価困難な無形資産に係る独立企業間価格の調整措置については，第14回税制調査会（平成29年11月1日）財務省説明資料「国際課税について」［総14-1］における「（参考）中期的に取り組むべき事項」の中で，BEPS行動8における無形資産取引に係る移転価格ルールについて，評価困難な無形資産（Hard-To-Value Intangibles：HTVI）に関する移転価格ルールを「いわゆる所得相応性基準」として紹介し，勧告として，評価困難な無形資産について，予測便益（ex-ante）と実際の利益（ex-post）とが一定以上かい離した場合に，税務当局が実現値に基づいて独立企業間価格を評価することを可能とすることを，「いわゆる所得相応性基準」の導入で対応することとし，納税者と税務当局との間に当該無形資産に関する情報の非対称性が深刻であり，実際の利益が明らかにならないと税務当局が移転価格評価を実行できないような場合，税務当局は，実際の利益に基づいて，納税者の予測に基づいた価格取決めを評価し，価格調整を行うことができると説明している。

また，第20回税制調査会（平成30年11月7日）財務省説明資料（国際課税について）［総20-2］では，国際課税の課題として移転価格税制を取り上げ，BEPS行動8の勧告のポイントを説明し，BEPS勧告の②において，税務当局は，納税者との情報の非対称性により，移転価格の適切性の検証に関して困難を伴う場合が多いとの課題を指摘している。そして，対抗策として，一定の評価困難な無形資産（Hard-To-Value Intangibles：HTVI）取引に関し，当初の価格算定に用いた予測と結果が大きく乖離した場合，税務当局は価格が適切に算定されていなかったと推定し，事後の結果を勘案して価格を再評価するHTVIアプローチの導入を勧告しているのである。

所得相応性基準とは，米国において，1986年税制改革法により内国歳入法482条を改正して導入されたものであり，判例等での議論を背景として，課税対象となった医薬品業等における無形資産から創出される超過利益の国外への

移転を防止するために導入されたものである。

「移転価格税制と価値創造の一致」における勧告では，無形資産の射程を拡げ，研究開発や販売活動等により創出された無形資産だけでなく，機能移転や事業再編等により情報通信技術を活用した新しいビジネスモデルの構築等から超過利益を創出することの価値等についても，移転価格税制の対象として取り込むことを目指しており，これまでの独立企業原則に基づく移転価格税制の適用範囲を拡大するものと考えられ，どのように射程を定めていくかを適正に検討していく必要があると考えられている。

各国の税務当局が，無形資産による超過利益の帰属に係る移転価格税制の適用をどのように定めていくかは各国国内法の問題であるが，OECD モデル租税条約及び OECD 移転価格ガイドラインで国際規範となっている独立企業原則と整合性を取ることにより，各国国内法の適用による多国籍企業における経済的二重課税が回避されてきた状況にある。

しかし，移転価格税制に係る BEPS 最終報告書における無形資産に係る広範な定義と所得相応性基準の採用は，多国籍企業の無形資産による超過利益の帰属を自国へ取り込むことを目指し，各国税務当局が無形資産の範囲を拡大して価値創造への自国の貢献を主張する姿勢を助長するため，独立企業原則の適用による経済的二重課税の回避が国際的に困難となっていく恐れがある。

本書では，平成31年度税制改正により我が国の移転価格税制において導入されることとなった無形資産取引への所得相応性基準を背景とした価格調整措置について，移転価格税制に係る BEPS 最終報告書の勧告を確認し，米国における所得相応性基準の議論と我が国での価格調整措置の導入における論点を分析した上で，今後の課題としての包括的な救済措置の要請について検討していくこととしたい。

そこで，第１章では，平成31年度税制改正による我が国移転価格税制の改正を確認するとともに，BEPS への対抗措置としての無形資産取引への移転価格課税に係る勧告を取り上げる。

第2章では，無形資産取引に係る移転価格税制と価値創造の一致の議論を取り上げ，BEPSにおける超過利益の移転に係る問題提起を踏まえ，移転価格税制と価値創造を一致させるための方策としての，価値創造への貢献度分析と超過利益の価値創造に沿った配分のための議論を行う。

第3章では，移転価格税制における所得相応性基準の適用に関して，米国における独立企業原則との整合性の議論を確認する。具体的には，無形資産取引への独立企業原則の適用，所得相応性基準の独立企業原則における整理，定期的調整による超過ロイヤルティの回収及び利益比準法による検証を取り上げる。その上で，所得相応性基準の適用に係る問題として，後知恵による課税に係る議論，評価困難な無形資産に係る定期的調整，包括的定義を前提とした無形資産の特定及びバリューチェーン分析による超過ロイヤルティの帰属に係る議論を行う。

第4章では，評価困難な無形資産取引に係る価格調整措置導入の背景として，我が国での所得相応性基準に係る税制調査会での議論を確認した上で，移転価格税制上の対象となる無形資産の明確化としての包括的な定義の採用，独立企業間価格の算定方法の整備としてのDCF法の導入，所得相応性基準を背景とした評価困難な無形資産に係る取引に係る価格調整措置の導入としての所得相応性基準の適用についての議論を取り上げる。

第5章では，今後の課題として，各国における無形資産取引への移転価格課税による経済的二重課税への包括的な救済措置の要請について議論していくこととしたい。

本書は，筆者が京都大学大学院法学研究科法政理論専攻博士課程における法学博士学位論文に基づき，平成31年度税制改正の内容を盛り込み，加筆訂正したものである。

論文作成に当たっては，岡村忠生教授のご指導に心から感謝申し上げるとともに，今後も研鑽を続け，更なる改善を図っていきたいと考えている。

なお，本書で表明する見解は，筆者の個人的見解であり，筆者の属する組織

等の見解ではないことをあらかじめ申し上げておきたい。

　最後に，本書の執筆に当たっては，中央経済社実務書編集部の奥田真史氏に大変お世話になったことに感謝申し上げたい。

2019年3月

　　　　　　　　　　　　　　　　　　　　　　　　　　　角田　伸広

目　　次

はしがき

第1章　所得相応性基準を背景とした価格調整措置の導入 ……… 1

第1節　無形資産取引に係る移転価格税制の改正 ……………………… 2
　1．移転価格税制の対象となる無形資産の明確化・4
　2．独立企業間価格の算定方法の整備・5
　3．評価困難な無形資産取引（特定無形資産取引）に係る価格調整
　　措置の導入・6

第2節　BEPS対抗措置としての無形資産取引への移転価格税制の
　　　　適用 ……………………………………………………………… 9
　1．BEPS対抗措置・9
　2．無形資産取引への移転価格税制の適用・11

第2章　無形資産取引に係る移転価格税制と価値創造の一致 …… 17

第1節　BEPSにおける超過利益の移転に係る問題提起 …………… 18
　1．グローバル企業による超過利益の移転・18
　2．BEPS対抗措置による包括的な対応・20
　　⑴　実質性・20
　　⑵　透明性・21

    (3) 予見可能性・21
第2節　移転価格税制と価値創造の一致……………………………………… 24
  1．価値創造への貢献度分析の適用・24
  2．超過利益の価値創造に沿った配分・28

第3章　移転価格税制における所得相応性基準に係る議論
                                                          33

第1節　米国における無形資産取引への移転価格課税……………………… 34
  1．移転価格税制に係る法令と裁判例・34
    (1) 移転価格税制に係る法令上の規定・34
    (2) 独立企業基準に係る財務省規則での規定・35
    (3) 独立企業基準の適用における非関連者間取引との比較・36
    (4) 無形資産取引への独立企業基準の適用・38
      ① ベリー比による超過利益の回収・38
      ② 利益分割法による解決・44
      ③ 第4の方法による解決・46
    (5) 無形資産に係る超過ロイヤルティの問題・47
  2．所得相応性基準の導入と独立企業基準における整理・49
  3．定期的調整による超過ロイヤルティの回収・54
  4．利益比準法による検証・57
  5．所得相応性基準の適正な適用・62
第2節　BEPSへの対抗措置としての所得相応性基準に係る議論………… 63
  1．後知恵による課税に係る議論・63
    (1) 比較可能性分析におけるタイミングの問題・63
    (2) 実際の事後の利益・64
    (3) 情報の非対称性・65
  2．評価困難な無形資産（HTVI）・67

(1) 独立企業による価格調整・67
(2) 評価困難な無形資産の定義・70
(3) 適用免除要件・71
(4) 定期的調整の問題点・72
　① 更正のための要件・72
　② 更正期間・73
　③ 更正処分・73
3．包括的定義を前提とした無形資産の特定・74
(1) 無形資産に係る包括的定義・74
　① 定義の厳格化から包括的定義への転換・74
　② 事業再編による無形資産の移転・75
　③ 包括的定義による独立企業原則の適用・77
　　a．無形資産の特定・77
　　b．無形資産の分類・82
　　　b-1　特許・82
　　　b-2　ノウハウ及び企業秘密・83
　　　b-3　商標，商号及びブランド・83
　　　b-4　契約上の権利及び政府の認可・83
　　　b-5　無形資産に関するライセンス及び類似の限定的な権利・84
　　　b-6　のれん及び継続事業価値・84
　　　b-7　グループシナジー・85
　　　b-8　市場固有の特徴・85
　　c．無形資産の所有とDEMPE・85
　　　c-1　無形資産の所有と契約条件・87
　　　c-2　機能，資産とリスク・90
　　　c-2-1　機能の遂行と管理・91
　　　c-2-2　資産の使用・93
　　　c-2-3　リスクの引受け・94

　　　　　　 c-3　関連者間取引の価格その他の条件の特定と決定・96
　　　　　　 c-3-1　マーケティング上の無形資産の開発と改良・96
　　　　　　 c-3-2　研究開発とプロセス改良の取決め・97
　　　　　　 c-3-3　企業名の使用への支払い・98
　　　　d．包括的定義による二重課税リスク・99
　(2)　無形資産の移転に係る比較可能性分析・99
　　　① 無形資産の移転・99
　　　　a．無形資産や無形資産に係る権利の移転・99
　　　　b．複合的な無形資産の移転・100
　　　　　 b-1　異なる無形資産の相互作用と経済的効果・100
　　　　　 b-2　移転した全ての無形資産の特定・101
　　　　c．他の取引に伴い移転する無形資産や権利・101
　　　② 比較可能性分析・102
　　　　a．比較可能性分析の意義・102
　　　　b．比較可能性の要素・106
　　　　　 b-1　取引の契約条件・107
　　　　　 b-2　機能・資産・リスク分析・109
　　　　　 b-3　資産や役務の特徴・114
　　　　　 b-4　経済状況・115
　　　　　 b-5　事業戦略・116
　　　③ 無形資産の移転に係る比較可能性分析・117
　　　　a．排他性・117
　　　　b．法的保護の範囲と期間・118
　　　　c．地理的範囲・118
　　　　d．耐用年数・118
　　　　e．開発段階・118
　　　　f．改良，改訂及びアップデートする権利・119
　　　　g．将来の期待利益の予測・120

　　　　h．無形資産や権利の移転に関する事例でのリスクの比較・120

　　　　i．無形資産や権利の移転に関する差異調整・121

　　　　j．データベースから得られた比較対象取引の使用・121

　　　④　事業再編後の比較可能性分析・121

　　　　a．機能，資産及びリスクの分析・121

　　　　b．差異の調整・123

4．バリューチェーン分析による超過ロイヤルティの帰属・125

　(1)　バリューチェーン分析・125

　(2)　取引単位利益分割法による超過ロイヤルティの帰属・126

　(3)　地理的特殊要因による超過利益・128

　　　①　ロケーション・セービング・128

　　　②　マーケット・プレミアム・131

　(4)　集合労働力・133

　(5)　多国籍企業のグループシナジー・134

第4章　評価困難な無形資産取引に係る価格調整措置の導入における論点　137

第1節　所得相応性基準を背景とした価格調整措置に係る議論 ……… 138

1．移転価格税制に係る税制調査会の答申・138

　(1)　移転価格税制の導入（税制調査会（昭和60年12月17日）「昭和61年度の税制改正に関する答申」）・138

　(2)　独立企業間価格算定方法の改正（税制調査会（平成8年11月）「法人課税小委員会報告」）・139

　(3)　期間制限及び独立企業間価格算定方法の改正（税制調査会（平成15年12月15日）「平成16年度の税制改正に関する答申」）・140

　(4)　移転価格税制に係る手続の改善等（税制調査会（平成18年12月1日）「平成19年度の税制改正に関する答申―経済活性化を目指して―」）・140

(5)　移転価格税制に係る手続の改善等（税制調査会（平成21年12月22日）「平成22年度税制改正大綱～納税者主権の確立に向けて～」）・141

　(6)　所得相応性基準の導入に係る整理（税制調査会（平成22年11月9日）専門家委員会「国際課税に関する論点整理」）・142

　　①　無形資産の取扱いに係る問題提起・142

　　②　米国及びドイツで導入された「所得相応性基準」への批判・144

　　③　所得相応性基準に係る評価・145

　　④　我が国に対する示唆・146

　(7)　無形資産の移転に係る OECD での議論への参画（税制調査会（平成22年12月16日）「平成23年度税制改正大綱」）・147

　(8)　BEPS プロジェクトを踏まえた国際課税の見直し・148

　　①　税制調査会第4回国際課税ディスカッショングループ（平成26年4月24日）［BEPS プロジェクトを踏まえた我が国際課税見直し］［際D 4-1］・148

　　②　第10回税制調査会（平成26年6月27日）「法人税の改革について」［総10-1］・149

　　③　税制調査会第6回国際課税ディスカッショングループ（平成27年10月23日）財務省説明資料［BEPS プロジェクトの最終報告について］資料［際D 6-1　総24-1］・151

　　④　税制調査会第7回国際課税ディスカッショングループ（平成28年5月26日）財務省説明資料［「BEPS プロジェクト」を踏まえた国際課税の課題］［際D 7-3］・153

　　⑤　第8回税制調査会（平成28年11月14日）「『BEPS プロジェクト』の勧告を踏まえた国際課税のあり方に関する論点整理（案）」［総8-5］・154

　　⑥　第14回税制調査会（平成29年11月1日）財務省説明資料（国際課税について）［総14-1］・157

　　⑦　第20回税制調査会（平成30年11月7日）財務省説明資料（国際課税について）［総20-2］・160

第2節　移転価格税制上の対象となる無形資産の明確化……………………165
　1．無形資産の定義・165
　2．我が国での導入における論点・168
第3節　独立企業間価格の算定方法の整備………………………………………169
　1．DCF法の追加・169
　2．潜在的利益の再配分・169
　3．何らかの価値あるもの（資産又は継続事業等）の譲渡・171
　　(1)　無形資産に係る議論・171
　　(2)　事業譲渡に係る議論・175
　　　①　継続事業の評価・175
　　　②　損失事業の評価・175
　　　③　再編対象のメンバーへの補償・176
　4．事業再編後の関連者間取引の対価・179
　　(1)　事業再編を構成する取引と再編後の取引への独立企業原則の適用・179
　　(2)　再編の対価と再編後の対価の関係・180
　5．評価テクニック・180
　　(1)　予測キャッシュ・フローの割引価値に基づく方法の問題点・181
　　(2)　財務予測の正確性の確保・183
　　(3)　成長率に関する前提の検討・184
　　(4)　割引率・185
　　(5)　無形資産の耐用年数と最終価値・186
　　(6)　税に関する前提・187
　　(7)　支払形態・187
　6．我が国での導入における論点・188
第4節　評価困難な無形資産取引（特定無形資産取引）に係る
　　　　価格調整措置の導入……………………………………………………189
　1．特定無形資産と適用免除要件・189

(1)　特定無形資産・189
　(2)　適用免除要件・190
2．最適方法ルールに基づく課税・191
　(1)　DCF法の適用・192
　(2)　取引単位営業利益法の適用・195
　　①　比較可能性分析・196
　　②　差異調整の方法・199
　(3)　取引単位利益分割法の適用・202
　　①　我が国での裁判例・203
　　②　各国での適用・213
3．我が国での導入における論点・215

第5章　今後の課題（包括的な救済措置の要請） 217

第1節　二重課税の可能性 218
1．先進国間の二重課税問題への発展・218
2．国外関連者所在国における対応的調整の困難性・219
3．二重課税排除の技術的困難性・219

第2節　二重課税の排除 222
1．相互協議と仲裁による解決・222
2．対応的調整の可能性・225
3．移転価格事案における相互協議手続の利用の拒絶・226
4．期間制限・228
5．相互協議の継続期間・232
6．納税者の参加・233
7．相互協議プログラム指針の公表・234
8．税金の不足分の徴収及び利息の発生に関する問題・235
9．仲裁・237

第3節　BEPS防止措置実施条約によるマルチでの救済………………238

参考文献／240

第1章

所得相応性基準を背景とした価格調整措置の導入

第1節　無形資産取引に係る移転価格税制の改正

　平成30年12月21日に閣議決定された「平成31年度税制改正の大綱」では，「五　国際課税　2　移転価格税制の見直し」において，移転価格税制に係る以下の見直しが盛り込まれた。

> 　国外関連者との取引に係る課税の特例（いわゆる「移転価格税制」）について，『BEPS プロジェクト』の勧告により改訂された OECD 移転価格ガイドライン等を踏まえ，次の見直しを行う。
>
> (1)　移転価格税制の対象となる無形資産の明確化
> 　移転価格税制の対象となる無形資産は，法人が有する資産のうち，有形資産及び金融資産（現金，預貯金，有価証券等）以外の資産で，独立の事業者の間で通常の取引の条件に従って譲渡・貸付け等が行われるとした場合に対価の支払が行われるべきものとする。
>
> (2)　独立企業間価格の算定方法の整備
> 　独立企業間価格の算定方法（以下「価格算定方法」という。）として，OECD 移転価格ガイドラインにおいて比較対象取引が特定できない無形資産取引等に対する価格算定方法として有用性が認められているディスカウント・キャッシュ・フロー法（DCF 法）を加える。
> 　これに伴い，独立企業間価格を算定するために必要と認められる書類の提出等がない場合の推定課税における価格算定方法に，国税当局の当該職員が国外関連取引の時に知り得る状態にあった情報を基にして DCF 法により算定した金額を独立企業間価格とする方法を加える。
>
> (3)　評価困難な無形資産に係る取引（特定無形資産取引）に係る価格調整措置の導入
> 　特定無形資産に係る取引（以下「特定無形資産取引」という。）に係る独立企業間価格の算定の基礎となる予測と結果が相違した場合には，税務署長は，当該特定無形資産取引に係る結果及びその相違の原因となった事由の発生の可能性を勘案して，当該特定無形資産取引に係る最適独立企業間価格算定方法により算定した金額を独立企業間価格とみなして更正等をすることができることとする。ただし，上記により算定した金額と当初取引価格との相違が20％を超えている場合は，この限りでない。

①　特定無形資産

上記の「特定無形資産」とは，次に掲げる要件の全てを満たす無形資産をいう。

イ　独自性があり重要な価値を有するものであること。

ロ　予測収益等の額を基礎として独立企業間価格を算定するものであること。

ハ　独立企業間価格の算定の基礎となる予測が不確実であると認められるものであること。

②　適用免除要件

国税当局の当該職員が次のイ又はロに掲げる書類の提出等を求めた日から一定期間以内に法人からその書類の提出等があった場合には，価格調整措置は適用しない。

イ　次に掲げる書類

(イ)　特定無形資産取引に係る独立企業間価格の算定の基礎となる予測の詳細を記載した書類

(ロ)　当該予測と結果が相違する原因となった事由が災害その他これに類するものであり取引時においてその発生を予測することが困難であったこと，又は取引時において当該事由の発生の可能性を適切に勘案して独立企業間価格を算定していたことを証する書類

ロ　特定無形資産の使用により生ずる非関連者収入が最初に生じた日を含む事業年度開始の日から５年を経過する日までの間の予測収益等の額と実際収益等の額との相違が20%を超えていないことを証する書類

（注）　法人から上記ロに掲げる書類の提出等があった場合には，価格調整措置はその経過する日後は適用しない。

⑷　移転価格税制に係る更正期間等の延長

移転価格税制に係る法人税の更正期間及び更正の請求期間等を７年（現行：６年）に延長する。

⑸　差異調整方法の整備

比較対象取引の利益率を参照する価格算定方法に係る差異調整について，定量的に把握することが困難な差異があるために必要な調整を加えることができない場合には，いわゆる四分位法に基づく方法により差異調整を行うことができることとする。

⑹　その他

上記の見直しのほか，移転価格税制について所要の措置を講ずる。

⑺　関連制度の整備

外国法人等の内部取引に係る課税の特例及び内国法人等の国外所得金額の計算

の特例について，上記と同様の見直しを行う。
(注) 上記の改正は，平成32年4月1日以後に開始する事業年度分の法人税及び平成33年分以後の所得税について適用する。

1. 移転価格税制の対象となる無形資産の明確化

　本大綱では，移転価格税制の対象となる無形資産の明確化として，以下の定義を採用している。

　「移転価格税制の対象となる無形資産は，法人が有する資産のうち，有形資産及び金融資産（現金，預貯金，有価証券等）以外の資産で，独立の事業者の間で通常の取引の条件に従って譲渡・貸付等が行われるとした場合に対価の支払が行われるべきものとする。」

　BEPS最終報告書により改訂された新OECD移転価格ガイドラインでは，無形資産の定義としてではなく，無形資産の特定を行うための用語の意味として説明しており，「本ガイドラインにおいて，『無形資産』という用語は，有形資産や金融資産ではなく，商業活動で使用するに当たり所有又は支配することができ，比較可能な状況での非関連者間取引においては，その使用又は移転によって対価が生じるものを指すことを意図している。」[1]とし，無形資産の限定列挙を行わず，超過利益の移転に対して定義の隙間を作らずに包括的に対応する立場が採られている。
　有形資産と金融資産の補集合として無形資産を包括的に定義する考え方は，帰属不明な超過利益が存在する場合には，全て無形資産に帰属する利益であるとして，包括的に否認できることを意図しており，BEPSへの対抗措置として，研究開発された無形資産だけでなく，事業再編等により情報通信技術を活用した新しいビジネスモデル構築等で創造された価値等の含み益についても，移転

1　新OECD移転価格ガイドライン・パラグラフ6.6。

価格税制の対象として取り込むことを意味しており，これまでの独立企業原則に基づく移転価格税制の適用範囲を拡大するものと考えられる。

2．独立企業間価格の算定方法の整備

本大綱では，独立企業間価格の算定方法として，以下のとおりディスカウント・キャッシュ・フロー法（DCF法）を追加した。

「独立企業間価格の算定方法（以下「価格算定方法」という。）として，OECD移転価格ガイドラインにおいて比較対象取引が特定できない無形資産取引等に対する価格算定方法として有用性が認められているディスカウント・キャッシュ・フロー法（DCF法）を加える。

これに伴い，独立企業間価格を算定するために必要と認められる書類の提出等がない場合の推定課税における価格算定方法に，国税当局の当該職員が国外関連取引の時に知り得る状態にあった情報を基にしてDCF法により算定した金額を独立企業間価格とする方法を加える。」

DCF法については，比較対象取引が特定できない無形資産取引等に対する価格算定方法として有用性が認められているが，特に，事業再編による無形資産の移転が行われる場合での使用が予定されている。

仮に，無形資産の移転を行った当事者が事業を継続しているのであれば，税務当局は，無形資産の使用許諾を認定しロイヤルティを通じて潜在的利益の再配分を継続して行っていくことが可能と考えられる。

しかし，事業再編により無形資産の移転を行った当事者が事業を継続しない可能性のあるコーポレート・インバージョン等の事例では，無形資産の使用許諾を認定しロイヤルティを通じて潜在的利益の再配分を継続して行っていくことは，取引当事者が存在しないことにより不可能になると考えられる。

そのため，税務当局としては，無形資産が移転した時点で，潜在的利益の再配分を一括して行っていくために，移転の対価に係る独立企業間価格の検証を

一回で行っていかなければならず，事業再編による無形資産の移転では，DCF法による独立企業間価格の検証がより必要になってくるものと考えられる。

3．評価困難な無形資産取引（特定無形資産取引）に係る価格調整措置の導入

本大綱では，以下のとおり評価困難な無形資産に係る取引（特定無形資産取引）に係る価格調整措置を導入した。

「特定無形資産に係る取引（以下「特定無形資産取引」という。）に係る独立企業間価格の算定の基礎となる予測と結果が相違した場合には，税務署長は，当該特定無形資産取引に係る結果及びその相違の原因となった事由の発生の可能性を勘案して，当該特定無形資産取引に係る最適な独立企業間価格算定方法により算定した金額を独立企業間価格とみなして更正等をすることができることとする。ただし，上記により算定した金額と当初取引価格との相違が20％を超えている場合は，この限りでない。」

第20回税制調査会（平成30年11月7日）財務省説明資料（国際課税について）［総20- 2］（以下「平成30年11月税制調査会資料」という。）では，以下の問題意識及び対応策を提示している（下線は筆者）[2]。

〈BEPSプロジェクトにおけるHTVIへの問題意識及び対応策〉
●無形資産取引に係る価格設定の適切性の検証に関しては，納税者は広範な情報を有しているのに対し，税務当局は納税者が提供する情報に依存せざるを得ないという情報の非対称性が課題。
●そのため，一定の評価困難な無形資産（HTVI）取引については，価格算定に用いた予測と結果が大きく乖離した場合，当初の移転価格が適切に算定されていなかったと推定し，税務当局が事後の結果を勘案して当初の移転価格算定

---

2 平成30年11月税制調査会資料のBEPS行動8：評価困難な無形資産（Hard-To-Value Intangibles：HTVI）への対応。

を評価することを認める「評価困難な無形資産アプローチ」（HTVIアプローチ）の導入を勧告。

　評価困難な無形資産について，新OECD移転価格ガイドライン・パラグラフ6.181では，「無形資産又はその権利は，比較対象取引を探すことを困難にし，ある場合には取引時点で無形資産の評価を決定することを困難にする特別な性質を持っているかもしれない。」[3]と指摘している。

　大綱にいう「独立企業間価格の算定の基礎となる予測」について，同パラグラフ6.182では，「事実や状況に応じて，取引時における無形資産の評価が極めて不確かであることに対応するため，独立企業が講じる様々なメカニズムがある。例えば，一つの可能性としては，（全ての関連する経済的要素を考慮して）期待便益を取引の開始時における価格算定の手段として使用することである。」[4]としている。

　その上で，当該特定無形資産取引に係る結果及びその相違の原因となった事由の発生の可能性を勘案して，当該特定無形資産取引に係る最適な独立企業間価格算定方法により算定した金額を独立企業間価格とみなして更正等をすることができることとすることについて，同パラグラフ6.185では，「比較可能な状況における独立企業であれば，無形資産の評価における高い不確実性に対応するためのメカニズム（例えば価格調整条項を導入すること）に同意するとみられる場合，税務当局がそのようなメカニズムを基礎として無形資産又はその権

---

[3] 新OECD移転価格ガイドライン・パラグラフ6.6では，評価困難な無形資産について，「取引時点で無形資産又はその権利の評価が極めて不確かである場合，どのように独立企業間価格が算定されるべきかという問題が生じる。この問題は，納税者及び税務当局の双方により，独立企業であれば比較可能な状況において取引の価格算定時の評価の不確かさを考慮して行うであろうことを参考に解決されるべきである。」としている。

[4] 新OECD移転価格ガイドライン・パラグラフ6.182では，「予測利益を算定する際，独立企業はその後の動向が予見可能でかつ予測可能な程度を考慮するであろう。ある場合には，独立企業は，その後の動向が十分に予測可能で，それゆえに予測利益が，取引開始時において当該利益を基礎として取引価格を算定したことに対して十分に信頼し得るものであることを認識するかもしれない。」としている。

利に関する取引の価格を算定することが許容されるべきである。」[5]とし,同パラグラフ6.192では,「税務当局は,事後的な結果を事前の価格設定取決めの適正性に関する推定証拠と考えることができる。」[6]としているのである。

---

[5] 新 OECD 移転価格ガイドライン・パラグラフ6.185では,価格調整条項について,「同様に,後発の事象が,比較可能な状況における独立企業であれば,その発生により取引の価格設定に関する将来的な再交渉に至るほど根本的なものであると考える場合には,このような事象によって関連者間取引の価格修正が行われるべきである。」としている。

[6] 新 OECD 移転価格ガイドライン・パラグラフ6.192では,「事後的な証拠の検討は,事前の価格設定の根拠とした情報の信頼性を評価するために考慮する必要がある証拠に係る検討に基づいたものでなければならない。税務当局が,事前の価格設定の基となった情報の信頼性を確認できる場合には,この節で説明するアプローチにかかわらず,事後的な利益水準に基づく調整はされるべきではない。税務当局は,事前の価格設定取決めを評価する際に,パラグラフ6.185の指針を考慮して,条件付きの価格設定取決めを含む,独立企業間であれば取引時に作成したであろう独立企業間価格設定取決めの決定を特徴づけるため,財務上の結果に関する事後的な証拠を用いることができる。」とも指摘しているのである。

第2節　BEPS対抗措置としての無形資産取引への移転価格税制の適用

1．BEPS対抗措置

　OECD／G20は，グローバル企業の濫用的租税回避等によるBEPSへの対抗措置として，公正（Fair），持続可能（Sustainable）かつ現代的（Modern）な国際課税システムのための取組みを進めている[7]。2018年11月30日及び12月1日にアルゼンチン・ブエノスアイレスで開催されたG20サミット（金融世界経済に関する首脳会合）では，「我々は，特に租税条約や移転価格ルールに基づいた，世界規模で公正，持続可能かつ現代的な国際課税システムのための取組を継続するとともに，成長志向の租税政策を推進するための国際協力を歓迎する。OECD／G20「税源浸食と利益移転」パッケージの世界的な実施は引き続き不可欠である。」（外務省仮訳）としている。サミット首脳宣言等で，公正を明記したのは，2013年6月の英国・ロックアーンG8サミット及び同年9月のロシア・サンクトペテルブルクG20サミットからである。また，持続可能を明記したのは，本G20サミットからである。さらに，現代的を明記したのは，2014年11月の豪州・ブリスベンG20サミット及び2015年6月のドイツ・エルマウG7サミットからである。

　BEPSの問題は，2012年6月にメキシコ・ロスカボスで開催されたG20サミットにおいて，「我々は，所得侵食と利益移転を防ぐ必要性を再確認し，この分野におけるOECDの継続中の作業を関心を持ってフォローする。」（外務省仮訳）と提起されたものである[8]。

---

[7] 2018年11月30日及び12月1日のアルゼンチン・ブエノスアイレスG20サミット首脳宣言「公正で持続可能な発展のためのコンセンサスの構築26」https://www.mofa.go.jp/mofaj/files/000424876.pdf

[8] 2012年6月18日及び19日のメキシコ・ロスカボスG20サミット首脳宣言48
　http://www.mofa.go.jp/mofaj/gaiko/g20/loscabos2012/declaration_j.html　この時点では，Base Erosionを「所得侵食」と仮訳しており，現在使用されている「税源浸食」と異なった

その後，2013年 2 月に OECD が策定した「BEPS に関する現状分析報告書」では，グローバル企業の濫用的租税回避等による課税ベース浸食と利益移転により各国の税収が減少し，経済活動と税負担の拠点間のずれがグローバル企業の実効税率低下へ影響を与えていると分析し，現行の国際課税ルールが，グローバルなビジネスモデルの変化に対応できていないとして，効果的な租税回避否認を目指すとともに，移転価格ルールの改善と明確化により，政策的観点から望ましくない結果を生み出している無形資産に係る現行ルールの改善を行うべきとの提言を行っている[9]。

そして，2013年 9 月にロシア・サンクトペテルブルクで開催された G20サミットで承認された「BEPS 行動計画」に従い，以下の15項目に係る対抗措置の検討を開始したのである。

① 電子経済の課税上の課題への対処
② ハイブリッド・ミスマッチ取極めの効果の無効化
③ 外国子会社合算税制の強化
④ 利子控除制限ルール
⑤ 有害税制への対抗
⑥ 租税条約の濫用防止
⑦ 恒久的施設（PE）認定の人為的回避の防止
⑧ 移転価格税制（1　無形資産）
⑨ 移転価格税制（2　リスクと資本）
⑩ 移転価格税制（3　他の租税回避の可能性が高い取引）
⑪ BEPS の規模・経済的効果の分析方法の策定
⑫ 義務的開示制度
⑬ 移転価格税制の文書化の再検討

訳が付されていた。
9　BEPS に関する現状分析報告書（Addressing Base Erosion and Profit Shifting）
http://www.oecd.org/tax/addressing-base-erosion-and-profit-shifting-9789264192744-en.htm

⑭　相互協議の効果的実施
⑮　多国間協定の開発[10]。

　2015年10月には，OECDが最終報告書を公表し，2015年11月にトルコ・アンタルヤで開催されたG20サミットでは，「世界規模で公正な，かつ，現代的な国際課税システムを達成するため，我々は，野心的なG20／OECD税源浸食・利益移転（BEPS）プロジェクトの下で策定された措置のパッケージを支持する。」（外務省仮訳）[11]としている。

2．無形資産取引への移転価格税制の適用

　BEPS対抗措置の中で，移転価格税制に関する最終報告書としては，行動計画8，9及び10に係る「移転価格税制と価値創造の一致」及び行動計画13に係る「移転価格文書化及び国別報告書に係るガイダンス」[12]が公表され，無形資産取引への移転価格税制の適用については，「移転価格税制と価値創造の一致」において議論されている[13]。

　無形資産取引への移転価格税制適用のための所得相応性基準は，米国において，1986年税制改革法により内国歳入法482条を改正して導入されたもので，裁判例等での議論を背景として，医薬品業等における研究開発や営業活動から創造された無形資産の価値が生み出す超過利益の国外への移転を防止するため

10　BEPS行動計画（Action Plan on Base Erosion and Profit Shifting）
　　https://www.oecd.org/ctp/BEPSActionPlan.pdf
11　2015年11月15日及び16日のトルコ・アンタルヤG20サミット首脳コミュニケ15
　　http://www.mofa.go.jp/mofaj/ecm/ec/page4_001553.html
12　"Guidance on Transfer Pricing Documentation and Country by Country Reporting." 2014.
　　https://read.oecd-ilibrary.org/taxation/guidance-on-transfer-pricing-documentation-and-country-by-country-reporting_9789264219236-en#page1
13　BEPS最終報告書における他の行動計画については，各行動計画の標題と同一の名称の最終報告書が公表されている　http://www.oecd.org/ctp/beps-2015-final-reports.htm
　　BEPS行動計画における議論については，青山慶二，田中琢二「BEPS行動計画について」租税研究796号（日本租税研究協会）2016年2月，田中琢二「BEPS報告書とその背景・概要・展望」及び財務省主税局参事官室「BEPSプロジェクトの概要」月刊国際税務 Vol.36, No.2（国際税務研究会）2016年2月を参照。

の課税ルールである。1986年税制改革法では，内国歳入法482条に無形資産の譲渡又は実施権許諾に関わる所得は無形資産に帰属する所得と相応しなければならないとする第二文を追加しており，本条項は，所得相応性基準又はスーパー（超過）ロイヤルティ条項と呼ばれている。

所得相応性基準では，例えば，外国子会社において医薬品を製造するため使用している親会社が開発した特許等の無形資産の価値が，無形資産に係るロイヤルティを決定した時点より後になって増加した場合に，無形資産の使用による所得の超過に相応して事後的にロイヤルティの引上げを行い，外国子会社における親会社の無形資産から創出される超過ロイヤルティを回収できるとするものである。米国では，アイルランドやプエルトリコ等の軽課税国・地域に所在する外国子会社へ無形資産を譲渡又は実施権許諾する事例において，無形資産の譲渡価格やロイヤルティを低く設定し，後になって外国子会社の所得を増加させて，超過利益を軽課税国・地域へ留保する租税回避が行われており，所得相応性基準は租税回避への対抗措置として導入されたものである。

所得相応性基準の適用では，一定の除外要件に該当しない限り，無形資産の譲渡等に係る対価の額につき，無形資産に帰属すべき所得の金額に相応するものとするため，無形資産に係るロイヤルティについて定期的に調整していくことを求めている。定期的調整の適用では，外国子会社に係る比較対象企業の営業利益の水準を参照して独立企業間利益率を算定する利益比準法での検証により，外国子会社の利益水準を固定し，それを上回る超過利益を外国子会社でなく親会社へ帰属させることにより，無形資産価値の事後的上昇による超過ロイヤルティにより親会社へ回収させる課税を行ってきている。

しかし，BEPSにおける無形資産取引に係る議論では，無形資産の射程を拡げ，医薬品業等における研究開発や営業活動から創造された無形資産の価値だけでなく，事業再編等による新しいビジネスモデルの構築から創造された価値等についても，超過利益を生み出す無形資産として支配することができ，使用によって対価が生じるものとして移転価格税制の対象として包括的に取り込む

ことを目指している。

「移転価格税制と価値創造の一致」報告書に基づき改訂された新OECD移転価格ガイドライン・パラグラフ6.6では、無形資産の特定をする場合に、「『無形資産』という用語は、有形資産や金融資産ではなく、商業活動で使用するに当たり所有又は支配することができ、比較可能な状況での非関連者間取引においては、その使用又は移転によって対価が生じるものを指すことを意図している。」とし、個別に定義を定めるのではなく、有形資産と金融資産の補集合として、包括的に捉えようとの立場が採られており、移転価格税制の対象とする無形資産の対象範囲を拡げている。

BEPS最終報告書での包括的な定義を前提に所得相応性基準を適用し、超過利益を生む無形資産の価値が事後的に増加したという事実認定を行い、外国子会社等における親会社の無形資産から創出される超過ロイヤルティについて広範に親会社が回収する課税を行うことができるようになると、関連者間取引における有形資産や金融資産に基づかない所得に係る国際間の配分を事後的に幅広く修正できる可能性をもたらし、国際的な課税関係の安定性及び予測可能性を損ねる可能性があるものと考えられている。

そのため、OECDでは、所得相応性基準の適用において、対価性について評価困難な無形資産［Hard-to-Value Intangibles：HTVI］を定義し、適用を厳格化するための議論を行っている。新OECD移転価格ガイドライン・パラグラフ6.189では、「評価困難な無形資産（HTVI）は、関連者間での取引時点における次の無形資産を対象とする。(i)信頼できる比較対象取引が存在しない、かつ、(ii)取引開始時点において、譲渡された無形資産から生じる将来のキャッシュフロー若しくは収益についての予測、又は無形資産の評価で使用した前提が非常に不確かで、譲渡時点で当該無形資産の最終的な成功の水準に係る予測が難しいもの。」と定義しており、所得相応性基準の適用要件を明確化しているのである。

また、所得相応性基準の適用免除要件として、無形資産の取引時点での価格設定における合理的な予測等に係る証拠の提出、価格設定が独立企業間価格で

あるとの税務当局による事前の確認，予測と結果の大きな乖離が取引時点で設定した対価の20％を超える変更をもたらす効果を持たない場合，及び5年間で財務上の乖離が20％を超えていない場合等を示している。適用免除要件を満たさない場合には，所得相応性基準の適用が認められ，税務当局は，事後的な結果により，事前の価格設定取決めが適正であるかを推定できることになる。新OECD 移転価格ガイドライン・パラグラフ6.192では，「このような状況において税務当局は，事後的な結果が事前の価格設定取決めの適正性に関する推定証拠と考えることができる。しかしながら，事後的な証拠の検討は，事前の価格設定の根拠とした情報の信頼性を評価するために考慮する必要がある証拠に係る検討に基づいたものでなければならない。税務当局が，事前の価格設定の基となった情報の信頼性について確認できる場合には，この節で説明するアプローチにかかわらず，事後的な利益水準に基づく調整はされるべきではない。」とし，税務当局に対して事前の価格設定の基となった情報の信頼性を確認することを求めている。

　OECD の議論では，外国子会社に対して，取引単位営業利益法を使用して利益水準を固定し，それを上回る超過ロイヤルティを親会社へ回収させる方法に加え，親子間等の関連者間取引全体に係る価値創造の連鎖を分析するバリュー・チェーン分析により，超過ロイヤルティの多国籍企業グループの各構成事業体への配分を決定することも認めている。

　我が国の移転価格税制は，昭和61年度税制改正により導入されたものであるが，導入時の政府税制調査会答申では，導入の目的を「諸外国と共通の基盤に立って，適正な国際課税を実現するため」としており，BEPS への対抗措置と同様，諸外国と共通の基盤に立って，適正な国際課税を実現するため，移転価格税制を適用していくことが求められている。税制調査会（昭和60年12月17日）「昭和61年度の税制改正に関する答申」（二　3　(3)　移転価格税制の導入）では，「近年，企業活動の国際化の進展に伴い，海外の特殊関係企業との取引の価格を操作することによる所得の移転，いわゆる移転価格の問題が国際課税の分野で重要となってきているが，現行法では，この点についての十分な

第2節 BEPS対抗措置としての無形資産取引への移転価格税制の適用

対応が困難であり、これを放置することは、適正・公平な課税の見地から、問題のあるところである。また、諸外国において、既にこうした所得の海外移転に対処するための税制が整備されていることを考えると、我が国においても、これら諸外国と共通の基盤に立って、適正な国際課税を実現するため、法人が海外の特殊関係企業と取引を行った場合の課税所得の計算に関する規定を整備するとともに、資料収集等、制度の円滑な運用に資するための措置を講ずることが適当である。」としている。我が国における所得相応性基準導入の検討では、第8回税制調査会（平成28年11月14日）「『BEPSプロジェクト』の勧告を踏まえた国際課税のあり方に関する論点整理」［総8-5］において、「取引時点で評価が困難な無形資産については、「予測便益」と「実際の利益」とが一定以上乖離し、納税者が予測の合理性を示せない場合に、発生した「実際の利益」に関する情報を使って移転時の独立企業間価格を事後的に再計算する「所得相応性基準」を採用する。」としており、「今後、日本の「移転価格税制」見直しを検討することが必要である。」としていた[14]。

　BEPS最終報告書では、無形資産取引について包括的な定義に基づく移転価格税制と価値創造の一致という勧告を行っており、我が国の無形資産取引に係る移転価格税制の適用範囲を拡大していくものと考えられている。そのため、価値創造による超過ロイヤルティの構成事業体への帰属を目指して所得相応性基準を導入する場合、適用要件を厳格化しなければ、超過利益の発生に相応して事後的に利益配分を是正する余地が広がり、移転価格税制の適用に不確実性が増してくる恐れがあったものと考えられる。

---

[14] 第8回税制調査会（平成28年11月14日）「『BEPSプロジェクト』の勧告を踏まえた国際課税のあり方に関する論点整理」［総8-5］「2．個別の制度設計に当たっての留意点」「(3)移転価格税制の見直し（「BEPSプロジェクト」勧告のポイント）」「無形資産移転時の価格設定」
http://www.cao.go.jp/zei-cho/shimon/28zen8kai6.pdf

第2章

無形資産取引に係る移転価格税制と価値創造の一致

第1節　BEPSにおける超過利益の移転に係る問題提起

1．グローバル企業による超過利益の移転

　BEPSで提起された問題は，2013年2月に公表された「BEPSに関する現状分析報告書」によれば，グローバル企業による課税ベース浸食と利益移転により各国の税収が減少し，経済活動と税負担の拠点とのずれがグローバル企業の実効税率低下へ影響を与えているが，現行の国際課税に係る各国の国内ルールは，グローバルな活動を行っている納税者よりも経済統合のレベルの低い経済環境に対応しているものであり，知的財産権のバリュードライバーとしての重要性及び情報通信技術の持続的な発展を反映していないという問題点が指摘されている[1]。そして，これまでのOECDの取組みでは不十分であったと評価し，課税権と経済活動を一致させることを目的として[2]，特に，移転価格ルールの改善と明確化により，政策的観点から望ましくない結果を生み出している無形資産に係る現行ルールの改善を行うべきとの提言がなされている[3]。

　特に，グローバル企業が費用分担取極め等により重要な無形資産をタックス・ヘイブン等へ移転し[4]，無形資産を活用して国際的事業活動を行う際に，

1　「BEPSに関する現状分析報告書」第5章「BEPSに関連する検討項目」47頁。
2　「BEPSに関する現状分析報告書」第5章「BEPSに関連する検討項目」51頁では，「計画の主要な目的は，各国に対して，課税権を真の経済活動により一致させる目的で，国内及び国際的な仕組みを提供していくことにある。」として現行ルールの改善を提言している。
3　「BEPSに関する現状分析報告書」第5章「BEPSに関連する検討項目」52頁。
4　「BEPSにかかする現状分析報告書」第5章「BEPSに関連する検討項目」別添C「多国籍企業のタックスプランニングのストラクチャーの例」76頁では，「製造活動の移転が，費用分担取極めの下で，無形資産の移転を伴っている。」と指摘している。
　　Lev, Avi M. "Migration of Intellectual Property : Unintended effect of transfer pricing Regs." Tax Notes, Dec. 9, 2002, p. 1345.は，現行の米国租税システムは，米国企業が無形資産を海外へ移転する誘因となっている可能性があり，米国法と外国法の双方でうまく定立された移転価格税制においても，共通の支配関係の下での当事者間で資産が移転した場合に，独立企業間価格の支払いを求めることにおいて租税回避を行う裁定が働くことがあると指摘している。また，費用分担取極めは，移転価格税制において知的財産権の外国の所有者への意図しない移転につながる欠陥を露呈しており，内国歳入庁が費用分担取極めに疑いを持ち，

第1節　BEPS における超過利益の移転に係る問題提起　19

　関係国の租税制度や租税条約の隙間を巧妙に利用し，無形資産移転後の事業活動から生じる多額の所得について，いずれの国・地域でも課税されない，あるいは課税されるとしても租税負担が著しく軽減される状況が生み出されていると指摘されている。こうした BEPS による国際的二重非課税等が，各国において重要な問題として浮上し，実質的な経済活動が実際に行われて価値が創造される国・地域で応分の納税がされることを目指すようになっていったものと考えられる[5]。

　米国等のベンチャー企業からグローバル企業へ成長した企業には，極めて莫大な超過利益を得る場合があり，国際的なタックス・プランニングにより租税回避を図る事例があるが，こうした超過利益を従来の特許等に基づく無形資産に限定してしまうと，超過利益の源泉を捉えきれなくなるという懸念が各国の税務当局にあり，BEPS への対抗措置の議論において，こうした超過利益をい

　　関連する行政上の要請を熱心に執行したにもかかわらず，投資家が，包括的なリスクを負っていないのに，知的財産権への長期的な見込収益を相対的に高く評価している場合や知的資産権への世界市場での需要が大きな場合，海外への投資の誘因になっていると指摘している。

[5]　例えば，Google は，軽課税国であるアイルランド子会社との費用分担契約に基づき，米国外事業向けの無形資産を米国から当該アイルランド子会社に移転し，同社が実質的事業活動を行う別のアイルランド子会社にライセンスを行うに際し導管国として機能するオランダの関連会社を介在させ（いわゆるダブル・アイリッシュ＆ダッチ・サンドウィッチ取引），米国外事業について実効税率を2.4％にまで引き下げたとされている。

　　無形資産の保有者となったアイルランド子会社の管理支配は，タックス・ヘイブンであるバミューダの法人において行われていたため，管理支配地基準を採用していたアイルランドでは，同法人は同国の法人ではないとされ，オランダ関連会社に対する無形資産のライセンスによる所得はアイルランドにおいて課税されていない。当該所得は，タックス・ヘイブンであるバミューダにおいても課税されておらず，オランダ法人を介在させることにより，ロイヤルティの支払いに際し，アイルランド法人間の支払いであれば適用されていた源泉税も免れている。さらに，米国のチェック・ザ・ボックス（check-the-box）制度の下，実質的事業活動を行っているアイルランド子会社及びオランダ法人を税務上あたかも上記の無形資産を保有するアイルランド法人（ペーパーカンパニー）の支店とみなす選択を行い，ロイヤルティの支払・受領が本支店間の資金移動のように扱われることにより，米国の外国子会社合算税制（Subpart F）の適用から逃れることに成功したとされている。こうした Google 等のグローバル企業のタックス・プランニングの実情については，税制調査会第1回国際課税ディスカッショングループ（平成25年10月24日）［BEPS について—多国籍企業のタックス・プランニングの実情—］［際D1-2］において，太田洋弁護士の説明に基づき議論が行われている。

　　http://www.cao.go.jp/zei-cho/gijiroku/discussion1/2013/__icsFiles/afieldfile/2013/10/23/25dis11kai3.pdf

かに捕捉し課税していくかが中心課題になっていたものと考えられる。

2．BEPSプロジェクトによる包括的な対応

BEPSプロジェクトは以下の三本柱から構成されている[6]。

(1) 実質性

グローバル企業は払うべき（価値が創造される）ところで税金を支払うべきとの観点から，国際課税原則を再構築することとし，企業が調達・生産・販売・管理等の拠点をグローバルに展開し，グループ間取引を通じた租税回避のリスクが高まる中，経済活動の実態に即した課税を重視するルールを策定する[7]。

6　第24回政府税制調査会（平成27年10月23日）財務省説明資料「BEPSプロジェクトの最終報告について」資料［総24-1際D6-1］では，「BEPSプロジェクトの三本柱」と説明している。
http://www.cao.go.jp/zei-cho/gijiroku/zeicho/2015/__icsFiles/afieldfile/2015/10/22/27zen24kai3.pdf
　　また，第8回税制調査会（平成28年11月14日）『BEPSプロジェクト』の勧告を踏まえた国際課税のあり方に関する論点整理（案）」［総8-5］の「1．今後の国際課税改革に当たっての基本的視点」では，「BEPSプロジェクト」の行動を内容面から分類して，
① 課税利益認識の場と，経済活動・価値創造の場を一致させる「実質性（Substance）」
② 各国政府・グローバル企業の活動に関する「透明性（Transparency）」
③ 租税紛争の効果的解決と合意事項の一貫した実施（Consistency）による「予測可能性」
の3つの柱のもとで整理されると説明している。
http://www.cao.go.jp/zei-cho/shimon/28zen8kai6.pdf
7　実質性については，以下の3つの勧告を行っている。
① 電子経済の発展への対応
　　電子経済に伴う問題への対応について，海外からのB2C取引に対する消費課税のあり方等に関するガイドラインを策定した。
―行動1　電子経済の課税上の課題への対応
② 各国制度の国際的一貫性の確立
　　各国間の税制の隙間を利用したグローバル企業による租税回避を防止するため，各国が協調して国内税制の国際的調和を図った。
―行動2　ハイブリッド・ミスマッチ取極めの効果の無効化
―行動3　外国子会社合算税制の強化
―行動4　利子控除制限
―行動5　有害税制への対抗
③ 国際基準の効果の回復
　　伝統的な国際基準（モデル租税条約・移転価格ガイドライン）が近年のグローバル企業

(2) 透明性

各国政府・グローバル企業の活動に関する透明性向上のため,例えば,グローバル企業の活動・納税実態の把握のための各国間の情報共有等の協調枠組みの構築等を行う[8]。

(3) 予見可能性

企業の不確実性の排除を行うため,租税に係る紛争について,より効果的な紛争解決手続きを構築すると共に,BEPSプロジェクトの迅速な実施を確保する[9]。

のビジネスモデルに対応できていないことから,「価値創造の場」において適切に課税がなされるよう,国際基準の見直しを図った。
　―行動6　条約濫用の防止
　―行動7　人為的なPE認定回避
　―行動8-10　移転価格税制と価値創造の一致
[8] 透明性については,以下の勧告を行っている。
　○　透明性の向上
　　グローバル企業による租税回避を防止するため,国際的な協調のもと,税務当局がグローバル企業の活動やタックス・プランニングの実態を把握できるようにする制度の構築を図った。
　―行動5　ルーリング（企業と当局間の事前合意）に係る自発的情報交換
　―行動11　BEPS関連のデータ収集・分析方法の確立
　―行動12　タックス・プランニングの義務的開示
　―行動13　多国籍企業情報の報告制度（移転価格税制に係る文書化）
[9] 予見可能性については,以下の2つの勧告を行っている。
　①　法的安定性の向上
　　BEPS対抗措置によって予期せぬ二重課税が生じる等の不確実性を排除し,予見可能性を確保するため,租税条約に関連する紛争を解決するための相互協議手続きをより実効的なものとした。
　―行動14　より効果的な紛争解決メカニズムの構築
　②　BEPSへの迅速な対応
　　BEPS行動計画を通じて策定される各種勧告の実施のためには,各国の二国間租税条約の改正が必要なものがあるが,世界で無数にある二国間租税条約の改訂には膨大な時間を要することから,BEPS対抗措置を効率的に実現するための多数国間協定を2016年末までに策定する。
　―行動15　多数国間協定の開発
　2016年11月にはBEPS対抗措置の多数国間協定が策定され,2017年6月7日,パリにおいて76の国・地域が多数国間協定「税源浸食及び利益移転を防止するための租税条約関連措置を実施するための多数国間条約」（以下「BEPS防止措置実施条約」という。）に署名した。BEPS防止措置実施条約では,①行動2のハイブリッド・ミスマッチ取極めの効果の無効化,

第2章 無形資産取引に係る移転価格税制と価値創造の一致

　移転価格税制に係る最終報告書である行動計画8・9・10の「移転価格税制と価値創造の一致」は，上記(3)の国際課税原則を再構築して実質性による国際基準の効果の回復を目指すものであり，「価値創造の場」と「所得が生じる場」とが一致するよう「移転価格ガイドライン」を改訂し，各国国内法を整備することを勧告したものとなっている。

　特に，行動8の無形資産取引に係る移転価格ルールの見直しでは，「無形資産」は，その固有性により，「独立企業原則」の適用が困難であり，開発国（「価値創造の場」）から軽課税国への利益移転に利用されていると分析している。これに対抗するため，無形資産に係る包括的な定義を導入するとともに，契約上の形式的な関係に基づき利益や税源の配分を行うのではなく，機能・資産・リスクに係る分析による実質的な関係に基づき利益や税源の配分を行うこととし[10]，将来のキャッシュフローの割引現在価値を現時点の無形資産の価値とみなす「DCF（Discounted Cash Flow）法」の導入とともに，実現した利益が当初の予測した利益から大きく乖離した場合に，事後的に価格を調整できる「所得相応性基準」の導入を勧告しているのである[11]。

---

　　②行動6の条約濫用の防止，③行動7の人為的な PE 認定回避，④行動14のより効果的な紛争解決メカニズムの構築を対象としており，各国のコンセンサスとなっていた条約濫用の防止や効果的な紛争解決メカニズムに係るミニマムスタンダードの遵守を求めている。そのため，1,100を超える二国間租税条約の改訂が，本多国間協定の署名により極めて短期間に実現すると期待されている。拙稿「租税条約の濫用防止，相互協議の効果的実施など BEPS 防止措置実施条約の概要と実務への影響（上・中・下）」中央経済社「旬刊経理情報」2017年9月20日号，10月1日号及び10月10日号では，移転価格税制による二重課税を回避するための相互協議の効果的実施における問題点等を指摘している。

10　実質性に基づく分析により収益の帰属を決定することは実務上困難が多いとされていたが，各国の税務当局としては，税源浸食と利益移転を防止していくためには実質性の観点が重要であるとの立場を採っており，各国での執行において，実質性に基づく分析を重視した事実認定による課税を今後強化していく可能性があるものと考えられている。

11　第8回税制調査会（平成28年11月14日）「『BEPSプロジェクト』の勧告を踏まえた国際課税のあり方に関する論点整理（案）」［総8-5］では，「2．個別の制度設計に当たっての留意点」の「(3) 移転価格税制の見直し（BEPSプロジェクト勧告のポイント）」において，比較対象となる取引に基づく客観的価格付けが困難という無形資産の性質，及び関連者取引における契約や取引条件の恣意的操作のしやすさ等に留意して，無形資産移転時の価格設定について，ディスカウンティド・キャッシュフロー（DCF）法の活用に加え，取引時点で評価が困難な無形資産については，「予測便益」と「実際の利益」とが一定以上乖離し，納税者が予測の合理性を示せない場合に，発生した「実際の利益」に関する情報を使用して移転時

また，BEPS プロジェクトにおける各行動は，グローバル企業のタックスプランニングに対して，包括的（holistic）なアプローチにより対応するとしている。例えば，資本（資金）提供等を行うが重要な経済活動等を行わない，いわゆる Cash Box としての関連企業を軽課税国に置き，他の関連企業に資金提供を行った対価として多額の超過利益を帰属させるという BEPS の典型例に対し，BEPS プロジェクトでは，各行動を包括的（holistic）に組み合わせたアプローチにより対応することを表明している[12]。

の独立企業間価格を事後的に再計算する「所得相応性基準」の採用を検討するとしている。

12　具体的には，軽課税国の子会社を利用した BEPS 全体に対する（行動3）外国子会社合算税制による対抗措置，融資に伴う BEPS に対する（行動4）過大支払利子税制による対抗措置，条約の濫用による BEPS に対する（行動6）租税条約の濫用防止による対抗措置，無形資産を利用した BEPS に対する（行動8-10）所得相応性基準を含む移転価格税制による対抗措置，さらには，（行動12）租税回避スキームの税務当局への報告義務と（行動13）移転価格税制に係る文書化による各国税務当局の情報共有，（行動14）紛争解決手続きの効果的実施と（行動15）多数国間協定による条約改訂の迅速な実施による各国税務当局の連携強化を図っていくとしている。

　　また，税務当局によるグローバルな連携強化も進展しており，OECD 税務長官会議 [Forum on Tax Administration]（以下「FTA」という。）が，2002年に OECD のフォーラムとして設置されて以来，OECD 加盟国及び主要な非加盟国・地域の長官クラスが参加し，税務行政の幅広い分野にわたり各国の知見・経験の共有やベストプラクティスの比較・検討が行われている。

　　2017年9月にはノルウェーのオスロにおいて第11回 FTA が開催され，48か国の税務当局の長官が，BEPS や共通報告基準（Common Reporting Standard：CRS）による銀行情報の自動的情報交換等の国際課税のアジェンダ，近代的な税務行政の構築，税分野のキャパシティ・ビルディング等について意見交換を行っている。特に，BEPS については，行動14に基づく紛争解決の相互審査をサポートするとともに，多国籍企業グループと参加税務当局間の複層的な取組みを促進するための，移転価格文書における国別報告書その他の情報を用いたパイロットプログラムである国際的コンプライアンス保証プログラム（ICAS：International Compliance Assurance Programme）をスタートさせ，より緊密に統合された国際的な税務調査の推進を図っている。また，租税回避スキームの分析や調査ノウハウの交換を行うために設置された情報共有と協働のための国際合同タスクフォース（JITSIC：Joint International Taskforce on Shared International and Collaboration）により，新たな国際的コンプライアンスリスクに対応するとしている。

https://www.nta.go.jp/sonota/kokusai/fta/press/pdf/20170929_kariyaku.pdf

第2節　移転価格税制と価値創造の一致

　BEPSにおけるグローバル企業による超過利益の移転に係る問題提起を受け，BEPSプロジェクトでは，隙間のない包括的な対応が求められているが，移転価格税制と価値創造の一致についても，隙間のない包括的な対応を目指し勧告を行っている。

1．価値創造への貢献度分析の適用

　移転価格税制と価値創造の一致という考え方は，無形資産の譲渡と実施権許諾に係る利益を実際に価値創造に貢献した当事者に帰属させるべきとしているものであり，無形資産の法的所有権のみでは必ずしも無形資産の使用からの収益の配分を受ける資格を有することにはならない。新OECD移転価格ガイドライン第6章「無形資産に関する特別の考慮」B節「無形資産の所有及び無形資産の開発・改良・維持・保護・使用に関する取引」では，法的所有及び契約上の取決めの決定は分析における重要な第1段階であるが，その決定は，独立企業原則に基づく報酬とは別の問題であり，移転価格算定上，無形資産の法的所有自体は，利益が無形資産を使用する法的又は契約上の権利の結果として最初に法的所有者のものになるとしても，無形資産の使用から多国籍企業グループが得るそのような利益を最終的に維持する権利を与えることにはならないとしている[13]。

　実質主義による収益の帰属を徹底させるため，機能・リスク分析を無形資産については更に深化させ，無形資産の開発［Development］，改良［Enhancement］，維持［Maintenance］，保護［Protection］及び使用［Exploitation］[14]（以下「DEMPE」という。）に関して関連者が果たす機能，使用する

13　新OECD移転価格ガイドライン・パラグラフ6.42では，法的所有者が最終的に維持し，又は法的所有者に帰属する利益は，法的所有者が果たす機能，使用する資産及び引き受けるリスク並びに多国籍企業グループの他のメンバーが果たす機能，使用する資産及び引き受けるリスクを通じて行う貢献によって決まることになるとしている。

資産及び引き受けるリスクに応じて適切な対価の受領を多国籍企業グループの各関連当事者は期待できるとしているのである。同B節では、無形資産が関わる移転価格事例において、無形資産の使用から多国籍企業グループが得る利益を最終的に共有する権利について、関連企業間において、無形資産のDEMPEに関連する費用や投資その他を最終的にどのように負担すべきであるかということが問題になる。

さらに、独立当事者間の取引における対価は、各当事者が果たす機能を通常反映することから、機能分析により、取引の当事者が引き受ける経済的に重要な活動及び責任、使用又は提供する資産並びに引き受けるリスクを特定して、当事者の実際の活動と提供する能力に焦点を当てることを求めている[15]。

そのため、関連者間における無形資産に係る取引を分析し、無形資産の使用と移転に係る利益の価値創造に沿った配分を新OECD移転価格ガイドラインの第1章D.1節の商業上又は資金上の関係を特定するための指針[16]と整合的に以下の枠組みで行っていく必要があるとしているのである。

① 個々の取引において使用される又は移転される無形資産及び当該無形資産のDEMPEに関する具体的で経済的に重要なリスクを特定する。
② 関連する登録やライセンス契約等、法的所有を示す取決めの条件及び関連

---

14 新OECD移転価格ガイドライン・パラグラフ6.12。本書では、Exploitationについて、税制調査会等における財務省発表資料等での訳語に倣い、「使用」と訳している。

15 新OECD移転価格ガイドライン・パラグラフ1.51では、事業戦略やリスクに関する意思決定、多国籍企業グループ全体として価値創造、多国籍企業グループの他の関連者が果たす機能との相互依存や価値創造への関連者の貢献を理解する必要があり、各当事者の法令上の権利・義務を特定し、頻度、性質及び価値の観点から各機能の経済的重要性を分析するとしている。

16 「第1章D.1節の商業上又は資金上の関係を特定するための指針」は、新OECD移転価格ガイドライン第1章「独立企業原則」D節「独立企業原則適用のためのガイダンス」パラグラフ1.60で示されたリスク分析の手順を指している。
　なお、リスク配分に関する指針として、パラグラフ1.98では、リスクのコントロールを行い、かつリスクを引き受けるための財務能力を有する企業に配分されるべきであるとしている。また、複数の関連者が、リスクのコントロールを行い、かつリスクを引き受けるための財務能力を有していると認められる場合には、当該リスクは、最も多くのコントロールを行っている関連者又は関連企業グループに配分されるべきであるとしている。

者間の契約上のリスク引受けを含む契約上の権利義務を反映した無形資産の法的所有の決定に特別に重点を置いた契約上の取決めを特定する。

③ 機能分析により、無形資産の DEMPE に係る機能において、資産を使用し、リスクを管理する当事者を特定し、特に機能や経済的に重要なリスクをコントロールしているのが誰かを特定する。

④ 両当事者の行動と関連する契約上の取決めの条件が合致しているかの確認、及び経済的に重要なリスクを引き受けている当事者が、無形資産の DEMPE に係るリスクをコントロールしているか、またそのリスクを引き受けるための財務能力を有しているかどうかを決定する。

⑤ 無形資産の法的所有、関連する登録や契約下で関連する他の契約上の関係に加え、リスクの分析や配分の枠組みを踏まえ、関連する機能、資産及びリスクの貢献を行う当事者の行動を考慮に入れて、無形資産の DEMPE に係る実際の関連者間取引について描写する。

⑥ 第1章 D.2節の指針[17]が適用されない場合には、果たす機能、使用する資産及び引き受けるリスクに関する各当事者の貢献と整合的な独立企業間価格を決定する[18]。

　無形資産の DEMPE に貢献する各関連当事者は、果たす機能、使用する資産及び引き受けるリスクに対して独立企業間報酬を受け取ることになるが、無形資産にはユニークな特性から利益を創出し、異なる将来便益を生み出す側面があることから[19]、重要な無形資産や無形資産に係る権利の譲渡において独立企業間の条件を決定する際の比較可能性分析では、無形資産のユニークな特性

---

17 「第1章 D.2節の指針」は、OECD ガイドライン第1章「独立企業原則」D節「独立企業原則適用のためのガイダンス」D.2正確に描写された取引の認識・パラグラフ1.122において、正確に描写された当事者間の取引を移転価格算定上、否認できる状況を指している。

18 新 OECD 移転価格ガイドライン・パラグラフ6.34。

19 新 OECD 移転価格ガイドライン・パラグラフ6.75では、独立企業間報酬を受け取っているかを評価する際、①実行した活動の水準と性質、及び②対価の支払額と支払形態を検討するため、類似の機能を果たす比較可能な非関連者の活動の水準及び性質、受け取った対価、当該非関連者により創造されることが見込まれる無形資産の価値を参照していくことを求めている。

を分析することが必要になっている[20]。また、無形資産を使用することにより得られる将来便益に関する当事者の当該取引への期待利益に違いがある場合、比較可能性分析において、信頼できる差異調整が行われることを求めているのである[21]。

　特に、無形資産により創出される超過利益の帰属について、多国籍企業グループの各関連当事者が機能・資産・リスクを分担している場合には、それぞれの機能・資産・リスクに応じて帰属利益を細分化して配分することが求められており、価値創造への貢献について独立企業原則を適用して、対価を算定するためには、各関連当事者の相対的な貢献の測定が必要となり、比較対象取引により独立企業間価格を算定することはより困難になっていくものと考えられるため[22]、取引単位利益分割法の適用が検討されることになる。その場合、どのような配分キーにより利益分割を行っていくかが問題となるが、以下の配分キーが考えられている[23]。

・資産（営業資産、固定資産、無形資産）
・資本（使用資本）
・原価（研究開発、エンジニアリング、マーケティング等の重要分野での相対

20　新OECD移転価格ガイドライン・パラグラフ6.116では、市場でユニークな競合上の優位性を持つ企業に対して、無形資産や無形資産に係る権利が譲渡される場合、比較可能候補となる無形資産又は取引は、慎重に精査することを求めている。
21　新OECD移転価格ガイドライン・パラグラフ6.127。
22　価値創造への貢献を測定する場合に、相対的な貢献度の評価には、独立企業原則の適用自体が困難になるとの指摘もある。
　　Gaffney, Mike, "Basically, everyone on a Profit Split?" Tax Notes, May 4, 2015, p. 543.
23　新OECD移転価格ガイドライン・パラグラフ2.141。また、同パラグラフ2.142では、資産ベース又は資本ベースの配分キーについては、有形若しくは無形資産又は使用資本と関連者間取引における価値の創出との間に強い相関がある場合に使用でき、費用ベースの配分キーについては、関連する付加価値との間に強い相関関係が特定できる場合には適切であろうとしている。さらに、同パラグラフ2.144では、広告宣伝により重要なマーケティング無形資産が生じる場合には、販売者にとってマーケティング費用が、研究開発費が特許等の重要な営業無形資産の開発に関連している場合には、製造業者にとって研究開発費が、人的機能が合算利益の創出の主たるファクターである場合には、報酬が、適切なキーになるとしている。

的支出又は投資）
- 売上高の増加分
- 人員数（取引の価値を生み出す上で重要な機能に従事する個人の数）
- 特定の従業員グループが費やした時間（当該時間と合算利益の創出との間に強い相関がある場合）
- サーバー数，データストレージ数，小売拠点の床面積等

　移転価格税制と価値創造の一致という考え方に基づき，無形資産の使用と移転に係る利益を価値創造に沿って配分していくことは，独立企業原則の適用をより困難にしているが，超過利益の価値創造に沿った配分を行っていくための方法を各国税務当局は模索している状況にあり，価値創造への貢献度分析の適用においては，定式配分とならない限りにおいて，取引単位利益分割法の適用が増してくる可能性があるものと考えられる[24]。

2．超過利益の価値創造に沿った配分

　移転価格税制と価値創造の一致という考え方は，無形資産による超過利益を価値創造に沿って配分し，無形資産の価値創造に関する多国籍企業グループのメンバーによる貢献を評価し，相応した報酬が支払われるべきであるとの立場を採っており，多国籍企業グループの全てのメンバーが無形資産のDEMPEに関して果たす機能，使用する資産及び引き受けるリスクに対して適切な報酬を受け取ることを求めている。

　そのためには，機能分析により，どの企業がDEMPEに関する機能を果たし，管理しているのか，どの企業が必要な資金及びその他の資産を提供しているのか，さらにどの企業が無形資産に関連する様々なリスクを引き受けているのかについて判定する必要がある[25]。

24　Sullivan, Martin A. "Analysis: How to prevent the great escape of residual profits." Tax Notes, Oct. 7, 2013, p. 13.
25　新OECD移転価格ガイドライン・パラグラフ6.48では，関連する取引に対する対価を決定する際，無形資産の使用から多国籍企業グループが得た価値創造や利益の創出に貢献する可

また，多国籍企業グループのメンバーによる貢献の相対的な重要性は，DEMPEにおける機能・資産・リスクの程度により変化することから，機能・資産・リスクが相対的に違うこととなれば，DEMPEを行う各当事者への報酬も異なる結果になるとしている[26]。

　したがって，多国籍企業グループのグローバルなバリューチェーン分析により価値創造への貢献を分析し，超過利益を配分していくことが求められてくることになるのである。

　OECDでは，2014年12月に「BEPS行動10：グローバル・バリューチェーンにおける取引単位利益分割法の使用に係る討議草案」公開討議用ドラフト（Public Discussion Draft BEPS Action 10 Discussion Draft on the Use of Profit Splits in the Context of Global Value Chains）（以下「バリューチェーン討議用ドラフト」という。）を公表し[27]，全ての領域で企業活動においてグローバル・バリューチェーンが構築され，デジタル経済の発展により統合が一層進むことで，機能分析とバリューチェーンが一層重要になってくるとともに，比較対象取引が利用可能でなくなるとの問題意識が示されている[28]。

　そして，取引単位利益分割法の使用においては，多面的なビジネスモデルの

　　　能性のある要因を検討することも，果たす機能，使用する資産及び引き受けるリスクに対する独立企業間報酬を決定する上で重要であるとしている。
26　新OECD移転価格ガイドライン・パラグラフ6.49では，以下の場合，分析がより困難になると指摘している。
　①　無形資産が，多国籍企業グループによって独自に開発され，当該無形資産が開発中に関連者間で移転されたとき。
　②　取得又は独自開発された無形資産が，さらなる開発のプラットフォームになっている場合。
　③　マーケティング又は製造等，別の側面が価値創造にとって特に重要な場合。
27　バリューチェーン討議用ドラフト・パラグラフ5。
　　https://www.oecd.org/tax/transfer-pricing/discussion-draft-action-10-profit-splits-global-value-chains.pdf
28　Mazur, Orly, "Taxing the cloud transfer pricing considerations." Tax Notes, Jan. 30, 2017, p. 623.は，デジタル経済の発展により統合が進むクラウドコンピューティングを利用したビジネスモデルは，仮想上で柔軟性があり統合されたものであることから，バリュードライバーへの貢献を個別に評価することはさらに困難になっていると指摘している。

理解，適用の射程，ユニークで価値ある貢献の意義，リスクの統合と共有の理解，機能の細分化，比較対象の欠如，課税と価値創造の一致，評価困難な無形資産に係る事前の予測と事後の結果や損失の処理に係る課題が指摘されている。特に，評価困難な無形資産については，取引単位利益分割法の適用における費用と貢献価値の関係が希薄で信頼できない場合があり注意すべきであると指摘している[29]。

また，2016年7月に公表された「BEPS行動8-10：利益分割法に係る改訂ガイダンス」公開討議用ドラフト（Public Discussion Draft BEPS Action 10 Revised Guidance on Profit Splits）（以下「利益分割法改訂ガイダンス討議用ドラフト2016年」という。）では，C．取引単位利益分割法 C.3最適な方法 C.3.4バリューチェーン分析において，事業活動において価値がどこで，どのように創造されたかを検討すべきであるとし，特に以下の点を指摘している[30]。

(i) 経済的に重要な機能，資産及びリスクについて，どの当事者が機能を果たし，資産を使用し，リスクを引き受けているのか，機能，資産及びリスクは相互依存又は連携しているか。
(ii) ユニークな無形資産，先行者利益その他ユニークな貢献により，経済状況

---

29 バリューチェーン討議用ドラフト・パラグラフ44。
30 利益分割法改訂ガイダンス討議用ドラフト2016年・パラグラフ26。
http://www.oecd.org/tax/transfer-pricing/BEPS-discussion-draft-on-the-revised-guidance-on-profit-splits.pdf
また，パラグラフ27では，バリューチェーン分析において事業活動に係る以下の情報を提供することにより，取引単位利益分割法が最適な方法であるか判断できるとしている。
・市場において関連者がどう際立っているかを示す取引に係る重要なバリュードライバー。
・どの貢献がユニークで価値があるかを示す関連者による重要なバリュードライバーへの機能，資産及びリスクによる貢献の性格。
・どの当事者が，無形資産のDEMPEに関して重要な機能を果たし価値を保護・保持できるのか。
・どの当事者が，価値創造に関係する経済的に重要なリスクを引き受けるのか，又は価値創造に関係する経済的に重要なリスクに関係する機能をコントロールしているのか。
・バリューチェーンにおいて当事者がどのように事業を組み合わせ，平行的な統合において機能及び資産をどのように共有しているのか。

が市場での超過利益を得る機会をどのように創出しているのか。

さらに，2017年6月に公表された「BEPS行動10：利益分割法に係る改訂ガイダンス」公開討議用ドラフト（Public Discussion Draft BEPS Action 10 Revised Guidance on Profit Splits）（以下「利益分割法改訂ガイダンス討議用ドラフト2017年」という。）では，C.取引単位利益分割法C.3適用のための指針において，合算利益の分割ファクターについて以下の点を指摘している[31]。

・調査対象の関連者間取引の機能分析と整合性を有するとともに，関連当事者の少なくとも一方が負担する経済的に重要なリスク負担を反映すべきである。
・信頼できる形での独立企業間価格算定を可能とするべきである。
・関連者間取引での移転価格設定のため，取引単位利益分割法の使用における事前のアプローチでは，取決めの存続期間と配賦基準が取引前に合意されると期待することは合理的であると評価される。
・取引単位利益分割法を使用する納税者や税務当局は，事案の状況に対して，最適な方法であると評価できる理由と実際に適用される合算利益の分割基準や配賦基準についての説明を準備しておかなければならない。
・分割対象の合算利益と分割ファクターについては，一般的に，損失計上の年を含む取決めの存続期間中の継続使用が求められる。ただし，比較可能な状況で非関連者間での異なる合意が想定され，異なる基準や配賦基準の使用根拠が文書化され，特別な状況では非関連者間の再交渉が正当化されれば，この限りではない。

移転価格税制と価値創造の一致という考え方から無形資産による超過利益を価値創造に沿って配分していくためには，バリューチェーン分析により，無形資産の価値創造に関する多国籍企業グループのメンバーによる貢献を検討して

---

31 利益分割法改訂ガイダンス討議用ドラフト2017年・パラグラフ32及び33。
http://www.oecd.org/ctp/transfer-pricing/Revised-guidance-on-profit-splits-2017.pdf

いくことが求められるようになっている。これにより，二国間から多国間のバリューチェーン分析に基づく移転価格問題に進展していく可能性があり，仮に各国において二重課税が行われることとなった場合には，多国間の二重課税問題に発展し，相互協議での解決が極めて困難になる恐れがあると考えられる。

第3章

移転価格税制における所得相応性基準に係る議論

第1節　米国における無形資産取引への移転価格課税

1．移転価格税制に係る法令と裁判例[1]

(1)　移転価格税制に係る法令上の規定

　米国の移転価格税制は，1917年の戦時歳入法77条及び78条に関する財務省規則の41において，投下資本又は課税所得のより適正な決定が必要な場合に，長官が関連企業の会計を連結する権限を有すると規定したことが起源とされ，関連企業間で利益を移転する事例や会計処理を不正に操作する事例に対処するために導入されたものである。

　その後，1921年の歳入法240条(d)項において，利得，利益，所得，控除又は資本の正確な配分ないし割当をするために関連企業の会計を連結すると目的を明確化し，1924年の歳入法240条(d)項及び1926年の歳入法240条(f)項へ引き継がれてた。

　1928年の歳入法45条では，現行法と同様，「脱税の防止又は所得の正確な算定のため (in order to prevent evasion of taxes or clearly to reflect the income)」関連企業間の総所得又は所得控除を「配分できる (may distribute)」権限を長官に与えている。同条では，「(法人格を有するかどうか，米国において設立されたものかどうか，連結申告をする要件を満たしているかどうか，を問わず，) 同一の利害関係者によって直接又は間接に所有され又は支配されている二以上の営業又は事業のいずれに対しても，長官は，脱税を防止し，あるいはそれらの事業の所得を正確に算定するためにそれが必要である

---

[1]　移転価格税制の初期の歴史については，Treasury Department Office of International Tax Counsel Office of Tax Analysis and Internal Revenue Service Office of Assistant Commissioner (International) Office of Associate Chief Counsel (International), "A Study of Intercompany Pricing Discussion Draft," October 18, 1988. Chapter 2. Transfer Pricing Law and Regulations before 1986, A. Early History. Page 6 以下を参照した。本報告書は「内国歳入法482条に関する白書」と訳されており，以下「482条に関する白書」として引用する。

と認める場合には，それらの事業の間に総所得又は所得控除を配分し，割り当て，又は振り替えることができる。」と規定したのである。

その上で，1934年歳入法では適用範囲を「組織（organizations）」へ拡大し，1943年歳入法により税額控除その他の控除の配分も認められることとなった。

現行の条文と同様，482条として規定されたのは，1954年歳入法からで「（法人格を有するかどうか，米国において設立されたものかどうか，連結申告をする要件を満たしているかどうか，を問わず，）同一の利害関係者によって直接又は間接に所有され又は支配されている二以上の組織，営業又は事業のいずれに対しても，長官又はその代理人は，脱税を防止し，あるいはそれらの組織，営業又は事業の所得を正確に算定するためにそれが必要であると認める場合には，それらの事業の間に総所得，所得控除，税額控除その他の控除を配分し，割り当て，又は振り換えることができる。」と規定したのである。

(2) 独立企業基準に係る財務省規則での規定

独立企業基準は，1935年財務省規則が起源とされ[2]，「45条の目的は，関連企業の財産と事業から生ずる真の純所得を，非関連企業の基準に従って決定することによって，関連企業を非関連企業と課税上公平に扱う（on a tax parity）ことにある。関連企業グループを支配している利害関係者は，各関連企業をして，その取引と会計帳簿がその財産と事業から生ずる純所得を真に反映するようにその業務を処理させる完全な力を有するものとみなされる。しかしながら，業務がそのように処理されず，そのために課税所得が過少に表現されている場合には，長官は，事業に介入し，そして，総所得・所得控除その他の課税所得に影響を及ぼす全ての項目ないし要素の配分・割当て又は振替えを関連企業の間に行うことによって，各関連企業の真の純所得を決定することができる。全

---

[2] 移転価格税制に係る判例の推移は，Avi-Yonah, Reuven S., "The Rise and Fall of Arm's Length : A Study in the Evolution of U. S. International Taxation" (2007), *Law & Economics Working Papers Archive : 2003-2009.* Paper 73.
http://repository.law.umich.edu/law_econ_archive/art73 を参照した。なお，"arm's length principle" は独立企業原則と訳し，"arm's length standard" は独立企業基準と訳している。

ての事業において適用されるべき基準は，ある非関連企業が他の非関連企業と独立企業間（at arm's length）の条件で取引する場合のそれである。」と規定した。

その後，1968年財務省規則1.482-2では，独立企業基準に基づき配分を行っていくため，独立企業間価格の算定方法を規定し，非関連者間の取引を比較対象とする「独立価格比準法（Comparable Uncontrolled Price Method）」，「再販売価格基準法（Resale Price Method）」及び「原価基準法（Cost Plus Method）」により，独立企業間価格又は独立企業間利益率を算定することとなり，非関連者間の比較対象取引が存在しない場合には，その他の方法による独立企業間価格の算定も認められるようになったのである。

(3) 独立企業基準の適用における非関連者間取引との比較

米国の裁判例において独立企業基準が確立されていく過程を示すため，以下では，独立企業基準の適用に係る判示を具体的に確認していくこととしたい。

独立企業原則の適用が，裁判例において確立されたのは，1959年のHall v. Commissioner事件[3]からとされている[4]。本事件は，ベネズエラ子会社の売上に対する販売サービス費の米国親会社での負担について，内国歳入法23条(a)(1)(A)における「通常かつ必要な事業経費（an ordinary and necessary business expense）」として控除した処理につき内国歳入庁長官がその全額を否認し課税処分を行ったものである。原告である納税者は，販売サービス費の負担が「独立企業間の取引の結果（as a result of an arm's-length transaction with an unrelated party）」により発生した債務であり適正なものであるとして，内国歳入庁長官による課税処分の取消しを求めていた。

租税裁判所は判決において，内国歳入庁の提示した証拠を採用し，「独立企業間の交渉（the arm's length negotiations）」は行われていなかったと認定し，

3　Hall v. Commissioner, 32 T.C. 390 (1959).
4　前掲"The Rise and Fall of Arm's Length : A Study in the Evolution of U.S. International Taxation."による。

第 1 節　米国における無形資産取引への移転価格課税　37

HallとSpring社の契約は「独立企業間のものではない（not at arm's length）」と判断した。そのため，親会社が支出した当該販売サービス費については，歳入法45条に基づき，内国歳入法23条(a)(1)(A)の控除適格支出に該当しないとして，財務省規則§29.45-1に基づき支配された納税者の課税対象純所得の決定の対象になると判断したのである。

　1964年のOil Base, Inc.v. Commissioner事件[5]においても，非関連の外国販売会社との独立企業間取決めに基づく内国歳入庁の所得再配分について，上記の「独立企業間の交渉基準（the arm's-length bargaining standard）」が正しく適用されていると判示している。

　そして，1965年のJohnson Bronze Company v. Commissioner事件[6]では，「非関連の納税者との間での独立企業間交渉の基準が全ての事例において適用されるべきである（the standard to be applied in every case is that of an uncontrolled taxpayer dealing at arm's length with another uncontrolled taxpayer）」として，独立企業基準が全ての事例に適用すべき基準になっていると判示している。

　その上で，1967年のEli Lilly & Company v. Commissioner事件[7]では，「公

5　Oil Base, Inc. v. Commissioner, 362 F. 2d 212 (9th Cir. 1966).
　　本事件では，米国親会社がベネズエラ子会社へ販売手数料を支払っていたのに対し，内国歳入庁が，他の非関連の国外販売会社へ支払われる販売手数料の2倍であったことから，販売手数料を減額する課税処分を行ったものである。
　　なお，本判決では，独立企業原則を適用しなかったとされる1962年のFrank v. International Canadian Corporation事件（Frank v. International Canadian Corporation. 308 F. 2d 520 (9th Cir. 1962).）についても，「財務省規則により定立された独立企業基準が不適正であると判示しているわけではなく，支配関係にある納税者の正確な純所得を決定する唯一の基準ではないと判示しているにすぎない。」としている。
6　Johnson Bronze Company v. Commissioner, 24 T. C. M. (CCH) 1542 (1965).
　　本事件では，米国親会社が行っていたパナマ子会社との取引において，国外販売の収益の大半が米国親会社でなくパナマ子会社に帰属していたとして，482条に基づき内国歳入庁はパナマ子会社の所得の100％を米国親会社へ再配分する課税処分を行ったものである。
　　本判決では，パナマ子会社の所得の100％を米国親会社へ再配分するのは合理的でないとされたものの，パナマ子会社に国外販売の収益の大半を帰属させるのは米国子会社の機能から過大であり，再配分を独立企業原則により，独立の販売会社の所得と同程度の所得配分がパナマ子会社に配分されるべきであると判断した。
7　Eli Lilly & Company v. Commissioner, 372 F. 2d 990 (1967).
　　本事件では，米国親会社が行っていた英国及びカナダ子会社への輸出取引において，「公

正かつ合理的 (fair and reasonable) 又は公正かつ公正に達せられたか (fair and fairly arrived at) という基準は，独立企業間で合理的 (reasonable) 又は公正 (fair) であるかにより定義されなければならない。価格が関連者間取引において事業上のインセンティブとして合理的又は公正であるだけでは，非関連の納税者も同様に考えるということにはならない。そのため，独立企業基準 (the arm's-length standard) は，唯一の基準でないとしても，確実に最も重要な尺度 (the most significant yardstick) である」として，内国歳入法482条の適用における独立企業基準の重要性を明確に判示したのである。

このように米国の裁判例では，独立企業基準の適用に当たり，非関連者間取引と比較していくことが重要であると判示されてきたものと考えられる。

(4) 無形資産取引への独立企業基準の適用

米国の裁判例では，無形資産取引に係る独立企業基準の適用において，無形資産の独自性や価値により，非関連者間取引との比較が困難となる事例が発生してきており，以下では，無形資産取引に係る独立企業基準の適用での判示を確認していくこととしたい。

① ベリー比による超過利益の回収

無形資産取引へ独立企業基準が適用されるようになった先駆的な裁判例は，1979年の E. I. DuPont de Nemours & Co. v. Commissioner 事件[8]とされている[9]。

本事件では，米国親会社が，スイス子会社へ医薬品を輸出した取引において，スイス子会社の利益水準が全利益の75％を確保できるように設定されていたため，内国歳入庁が，スイス子会社に経済的に現実的でない利益が配分されていると認定して，スイス子会社における独立企業間利益率を算定し，スイス子会

かつ合理的」な価格設定を行っていたと主張したのに対して，独立企業間の取引とは異なる価格設定を行っていたことから，内国歳入庁が輸出価格を増額する課税処分を行ったものである。

8 E. I. DuPont de Nemours & Co. v. Commissioner, 608 F.2d 445 (Ct. Cl. 1979).
9 前掲 "The Rise and Fall of Arm's Length : A Study in the Evolution of U. S. International Taxation." による。

社の利益水準の実績値が当該独立企業間利益率を超過している部分については，米国親会社に帰属するとして移転価格課税を行ったものである。

米国親会社は，スイス子会社の利益水準の実績値を裏付ける再販売価格基準法を適用すべきであると主張したが，内国歳入庁は，再販売価格基準法による売上総利益率を使用せず，同様の機能を有する非関連企業の営業費に対する売上総利益の割合（ベリー比）を使用して独立企業間利益率を算定した。

内国歳入庁は，利益水準指標（Profit Level Indicators）として，鑑定人（Expert Witnesses）として出廷したCharles H. Berry博士の提唱したベリー比（Berry Ratio）を採用し，営業費の構成が類似している事例においては，独立企業間価格の算定に適切な利益水準指標になると主張した[10]。スイス子会社の利益水準の実績値がベリー比により算定した利益水準を超過していたことから，超過した部分について米国親会社に帰属する利益であるとして課税処分を行ったのである。

判決では，「原告は，再販売価格基準法の適用を求め，財務省規則の要請に全て応えているとしているが，成し遂げてはいない。」として，米国親会社が主張した再販売価格基準法については，本事件の独立企業間利益率の算定方法としては採用しなかった。

また，「原告は，長官の算定結果が，財務省規則に規定する特定の方法（the specific methods under the regulations）のどれにも従っていないため，算定方法自体が合理的でないと争っているが，本件のように3つの特定の方法が適正に適用できない場合には，財務省規則1.482-2(e)(1)(iii)は，他の適切な方法（another appropriate method）…『財務省規則に規定された算定方法の他に何か適切な価格算定方法（some appropriate method of pricing other than those described）…又はこうした方法の変形（variations on such methods）』…を特に認めている。こうした代替的な『第4の方法（fourth method）』が本

---

[10] Horst, Thomas, "The Comparable Profit Method," 59 Tax Notes 1253 (1993).
また，Granfield, Michael E, "An Economic Analysis of the Documentation and Financial Implications of the New Section 482 Regulations," 7 Tax Notes International 97 (1993) は，営業費の構成が類似していなくても，より広く使用することができると評価している。

件で適用になるのであり，裁判所は，こうした極めて広い委任の下で（under its very broad delegation），長官の算定結果の合理性（the reasonableness of the Commissioner's result）を検討する。」と判示した。

さらに，「裁判所が再配分する金額を自ら算定することを求められる場合には，その算定は容易ではないが，482条は長官に権限を与え（Section 482 gives that power to the Commissioner），裁判所は，長官の算定した総額1,800万ドル程の金額が，合理性の範囲内（within the zone of reasonableness）であることに満足している。法の規定と裁判例（The language of the statute and the holdings of the courts）は，内国歳入庁には所得の再配分に幅広い裁量がある（broad discretion in reallocating income）と認識している。」として，内国歳入庁が使用したベリー比や資産収益率も利益水準指標として所得の再配分に使用できると判示し，スイス子会社に配分された超過利益について米国親会社への回収を認める判断を行ったのである[11]。

裁判所は，重要な価値のある活動として，「DuPont社の製品に係る技術的な改善を行い，新たな応用を進め，顧客の問題を解決する」ことを挙げているが，こうした活動への独立企業間の対価を算定するための比較対象取引を見つけ出すことが困難であったため，スイス子会社の独立企業間の利益水準をベリー比により算定し，その上限を超過する利益の部分について米国親会社に帰属する利益であるとの判断を行った。

また，内国歳入庁が，利益水準指標としてベリー比を採用したことについて，裁量の範囲内であるかとの争点について判決では，「（特定の算定方法が適用できない場合に）長官が有する広範な裁量権を濫用し（the Commissioner abused the broad discretion），不合理に行動したか（acted unreasonably）について，記録に基づけば，DuPont社は，裁判所を納得させるに至っていな

---

11 Wheeler, James E. "An Academic Look at Transfer Pricing in a Global Economy," Tax Notes 87, at 88 (1988)は，資産価値が見込将来収益のキャッシュフローを生み出すことから，資産収益率（Return on Assets）を使用した方法が移転価格分析に有効であるとしている。
　また，Berry, Charles H, "Economics and the Section 482 Regulation," 43 Tax Notes 741 (1989)において，ベリー比は，資産収益率における測定の誤りを回避するための簡便法でもあると説明している。

い。」と判断している。

　これは，無形資産に係るロイヤルティについて，適切な比較対象取引を見つけ出すことができず，独立企業間価格を直接算定することが困難なことから，子会社の営業利益の水準から間接的に独立企業間のロイヤルティを導き出し，結果の合理性から採用された方法であるが，納税者の抗弁が十分でなければ内国歳入庁に第4の方法を採用する裁量権があることを明確に認めた判決となった[12]。

　ここで，再販売価格基準法及び原価基準法において採用される売上総利益は，売上（移転価格×数量）に対する割合として使用されるが，ベリー比では，営業費に対する営業利益の割合として使用され，移転価格から距離のある利益水準指標であることから，独立企業間価格の算定として認められるかが問題となっていたものと考えられる。本議論は，現在でも，無形資産取引に対する移転価格課税を行う場合に，内国歳入庁の使用する利益比準法に対して，納税者の使用する独立取引比準法を裁判所が支持する背景になっているものと考えられる[13]。

　なお，ベリー比は，
（売上総利益／営業費用）であり，
　売上総利益は，
（営業利益＋営業費用）であることから，
　ベリー比は，

---

[12] 前掲 "The Rise and Fall of Arm's Length: A Study in the Evolution of U. S. International Taxation."。Dolan, D. Kevin, "Intercompany transfer Pricing for the Layman," Tax Notes Vol. 49 (October 8, 1990), pp. 211-227.
　　独立企業基準の適用において内国歳入庁の使用した独立企業間価格の算定方法がどこまで認められるべきかについては，Voorhis, Robert A., "Service Discretion and Burden of Proof in International Tax Cases Involving Section 482" (1982), Cornell International Law Journal, Volume 15 Issue 1 Winter 1982.を参照。
　　http://scholarship.law.cornell.edu/cgi/viewcontent.cgi?article = 1110&context = cilj
[13] 後述の T. C. Memo 2016-112.参照。

(営業利益＋営業費用）／営業費用）と書き換えられ，
　さらに，
(営業利益／営業費用）＋100％となる。

　そのため，ベリー比は，後述する所得相応性基準の下で採用された営業利益を利益水準指標とする利益比準法と類似の考え方を採っているものと考えられる。

　ベリー比等の利益水準指標の採用については，新OECD移転価格ガイドライン及び我が国での実務上も厳格に行っていくべきであるとの考え方が示されている。

○新OECD移転価格ガイドラインでの考え方

> （パラグラフ2.107）
> 　適切な財務指標の選択は，事案の事実と状況によって決まる。パラグラフ2.82参照。移転価格算定手法や財務指標の選択及び決定に当たり，ベリー比は，必要な注意が払われることなく，不適切に使用されている場合があるとの懸念が表明されている。原価ベース指標の使用一般に関するパラグラフ2.98参照。ベリー比は，原価を営業費用に分類するか否かということから極めて影響を受けやすく，それゆえ，比較可能性の問題を引き起こす場合があるということが，財務指標をベリー比とする際の問題の一つである。さらに，パススルーコストに関して上記パラグラフ2.99-2.100で提起された問題は，ベリー比の適用に当たっても同様に発生する。ベリー比によって関連者間取引の対価を適切に検証するためには（例えば，製品の販売における場合），以下の要件全てに該当することが必要である。
> - 関連者間取引で果たされた機能の価値（使用された資産及び引き受けられたリスクを考慮する）が営業費用に比例している。
> - 関連者間取引で果たされた機能の価値（使用された資産及び引き受けられたリスクを考慮する）が販売された製品の価値によって重要な影響を受けていない，すなわち，売上高に比例していない。
> - 納税者が，関連者間取引において，その他の手法又は財務指標を用いて対価が支払われるべき他の重要な機能（例えば，製造機能）を果たしていない。

第1節　米国における無形資産取引への移転価格課税　43

　ベリー比に対する我が国での実務上の取扱いは，平成13年6月1日付査調7－1ほか3課共同（平成30年2月16日最終改正）「移転価格事務運営要領の制定について」（事務運営指針）（以下「国税庁事務運営指針」という。）及び同「別冊　移転価格税制の運用に当たっての参考事例集」（以下「国税庁参考事例集」という。）において示されている。

○ベリー比に対する我が国での実務上の取扱い（国税庁参考事例集）

（事例集6解説3）
　取引単位営業利益法の適用における利益指標について取引単位営業利益法を適用する場合に用いる利益指標としては，売上高営業利益率，総費用営業利益率又は営業費用売上総利益率が挙げられる（措置法施行令第39条の12第8項第2号から第5号まで参照）。
　利益指標の選定に当たっては，比較可能性分析の結果を踏まえて，検証対象の当事者が使用した資産や引き受けたリスクを考慮して，検証対象の当事者が果たした機能の価値を的確に表す指標を最も適切な利益指標として選定する必要がある。
　これらの3つの利益指標に基づいて独立企業間価格を算定する方法は，次の(1)から(3)までのとおりであり，一般的に，それぞれ次のような点に留意する必要がある。

(1)　売上高営業利益率に基づく方法
　国外関連取引に係る棚卸資産等の買手（購入者側）の適正な営業利益の額を比較対象取引に係る売上高営業利益率を用いて計算し，当該国外関連取引に係る独立企業間価格を算定する方法。
　この方法は，使用した資産や引き受けたリスクを考慮して，国外関連取引に係る棚卸資産等の買手が果たした機能の価値が，売上との間に関係があると認められる場合（例えば，再販売会社を検証する場合）に適切な方法である。

(2)　総費用営業利益率に基づく方法
　国外関連取引に係る棚卸資産等の売手（販売者側）の適正な営業利益の額を比較対象取引に係る総費用営業利益率を用いて計算し，当該国外関連取引に係る独立企業間価格を算定する方法。
　この方法は，使用した資産や引き受けたリスクを考慮して，国外関連取引に係る棚卸資産等の売手が，営業費用に反映されない機能（製造機能等）を有してい

ると認められる場合(例えば,製造販売会社を検証する場合)に適切な方法である。

(3) 営業費用売上総利益率に基づく方法　国外関連取引に係る棚卸資産等の買手(購入者側)又は売手(販売者側)の適正な売上総利益の額を比較対象取引に係る営業費用売上総利益率を用いて計算し,当該国外関連取引に係る独立企業間価格を算定する方法。
　この方法は,使用した資産や引き受けたリスクを考慮して,国外関連取引に係る棚卸資産等の買手又は売手が果たした機能の価値が,1 営業費用との間に関係があると認められ,2 販売された製品の価値によって重要な影響を受けておらず,売上との間に関係がないと認められ,3 営業費用に反映されない機能(製造機能等)を有していないと認められる場合(例えば,仲介業者や単純な役務提供業者を検証する場合)に適切な方法である。
　なお,検証対象の当事者が行う取引と比較対象取引との類似性の程度(比較可能性)が十分である必要があることから,利益指標として営業費用売上総利益率を用いる場合には,両取引における売上原価と営業費用の区分について留意する必要がある。

② 利益分割法による解決

　無形資産に係る独立企業間のロイヤルティ算定において,独立価格比準法,再販売価格基準法及び原価基準法を使用せず,代替的な第4の方法により判断した裁判例としては,1983年の Hospital Corporation of America v. Commissioner 事件[14]がある。

　本事件においては,米国親会社(HCA)が,ケイマン諸島の子会社(LTD)に病院経営の契約を締結する業務を行わせていたが,ケイマン諸島の子会社の機能がほとんどなかったにもかかわらず所得が子会社に留保されているとして,「内国歳入庁は,LTDについて連邦所得税法上認識すべきでない虚偽の法人(a sham corporation)である」との認定を行い,LTDに留保された所得金額の100％をHCAに帰属させる課税処分を行ったものである。

　判決では,「LTDは事業目的で設立され,事業活動を実際に行っていること

14　Hospital Corporation of America v. Commissioner, 81 T.C. 520 (1983).

から，虚偽の法人ではなく連邦所得税法上認識されるべきである。」として，「LTDの1973年の課税所得の75％について原告（HCA）に帰属すべきである事実を結論として確認した。」とし，第4の方法として利益分割による決定を行った。

裁判所は，LTDが無形資産として「HCA社の広範囲な経験」を使用して活動を行っていることから，それに相当する課税所得の25％を配分することは正当であると判示した。

同様に，第4の方法として利益分割法による所得配分を行った裁判例として，1988年の Eli Lilly & Co. v. Commissioner 事件[15]がある。

本事件では，プエルトリコ子会社（Lilly P. R.）が製造した医薬品を米国親会社（Eli Lilly 社）へ輸出する取引において，Lilly P. R.が保有する無形資産である「特許及び製造ノウハウ」により生み出された利益について，当該無形資産は Eli Lilly 社が開発したものであることから，Eli Lilly 社に帰属する利益であるとして，内国歳入庁が，Lilly P. R.が保有する無形資産である「特許及び製造ノウハウ」により生み出された利益の帰属を否認する課税処分を行ったものである。

内国歳入庁は，無形資産の移転に係る「有効な取引の『形式（form）』は認めるが，問題となっている移転の結果生じる所得の歪みを理由としてその『実質（substance）』を問題とする」とし，「原告の内国歳入法351条の下での所得を生み出す価値ある無形資産（valuable income-producing intangibles）の Lilly P. R.への移転が，財務省規則1.482-2(d)(2)で定義される独立企業間の対価を受け取っていないことで，所得の歪みを生み出している」として，Lilly P. R.における無形資産による利益の帰属を否認した。

租税裁判所は，「原告の Lilly P. R.への資産の移転の形式と実質は，経済的実態を伴っていることを認める」とし，「従って，実質主義（on the basis of substance over form）に基づき原告の Lilly P. R.への無形資産の移転を無視することにはならない」として，特許を含む無形資産により生み出された利益の

15　Eli Lilly & Co. v. Commissioner, 84 T.C. 996 (1985), 856 F. 2d 855 (7th Cir. 1988).

子会社への帰属を全て否認する内国歳入庁の主張は認容しなかったのである。しかし,「価格設定による所得配分において無形資産の所有権を無視すべきであるとの被告の議論は拒否するが,問題となっている年分について,Lilly P. R.から原告へ所得を再配分することを根拠付ける原告の所得の歪み（a distortion）が存在していたことについては長官に同意する」として,研究開発機能を有するEli Lilly社にも無形資産により生み出された利益を帰属させるべきであると判断した。その上で,独立価格比準法,再販売価格基準法及び原価基準法が適用できないため,利益を分割することによりEli Lilly社及びLilly P. R.の双方に利益を帰属させなければならないとして,製造原価,ロケーション・セービング及び無形資産から生じる所得の55%をLilly P. R.へ帰属させ,超過した利益についてはEli Lilly社に帰属させるべきであると判断したのである。

控訴裁判所では,Eli Lilly社が広範囲な研究開発を長期間行ってきたことを考慮し,特定の特許により生じる所得との関係について,利益分割法の適用においてどのように反映させていくか検討した。そして,「租税裁判所は,利益分割法の適用が不合理であるとのEli Lilly社の議論には説得されなかったため,租税裁判所がマーケティング費用（marketing expenditures）及びマーケティング無形資産（marketing intangibles）によりEli Lilly社の1971年及び1972年の収益を増加させることを確認する。」と判示したのである。

関連当事者の双方が重要な無形資産を有している場合には,ベリー比を使用することができないことから,利益分割法による解決が合理的であると評価したものと考えられる[16]。

③ 第4の方法による解決

米国の裁判例では,無形資産取引に係る独立企業基準の適用において,無形資産の独自性や価値により,非関連者間取引との比較により独立企業間ロイヤルティの算定を行っていくことは極めて困難となっていたものと考えられる。

16　前掲 Dolan, D. Kevin, "Intercompany transfer pricing for the Layman."

そのため，E. I. DuPont de Nemours & Co. v. Commissioner 事件のように，結果の合理性に基づき，再販売価格基準法における売上総利益率ではなく，営業費に対する売上総利益や資本収益率を採用して間接的に独立企業間のロイヤルティを算定して解決を図ってみたり，Hospital Corporation of America v. Commissioner 事件や Eli Lilly & Co. v. Commissioner 事件のように，第4の方法として利益分割法を適用して所得配分を決定してみたりすることにより，財務省規則で規定された独立価格比準法，再販売価格基準法及び原価基準法の適用に係る困難性の解決を目指していたものと考えられる。

また，E. I. DuPont de Nemours & Co. v. Commissioner 事件において，「482条の下で，長官の所得配分を検証する場合，裁判所が注目しているのは，調査官が使用する独立企業間価格算定方法の詳細ではなく，結果の合理性である」と判示したことは重要な意義を有していたものと考えられる。本判示は，所得移転が甚だしい場合に，それを是正するための課税処分の結果に合理性があれば，所得の再配分に幅広い裁量がある内国歳入庁が採用する第4の方法に裁判所が支持する可能性があることを示唆したものと考えられる。

(5) 無形資産に係る超過ロイヤルティの問題

無形資産取引への独立企業基準の適用において，独立企業間ロイヤルティの算定に係る困難性に加え，無形資産を移転又は使用許諾した後に，超過利益が発生した場合に，事後的に超過ロイヤルティを算定して回収できるかが問題となることがある。

1973年の R. T. French Co. v. Commissioner 事件[17]では，外国親会社の保有する特許等の無形資産に対して米国所在の子会社の支払った使用料について，特許から超過利益が得られるにもかかわらず低く設定されたままであったとして，低い部分について外国親会社への配当とみなして源泉税の対象とする課税処分を行ったものである。

租税裁判所は，「当該使用料支払いは，独立企業の当事者間で交渉され締結

17　R. T. French Co. v. Commissioner, 60 T. C. 836 (1973).

されていた契約に従い行われたものと認められ，それに反する長官の決定は適正ではない。」とし，使用許諾の契約が締結された時点では独立企業間のものであったことから，事後になって超過利益が得られたとしても，契約締結時点の独立企業間の検証は有効であると判示した。そして，長官が482条の適用において広範な裁量権を有し，裁量権を濫用しなければ課税処分の決定が維持されると主張している点について，「しかし，裁判所の判断においては，独立企業間で事業が行われている当事者間に存在したはずの状況で使用料支払いがなされたという原告の立場を記録から確実に支持できる。そして，(482条の適用に係る) 審査基準が，本件において実際に長官にさらに有利に適用されているとすれば，裁判所は，長官の決定は審査基準にかかわらず否認されなければならないと考える。」とし，その後の契約変更により使用料を引き上げることまで長官が求めることはできないと判示したのである。本判決では，契約締結後，高い収益性が明らかになった場合であっても，無形資産から生じる所得に相応した使用料率の改訂までは求めてはいないとして，独立企業基準を適用したとしても，契約変更により使用料の引上げまで求めていくべきではないと判断している。

　同様に，事後的に子会社の貢献を評価し，ロイヤルティを算定して，外国親会社への支払いを変更できるかが問題となった裁判例として，1985年のCiba-Geigy Corp. v. Commissioner事件[18]がある。

　本事件では，スイス所在の親会社 (Ciba-Geigy Corp.) が研究開発した医薬品について，米国子会社により製造販売される際の無形資産の使用料が10％を超過していたことに対して，内国歳入庁が米国での事業活動についてスイス親会社と米国子会社との間のジョイントベンチャーであると認定し，米国市場での成功がスイス親会社の無形資産の貢献だけでなく，米国子会社の貢献も評価されるべきであるとして，ロイヤルティの支払いを6％まで引き下げ，その差額分を配当とみなし源泉課税を行ったものである。

　裁判所は，「法廷に提出された記録を注意深く検討した結果，10％のロイヤ

---

[18] Ciba-Geigy Corp. v. Commissioner, 85 T. C. 172 (1985).

ルティが，米国におけるトリアジン系除草剤の製造販売に係る独占権に対する独立企業間の対価を構成していることを確認する。」として，「上記理由から結論として，原告は問題となる年分に支払ったロイヤルティを10%から6％へ被告が減額したことについて裁量権の濫用（an abuse of discretion）であることを証明する重い責任を果たし，被告はロイヤルティを否認したことを証明する責任を果たしていないことを確認する。しかしながら，法廷に提出された記録によれば，10%を超過するロイヤルティについては，独立企業間の対価を構成するとは認められない。」とし，当初契約での10%のロイヤルティを独立企業間の対価として6％までに引き下げたことについては否認したが，Ciba-Geigy Corp.へ支払われた10%を上回る超過ロイヤルティについても否認すると判断したのである。

　米国の裁判例では，無形資産を移転又は使用許諾した後に超過利益が発生した事例において，事後的に超過ロイヤルティを算定して回収できるかについては，無形資産に係る超過ロイヤルティによる回収は認められず，課題が残っていたものと考えられる。

2．所得相応性基準の導入と独立企業基準における整理

　米国における無形資産取引に係る裁判例に示されるとおり，移転価格税制の対象となる関連者間取引の重点が有形資産から無形資産へ移行していく中，収益性の高い無形資産がタックスヘイブンへ移転し，米国の税源を浸食していたにもかかわらず，重要な価値ある無形資産が非関連者へ譲渡されることがないため，比較対象取引を見出すことが困難となっており，有効な対抗措置のないことが問題となっていたものと考えられる。また，無形資産を移転又は使用許諾した後に超過利益が発生した場合に，事後的に超過ロイヤルティを算定して超過利益を回収できるかどうかについても，新たな課題として解決が模索されていたものと考えられる[19]。

　19　米国「内国歳入法482条に関する白書」第6章A「立法経緯」45頁以下。

そのため，1982年の租税公平・財政責任法（Tax Equity and Fiscal Responsibility Act: TEFRA）により内国歳入法936条が改正されたものと考えられる。改正前は，米国で創造又は取得された特許，秘密製法及び商標等の無形資産をプエルトリコ所在の関連会社へ移転して租税回避を行っても，無形資産により生み出された所得の米国親会社への回収が求められていなかった。内国歳入庁は無形資産に帰属する所得の全て又は部分的にでも，米国親会社へ配分しなければならないとの見方をしており，改正法では，936条のプエルトリコ法人は内国法人となることから，無形資産から生み出された所得について，米国親会社への費用分担又は利益の折半を選択しなければ，米国株主の所得に合算することとされたのである[20]。

1984年の赤字削減法（Deficit Reduction Act: DEFRA）では，内国歳入法367条(d)が改正され，外国に所在する関連会社への課税繰延べによる無形資産の移転について，資産の生産性，使用又は処分方法に応じ，無形資産の耐用年数を反映した売却として課税対象とすることとなった。

こうした内国歳入法改正に続き，1986年の税制改革法では，内国歳入法482条について無形資産取引を対象にするための抜本的な改正が行われ，以下の第2文を加えた対応が行われたのである。

「無形資産（規則936(h)(3)(B)に定める）の譲渡（又は実施権許諾）に関する場合において，当該譲渡又は実施権許諾に関わる所得は無形財産に帰属する所得と相応しなければならない[21]。」

同項は，所得相応性基準又はスーパー（超過）ロイヤルティ条項と呼ばれ，無形資産の譲渡又は実施権の許諾について，対価の算定に当たり当該無形資産に帰属すべき所得に相応して超過ロイヤルティを回収しなければならないと規定しているのである[22]。

---

20 Joint Committee on Taxation, "General Explanation of the Revenue Provisions of the Tax Equity and Fiscal Responsibility Act of 1982 (H. R. 4961, 97th Congress ; Public Law 97-248)" page 82.

21 "In the case of any transfer (or license) of intangible property (within the meaning of section 936 (h)(3)(B)), the income with respect to such transfer or license shall be commensurate with the income attributable to the intangible."

「内国歳入法482条に関する白書」によれば、対象となる無形資産は、一般的な無形資産と収益性の高い無形資産とに分類されている[23]。

一般的な無形資産については、実施権許諾に係る比較対象取引が存在し、比較対象取引が独立企業間取引の証拠となり得るため、独立企業間取引においても所得に相応する形で所得が分配されることになる。そのため、比較対象取引が適正であれば、独立価格比準法、再販売価格基準法及び原価基準法のいわゆる基本三法により算定される独立企業間価格が所得相応性基準による価格と同一になると考えられている[24]。

---

22 ここで、「無形資産（規則936(h)(3)(B)に定める）」とあるのは、プエルトリコ属領税額控除（内国歳入法936条）に係る「財務省規則936(h)無形資産所得の税務上の取り扱い(3)本小節のための無形資産所得(B)無形資産」に定める無形資産であるが、本定義は、移転価格税制（内国歳入法482条）に係る「財務省規則1.482-4無形資産の移転に関わる課税所得の決定方法(b)無形資産の定義」において改めて以下の無形資産が規定されている（邦訳は、国税庁平成13年6月1日「移転価格事務運営要領の制定について（事務運営指針）」別冊　移転価格税制の適用に当たっての参考事例集53頁での記載を参考にしている。）。
　(1)　特許、発明、方式、工程、意匠、様式、ノウハウ
　(2)　著作権、文学作品、音楽作品、芸術作品
　(3)　商標、商号、ブランドネーム
　(4)　一手販売権、ライセンス、契約
　(5)　方法、プログラム、システム、手続、キャンペーン、調査、研究、予測、見積り、顧客リスト、技術データ
　(6)　その他の類似項目（あるものの価値がその物理的属性でなく、その知的内容又は他の無形資産から派生している場合、上記の各項目に類似しているとみなされる。）
　　なお、プエルトリコ属領税額控除と医薬品業における無形資産の問題については、中村雅秀「アメリカ属領法人優遇税制と製薬産業」（立命館国際研究［立命館大学国際関係学会編］、2005年6月）82-88頁。
23 新OECD移転価格ガイドライン・パラグラフ6.10においても同様の考え方が採られており、無形資産の使用は多国籍企業の価値創造の原因となり得るが全ての無形資産があらゆる状況において、超過利益を創出するわけではないとしている。
　　そのため、新OECD移転価格ガイドライン・パラグラフ6.17では、「ユニークで価値ある無形資産」について以下の特徴を挙げている。
　(i)　潜在的に比較可能性のある取引当事者に使用されるか利用可能である無形資産と比較可能ではなく、かつ、
　(ii)　事業活動（製造、役務提供、マーケティング、販売又は管理等）におけるその使用により、その無形資産がない場合に見込まれるよりも大きな将来的な経済的便益を生み出すと見込まれる無形資産
24 米国「内国歳入法482条に関する白書」第6章C「一般的な無形資産と収益性の高い無形資産への所得相応性基準の適用」50頁。
　　新OECD移転価格ガイドライン・パラグラフ6.137においても同様に、無形資産や無形資産に係る権利の移転に適用される移転価格算定方法について、比較可能性分析において、比

しかし，収益性の高い無形資産については，独立第三者への無形資産の実施権許諾が存在しない場合が多く，仮に存在する場合であっても，収益性の高い無形資産の実施権許諾に係るロイヤルティのレートは，一般の無形資産の実施権許諾と大きく異なるものであり，ロイヤルティのレートは極めて高いものとなるため，いわゆる超過ロイヤルティ・レートを設定することが必要になるとしている[25]。そして，無形資産に帰属する所得に大幅な変化があった場合や，関連者が果たした経済的活動，使用資産，負担した経済コスト及びリスクに大幅な変化があった場合には，その変化を反映させるために対価の定期的調整が求められるべきであるとしているのである。

ここで，無形資産に係る所得が大幅に変化する可能性のある要因としては，

較可能な非関連者間取引に関する信頼できる情報が特定される場合，無形資産や無形資産に係る権利の移転に関する独立企業間価格は，適切かつ信頼できる差異調整を行った後で，比較対象取引に基づき決定することが可能であるとしている。

そして，新 OECD 移転価格ガイドライン・パラグラフ6.205では，検証対象法人がユニークで価値ある無形資産を使用しない場合や，信頼できる比較対象を特定可能な場合，独立価格比準法，再販売価格基準法，原価基準法及び取引単位営業利益法等の片側検証の方法に基づき独立企業間価格の決定が可能なことが多いと指摘している。

[25] 米国「内国歳入法482条に関する白書」第6章C「一般的な無形資産と収益性の高い無形資産への所得相応性基準の適用」51頁。

新 OECD 移転価格ガイドライン・パラグラフ6.138においても同様に，無形資産がユニークな性質を有し，無形資産が非常に重要であるため関連者間でのみ移転される場合，比較可能性分析（機能分析も含む。）で，独立企業間価格やその他の条件を決定する際に使用可能な信頼できる比較可能な非関連者間取引がないことが判明することが多いとしている。

また，新 OECD 移転価格ガイドライン・パラグラフ6.139では，信頼できる比較可能な非関連者間取引に関する情報が特定できない場合には，独立企業原則の適用において，比較可能な状況において非関連者であれば合意したであろう価格をその他の方法により算定することが求められ，以下の点を考慮することが重要であると指摘している。

・取引の各当事者の機能，資産及びリスク
・取引を行う事業上の理由
・取引の各当事者が現実に利用可能な選択肢の観点
・無形資産によってもたらされる競争上の優位性，特に無形資産に関連する製品及び役務又は潜在的な製品及び役務の相対的な収益性
・取引から見込まれる将来の経済的便益
・現地市場，ロケーション・セービング，集合労働力，多国籍企業のグループシナジーといった特徴等のその他の比較可能性の要素

さらに，新 OECD 移転価格ガイドライン・パラグラフ6.209では，信頼できる非関連者間取引が特定できず，取引の両当事者がユニークで価値ある貢献を行っている場合には，無形資産の使用が関わる商品の販売又は役務提供について，取引単位利益分割法の適用により独立企業間における利益配分が決定できることもあるとしている。

①市場規模や市場の数，②製品の市場シェア，③製品の販売量，④製品の販売収益，⑤技術の使用数，⑥技術の改良，⑦マーケティングの費用，⑧生産コスト，⑨無形資産の使用に関連して各当事者が提供するサービス，⑩製品のプロフィット・マージン又はプロセスのコスト・セービング等が示されている[26]。

　また，収益性の高い無形資産による所得については，無形資産の研究開発等をした者に帰属することとしており，当該無形資産を使用して製造を行う場合に，委託製造業者に配分されるべき所得をどのように決定するのか，あるいは研究開発活動の費用の回収により，無形資産による所得の帰属がどのような影響を受けるか等から，所得配分は大きな影響を受けるとしている。

　白書の説明では，競争市場の理論によると，企業の総収益は，企業の使用した全ての生産要素により稼得される市場での総報酬と等価になる。そのため，競争市場を前提とした独立企業基準を企業の総収益に対して適用させることは，独立企業基準を市場での総報酬に対して適用させることと同じと整理できる。そのため，企業の使用した全ての生産要素により稼得される市場での総報酬を採用して，独立企業基準を適用しても，多国籍企業の関連者間取引での適正な所得配分の決定に使用できることになるとしている。

　また，独占市場における関連者間取引や無形資産の関係した関連者間取引に係る分析においても，各関連者が使用した生産要素を測定し，それにより稼得される市場での報酬を計算することにより，競争市場における独立企業間利益の算定のための最適な代替手段として使用できると整理しているのである[27]。

　こうした整理は，資本コストの理論に基礎を置き，第一に，資本市場と金融市場が自由であれば，株式資本や負債の利回りが資本コストと等しくなるまで資本が投下され，第二に，企業の生産する製品やサービスの市場が自由であれば，各企業の資本利益率が等しくなるまで資本が投下されると考えられていることによるのである。そのため，移転価格は使用資本に比例して利益が生ずる

26　米国「内国歳入法482条に関する白書」第8章「定期的調整」B「定期的検証」67頁。
27　米国「内国歳入法482条に関する白書」第10章C「統合された事業における独立企業アプローチの実務」83-84頁。

よう決定されることになり,独立企業基準に適合したものになると整理されるのである[28]。

米国では,所得相応性基準の導入により,無形資産取引に係る独立企業間価格を算定するため,利益を指標とする代替的なアプローチによる間接的なロイヤルティの算定を認めることにより,比較対象取引を見つけ出すことが困難な独立取引比準法よりも,比較対象取引を見つけ出すことが容易な利益法の適用を目指していったものと考えられる。また,利益法の適用によりロイヤルティの料率を明示せず利益移転額を算定することにより調整する実務が行われるようになったと考えられる[29]。

3.定期的調整による超過ロイヤルティの回収

無形資産取引に係る移転価格問題の対象は一般的な無形資産と収益性の高い無形資産に分類されるが,所得相応性基準の適用においては,特に,収益性の高い無形資産に係る超過ロイヤルティの回収が問題となっている。

1989年の Bausch & Lomb. Inc. v. Commissioner 事件[30]では,軽課税国であるアイルランドに設立された製造子会社(B&L アイルランド)が,米国親会社(B&L 社)の有する独自の製法を使用して製造したコンタクトレンズを B&L 社へ輸出した取引において,独自の製法に対するロイヤルティ5%を B&L 社へ支払う代わりに,それを上回る大幅な製造原価の削減分に係る所得を製造子会社へ帰属させていたことが問題となった。内国歳入庁はロイヤルティ5%の B&L 社への支払いを否認する代わりに,B&L アイルランドを委託製造業者と認定した上で,B&L アイルランドの所得を収益の20%に抑え,5%を上回る超過ロイヤルティを B&L 社に回収させる課税処分を行ったものである。

---

28 渡邉幸則「最近における移転価格税制の問題点」ジュリスト有斐閣1075号1995年19頁。
29 Avi-Yonah, Reuven S. "Xilinx Revisited." Tax Notes Int'l, June 8, 2009, p. 859.によれば,所得相応性基準は,独立企業基準を逸脱して適用できるとの議論もあるが,最終的には,所得相応性基準は独立企業基準と整合的であるとの整理が維持されている。
　　Avi-Yonah, Reuven S. "Xilinx and the Arm's-Length Standard." Tax Notes Int'l, March 29, 2010, p. 1141.
30 Bausch & Lomb. Inc. v. Commissioner, 92 T. C. 525 (1989).

裁判所は,「被告の議論は, B&L 社が B&L アイルランドが製造したソフトコンタクトレンズの購入を要請していたことが確認できるのであれば,有益な議論になっていたと考えられる。その場合, B&L アイルランドは,ライセンス契約とソフトコンタクトレンズの購入が表面的に相互に関係したものでなかったとしても,実質的に委託製造業者とされていたであろう。しかしながら,ソフトレンズの購入は B&L 社から要請されていなかった事実が確認できたのである。」として,内国歳入庁による,委託製造業者であるとの認定が覆されることになった。

その上で裁判所は,「B&L アイルランドがライセンス契約を通じて得た低コストの製造技術と B&L 社との関係による世界市場への参入につき証明された事実を考慮すれば, B&L アイルランドにより負担されたリスクは,他の製造を行うベンチャー企業と比較しても適正であり,当該リスク負担に応じて B&L アイルランドへ15％のプレミアムを補填させるのは全く適正であると考えられる。そのため,納税者の独立価格比準法で算定されたソフトコンタクトレンズに係る B&L アイルランドの売上に対する20％のロイヤルティは, B&L 社の無形資産の使用に係る独立企業間の対価であると結論できる。」と判断したのである。

本判決では,内国歳入法482条が改正された後に,収益性の高い無形資産を国外関連者へ移転して製造を行う事業が,委託製造業者と認定されるかが争われたものであるが,内国歳入庁の委託製造業者の認定による超過ロイヤルティの算定は覆されたものの,納税者の主張した独立価格比準法による超過ロイヤルティの算定が裁判所により支持された結果となっている。

同様の裁判例として,1991年の Merck & Co. v. United States 事件[31]においては,米国親会社 (Merck 社) の研究開発活動が創出した無形資産をプエルトリコ子会社 (MSDQ) へ移転した取引について,内国歳入庁が無形資産と販売援助に対するロイヤルティとして MSDQ の純売上の 7 ％を MSDQ が Merck 社へ支払う課税処分を行ったものである。

---

31 Merck & Co. v. United States, 24 Cl. Ct. 73 (1991).

裁判所は,「本件課税の還付訴訟において, Merck 社は, 内国歳入法482条による内国歳入庁の再配分が恣意的で整合性がなく不合理なものであったことを示し, 正確な税額と過納付額を証明しなければならない。内国歳入法482条の問題は, 内国歳入庁による1975年及び1976年の課税年度に対する調査後に解決されていないという点であるが, 内国歳入法482条による再配分の適用が恣意的で整合性がなく, 不合理なものであったとの Merck 社の主張は, 事実と有効な先例に従っている。しかし, 被告は7％又は他のどんな配分も適切であることを示していない。したがって, Merck 社は, 1975年及び1976年における還付請求により還付が受けられる権利を有する。」とした。本判決では, 研究開発活動の費用が無形資産移転の前に回収されており, Merck 社はロイヤルティを受け取る必要はないことから, MSDQ はロイヤルティを支払う必要はないと判断したのである。

収益性の高い無形資産に係る事後的な超過ロイヤルティの設定については, 独立企業基準の適用において争点となっており, R. T. French Co. v. Commissioner 事件や Ciba-Geigy Corp. v. Commissioner 事件では, 無形資産に係る超過ロイヤルティは認められないとしていた。所得相応性基準導入後の, Bausch & Lomb. Inc. v. Commissioner 事件や Merck & Co. v. United States 事件では, 無形資産の価値が事後的に低下した場合には使用料による回収を継続すべきではないと判示したが, 無形資産の価値が事後的に上昇した場合に無形資産に係る超過ロイヤルティの回収ができるかについては判示していなかったものと考えられる。この点については, 内国歳入法482条に関する白書でも解決策が示されていなかったとの指摘もあり, 所得相応性基準の導入によっても, 超過ロイヤルティ回収が課題になっていたものと考えられる[32]。

---

32 Birch, Robert J, "High Profit Intangibles After the White Paper and Bausch and Lomb : Is The Treasury Using Opaque Lenses ?" University of Miami Law School Institutional Repository, University of Miami Business Law Review, 10-1-1991. Page 105-129.

4. 利益比準法による検証

　超過ロイヤルティの検証において，外国子会社へ配分されるべき所得の検証のため，内国歳入法482条に関する白書では，無形資産が関わる取引を評価するための独立企業基準の適用について，Basic Arm's Length Return Method (BALRM) 及び Profit Split Method の適用を提案した。

　BALRM は，1992年の財務省規則案において，利益比準幅（Comparable Profit Interval (CPI) Method）へ変更され，1993年の財務省暫定規則では，現行の利益比準法（Comparable Profit Method (CPM)）となった。また，独立価格比準法，再販売価格基準法及び原価基準法と利益比準法の間の優先順位についても，最適方法ルール（The Best Method Rule (BMR)）を導入することにより見直しが行われた。そして，1994年の財務省最終規則において，外国子会社の利益水準について，CPM により子会社だけを片側で検証することにより，外国子会社の利益水準の上限を固定し，超過した利益を親会社の帰属利益とすることを可能とする利益比準法の適用が確定した。

　米国の制度は，長官が脱税を防止しあるいはそれらの組織，営業又は事業の所得を正確に算定するためにそれが必要であると認める場合には，それらの事業の間に総所得，所得控除，税額控除その他の控除を配分し，割り当て，又は振り換えることができるとしている点で，わが国のような申告調整型制度と異なり，税務当局に否認権を認める否認型制度となっているのが特徴とされていた[33]。

　しかし，1994年財務省規則からは納税者による申告での適用が認められ，「関連納税者は，独立企業間実績値を反映するために必要であれば，適時に提出される米国所得税申告書において，実際の請求価格とは異なった価格に基づきその実績値を申告することができる。」こととなっている[34]。

33　金子宏「移転価格税制の法理論的検討―わが国の制度を素材として―」『所得課税の法と政策』有斐閣，1996年（371-372頁）。

34　米国における482条の適用は，内国歳入庁長官による積極的裁量権行使（affirmative discretionary action）と位置付けられ，納税者側から482条の適用を求めることはできないとされていたが，1994年の財務省規則改正以降，納税者による適用の可能性も開かれるに至った（米国財務省規則§1-482-1(a)(3)）（岡村忠生「税務訴訟における主張と立証―非正常取

所得相応性基準の適用においては，利益比準法により外国子会社における独立企業間利益率を算定し，外国子会社へ配分される利益水準の上限を固定し，それを超過する利益は，無形資産の研究開発をした親会社に帰属するとして，超過ロイヤルティとして回収できるか否かが争点となっている。

　外国子会社の利益水準を片側で検証する利益比準法を適用すれば，営業利益水準の上限を固定し超過利益を親会社に帰属させることにより，無形資産価値の事後的な上昇に応じて超過ロイヤルティの回収が自動的に可能となる。

　伝統的な独立企業間価格算定方法である売上総利益での比較により移転価格を算定する再販売価格基準法と，営業利益での比較により移転価格を算定する利益比準法との間には，利益水準指標として販売費一般管理費を控除するだけの差異に過ぎない。そのため，外国子会社の利益水準を抑えるために，再販売価格基準法を適用して売上総利益水準の上限を固定することと，利益比準法を適用して営業利益水準の上限を固定することは超過利益を親会社へ帰属させるためのメカニズムにおいて類似している。

　しかし，無形資産価値の事後的上昇に応じて超過ロイヤルティを回収する場合，ロイヤルティが外国子会社の販売費一般管理費から支出されていれば，再販売価格基準法と利益比準法の適用に違いが生まれる可能性がある。

　再販売価格基準法により外国子会社の売上総利益水準の上限を固定する場合には，営業利益水準を抑えることまでは求められていないことから，販売費一般管理費の支出には自由度があると考えられる。そのため，無形資産の価値が事後的に上昇しても販売費一般管理費から超過ロイヤルティを自動的に控除することにはつながらない可能性がある。この場合，外国子会社の営業利益水準が高いままであったとしても問題とされず，再販売価格基準法は，超過ロイヤルティの回収を目指す所得相応性基準の適用に有効な算定方法にならないものと考えられる。

　しかし，利益比準法により外国子会社の営業利益水準の上限を固定する場合

引を念頭に―」芝池義一，田中治，岡村忠生『租税行政と権利保護』ミネルヴァ書房，1995年326頁注(23)）。

には，販売費一般管理費の支出には自由度がなく，無形資産価値の事後的な上昇に応じて超過ロイヤルティを自動的に控除することが求められることになる。そのため，利益比準法は，超過ロイヤルティの回収を目指す所得相応性基準の適用に有効な算定方法になっているものと考えられる。

　所得相応性基準の適用において，定期的調整により，事後的に利益比準法による検証を行い，残余利益を親会社へ帰属させて超過ロイヤルティの回収を行うことが，内国歳入庁長官の裁量に当たるかについて争点となった裁判例として，2016年の Medtronic, Inc. and Consolidated Subsidiaries v. Commissioner 事件[35]がある。

　本事件では，米国の医療機器製造会社である Medtronic 社が，プエルトリコ製造子会社（MPROC）から回収する無形資産のロイヤルティについて，2001年に医療機器及びリード線に係るライセンスに従い，MPROC は，Medtronic 社への独立企業間ロイヤルティとして，医療機器の米国での企業内売上の29％及びリード線の企業内売上の15％を支払うことに合意したことが出発点となる。

　Medtronic 社の2002年の税務申告に対する調査では，医療機器及びリード線に係る企業内取引及び MPROC, Medtronic US 及び Med USA の間の移転価格とともに，2002年に行われたプエルトリコにおける Medtronic 社の事業再編を分析することになった。調査の結果，納税者とアドバイザーであるアーンスト&ヤングが選択した独立取引比準法を内国歳入庁長官は受け入れることとなったが，「潜在的利益（profit potential）」を増加するために取引を調整することとなり，企業内取引の売上に対し MPROC が支払うロイヤルティレートを医療機器44％，リード線26％とするプエルトリコに係る合意覚書が調査終了時に締結されることになった。

　その後，Medtronic 社は，プエルトリコに係る合意覚書を使用して2005年及び2006年の税務申告を期限内に行ったが，プエルトリコに係る合意覚書を実施

35　T. C. Memo 2016-112.

するため，Medtronic社は，当初の独立取引比準法に基づくロイヤルティレートとして，医療機器の企業内売上に対する29％及びリード線の企業内売上に対する15％を適用し，増加したロイヤルティレート（医療機器の企業内売上に対する44％及びリード線の企業内売上に対する26％）をさらに適用して，プエルトリコに係る合意覚書に規定される内国歳入庁長官の決定に基づく利益分割法を適用して税務申告を行うこととなった。

その後，MPROCの利益水準が高くなったことから，2005年及び2006年の税務申告に係る税務調査が2007年から行われ，内国歳入庁長官は，利益比準法を使用したHeimert報告書に基づく追徴税額を計算したことにより，超過ロイヤルティを算定し，親会社へ残余利益を回収させる課税処分を2010年に行うこととなった。

これに対して，Medtronic社は，課税処分を不服として2011年，租税裁判所に提訴し，当初独立取引比準法（CUT法）により算定したロイヤルティレートを医療機器29％，リード線15％とするのが独立企業間価格であると主張した。その結果，2016年6月，租税裁判所はIRSによる超過ロイヤルティを求める課税処分を取り消し，プエルトリコに係る合意覚書でのロイヤルティに近い金額へ戻す決定が行われた。

判決では，所得相応性基準の適用について，1986年の税制改革法に係る議会説明及び1988年の「内国歳入法482条に関する白書」を引用し，無形資産が製造又は組立費用と比較して高い価値を有している場合には，軽課税国の外国関係法人又は属領子法人へ無形資産を移転する強いインセンティブが納税者にあるとし，多くの見方として，内国歳入法482条に係る財務省規則の「独立企業間」アプローチの効果に疑問が呈されており，非関連者間の比較可能な独立企業間取引が欠如し，比較対象がないのに独立企業間の概念を課そうとする矛盾した結果が何度も起きていると指摘したのである。

そして，高い潜在的利益のある無形資産の移転の場合に問題は特に重要であり，納税者は，初期の段階に相対的に低いロイヤルティで，こうした無形資産を外国の関係法人又は属領子法人へ移転し，移転の時点では，製品の事後的な

成功を予測することが不可能であったとの立場を採るであろう。たとえ高い利益のある無形資産であることが証明された場合であっても，納税者は多くの場合，企業内のロイヤルティレートは，はるかに低い収益性の無形資産の移転における業界標準を基礎として適切に設定されたとの立場を採るであろうとも指摘した。

　しかし，無形資産に関係する所得を検証し，相対的な経済的貢献に基づき所得を分割することは，非関連者が行っていることと整合的であり，そのため，所得相応性基準の一般的な目的は，無形資産の独立企業間での移転において非関連者であれば稼得するはずの無形資産から各当事者が稼得する所得又は報酬を確保することであると判示した。

　ただし，利益比準法による検証については，内国歳入庁長官はHeimertの分析が最適方法で財務省規則1.482-1(c)で求められるものとして使用すべきであると主張していることに対しては，最適方法ルールは，事実と状況が独立企業間の結果を決定するために考慮されるべきであることを求めており，Heimertの分析に係る裁判所の焦点は，結果の合理性であり，採用された方法の詳細ではないとし，結果の合理性から課税処分は独立企業原則と整合的になっておらず，内国歳入庁長官の配分が恣意的で整合性がなく，かつ不合理なもの（arbitrary, capricious, or unreasonable）であったことを示す責任をMedtronic社は果たしたと判示した[36]。

　さらに，所得相応性基準の適用について，所得相応性基準は，独立企業基準を置き換えるものではなく，利益比準法を内国歳入庁長官が使用したことについては，内国歳入法482条の所得相応性基準で求められているものではなく，所得相応性基準に係る内国歳入庁長官の議論は，内国歳入庁長官の所得配分が不合理であったとする裁判所の見解を変更するものではないと判示したのである。

---

[36] 同様に，Sundstrand Corp. & Subs. v. Commissioner, 96 T. C. 226, 353-354 (1991)においても，シンガポール子会社から米国親会社へ支払われた無形資産の使用料への移転価格課税に係る内国歳入庁の独立企業間価格算定方法の採用が，恣意的で整合性がなくかつ不合理なものと判示している。

なお，本判決は，2018年8月16日に，第8巡回裁判所において，租税裁判所の決定が破棄差戻しとなっており，租税裁判所の事実認定が不十分であり，原告の採用したライセンス契約に係る比較対象取引の比較可能性及びクロスライセンスを含む無形資産取引の検討を改めて十分に行うべきであると判示している[37]。

5．所得相応性基準の適正な適用

　米国では，上記1(3)で示したように，独立企業基準の適用においては，非関連者間取引との比較が重視されており，独立企業間で合理的（reasonable）又は公正（fair）であるか否かが判断基準となっている。

　無形資産取引については，比較対象取引が見つからない等により，ベリー比や利益分割法等の第4の方法を適用するとしても，合理性の範囲内で内国歳入庁長官に裁量が認められていると考えられている。

　所得相応性基準を適用して，超過ロイヤルティの回収を行うために利益比準法を適用するとしても，所得相応性基準は，独立企業基準を置き換えるものではなく，結果の合理性から独立企業基準と整合的となっているかを判断し，内国歳入庁長官の配分が恣意的で整合性がなく不合理なもの（arbitrary, capricious, or unreasonable）であったことを示す責任を果たさなければならないとしているのである。

37　United States Court of Appeals for the Eigth Circuit. No. 17-1866.

第2節　BEPSへの対応措置としての所得相応性基準に係る議論

　BEPSへの対抗措置としての無形資産取引への所得相応性基準を背景とした価格調整措置について，後知恵による課税に係る議論としての比較可能性分析でのタイミングの問題，評価困難な無形資産における定期的調整，包括的定義を前提とした無形資産の特定でのDEMPEに係る機能，資産及びリスクの分析並びにバリューチェーン分析による超過ロイヤルティの帰属に関する，新OECD移転価格ガイドラインでの議論を確認していくこととしたい。

1．後知恵による課税に係る議論

(1)　比較可能性分析におけるタイミングの問題

　比較可能性分析におけるタイミングの問題は，分析の対象となる比較可能性の要素や非関連者間取引に係る情報の発生，収集及び作成の時点の違いにより二重課税となる可能性について議論となっている[38]。情報収集のタイミングとして，取引が行われた時点で合理的に利用可能な情報に基づき事前に移転価格文書化を行う「独立企業間価格設定」アプローチと年度末の税務申告書作成の一環として事後的に取引の実績検証を行う「独立企業間実績検証」アプローチがある[39]。

　タイミングの問題としては，独立企業間価格設定アプローチで考慮した市場予測と独立企業間実績検証アプローチによる実績との間に違いがある場合に，関連者間取引で異なるアプローチの適用により異なる結果になれば，二重課税

---

[38] 新OECD移転価格ガイドライン・パラグラフ3.67。パラグラフ3.68では，関連者間取引と同じ時期に発生した非関連者間取引の条件に関する情報は，比較可能性分析において最も信頼できる情報であるとしている。

[39] 新OECD移転価格ガイドライン・パラグラフ3.69及び3.70。

になる恐れがあると指摘されている[40]。

また，極めて不確実な当初の評価や予測不能な事象について，関連者間取引の検証時点で予測できなかった将来の事象について，移転価格算定分析でどのように考慮するかという点も問題となっている[41]。

無形資産の取引時点での評価が不確実な場合，独立企業原則の観点から判断しなければならず，独立企業であれば価格調整メカニズムを要求するほど当初の評価が不確実であったのか，又は価値の変化が取引の再交渉につながるほど根本的なものであったかについての判断を求めているのである[42]。

(2) 実際の事後の利益

事前の利益計算と対価取決めの基礎となる財務予測において，リスクと予見不能な事象が生じる合理的な可能性を適切に考慮すれば，リスクの実現により実際の事後の利益と予測された利益の差異が反映されることになる。しかし，適切な考慮がなければ，予測利益の過大評価や過少評価につながり，無形資産のDEMPEに貢献した多国籍企業グループのメンバー間でどのように配分されているか問題が生じることになる[43]。

この問題の解決には，実際の取引を描写する時に特定される経済的に重要なリスクを，多国籍企業グループの中のどの企業が実際に引き受けているか詳細に分析していくことが必要となる[44]。

---

40 新OECD移転価格ガイドライン・パラグラフ3.71では，権限ある当局は，各国での異なるアプローチによる二重課税の発生について，相互協議での解決に最大限努力すべきであるとしている。
41 新OECD移転価格ガイドライン・パラグラフ3.72では，独立企業であれば，比較可能な状況において，取引の価格算定に係る評価の不確実性を考慮するためにどのような行動を採ったかを踏まえることで，納税者と税務当局の双方により解決されるべきであるとしている。
42 新OECD移転価格ガイドライン・パラグラフ3.73では，比較可能な非関連者間取引で定められる調整条項又は再交渉条件に基づき，税務当局が独立企業間価格を算定することは認められるが，当事者が価格調整条項を求め，契約条件の再交渉を行うような当初評価の不確実性について合理性がない場合には，後知恵を不適切に用いる恐れがあるとしている。
43 新OECD移転価格ガイドライン・パラグラフ6.69。
44 新OECD移転価格ガイドライン・パラグラフ6.70では，予測する結果と実際の結果の間に生じる差異のリスクを配分されていない当事者には，実際の利益と予測利益との差額を受け取る権利は有することにはならず，リスクが現実化した場合にこの相違によって発生する損

第2節　BEPSへの対応措置としての所得相応性基準に係る議論　　65

(3) 情報の非対称性

　無形資産取引に係る移転価格分析においては，税務当局による情報入手の困難性が特に問題となっていることが指摘されており[45]，例えば，無形資産を開発の早い段階で関連企業に譲渡し，無形資産の価値を反映していない使用料率を譲渡時点で設定し，事後的に無形資産の価値が上昇した場合，納税者は，譲渡時点では製品のその後の成功について完全な確実性をもって予見することはできなかったという立場を採る可能性があるとしている。すなわち，納税者は，無形資産に係る事前と事後の価値の相違があった場合，予想よりも有益な開発であったことに起因すると主張することが想定されているのである[46]。

　そのため，納税者の価格設定が独立企業間のものであり，評価困難な無形資産に係る予見可能な開発や事象の適切なウェイト付けに基づいたものであるかを税務当局が判断するため，受け入れ可能な独立企業原則と整合的なアプローチを採る必要があるとしているのである[47]。

　所得相応性基準の適用において，事後の証拠から推定を行う場合，予測と実際の結果の乖離だけにより課税処分がなされる場合には，後知恵による課税処分となり，独立企業原則の適用とはならない可能性がある。

　例えば，商取引では，取引当初の予測と結果が大きく異なった場合，不利になった一方の当事者が，損失を軽減するために再交渉の申し出を行う場合は少なくないが，有利になった他方の当事者は，利益の減少を避けようとするので，再交渉に応じることはなく，仮に再交渉に応じたとしても，契約内容の変更，特に申出者の満足のいくような変更内容に合意する場合は極めて少ないと考え

　　失の負担を要求されることもないとしている。
45　新 OECD 移転価格ガイドライン・パラグラフ6.186。
46　新 OECD 移転価格ガイドライン・パラグラフ6.186では，税務当局は一般的に事業に関する具体的な見識を持たないまま，納税者の主張を精査することになるが，無形資産に係る事前と事後の評価の相違が独立企業間価格の設定になっていないことによることを示す情報を入手できないことから，納税者の主張を精査しようとする税務当局は，納税者により提供された見識や情報に大きく依存するため，納税者と税務当局間の情報の非対称性によるこうした状況は，移転価格リスクを生じさせる可能性があると指摘している。
47　新 OECD 移転価格ガイドライン・パラグラフ6.188。

られる[48]。

そのため、独立当事者間の当初取引時と事情が大きく変化した場合、不利な状況になった一方の当事者の申し出に基づき他方の当事者と再交渉を行うことができたとしても、契約内容の変更へとつながる事例は極めて少ないと推測される。

しかし、新OECD移転価格ガイドラインでは、再交渉に至るほど根本的なものであると考える場合には、このような事象により関連者間取引の価格算定の修正が行われるべきであるとしているのである[49]。

1996年に策定された当初の無形資産に係るOECD移転価格ガイドラインの(iv)では、取引時に評価が困難な場合の独立企業間の価格算定において、税務当局は、申告後数年間は納税者の申告について調査をすることができないであろうことが認識されていると指摘し、そのような場合には、税務当局は、独立企業が比較可能な状況で価格算定を決定するために使用するであろう情報を基礎として、調査が実施されるまでの全ての未調査年度に関して、対価の金額を調整する権限が与えられるべきであるとしていた[50]。

本指摘は、税務当局の直面する情報の非対称性が、情報収集のタイミングの問題として避けられない問題であり、税務執行へ十分配慮したルールにすべきであるという意向が反映されていたものと考えられる。

OECDでは、後知恵に対する納税者からの批判と、税務当局による事後調査での課税権確保の要請とが、比較可能性におけるタイミングの問題として従来から指摘しており、無形資産の移転価格問題に限らず、独立企業間価格算定

---

48 岡村忠生「法人課税の基本問題と会社法制―資金拘束とインセンティブ―」税法学559巻87頁では、私人間の取引、例えば売買において、私的自治に基づいて決定された取引価格を、実現主義の下で課税が受け入れてきた理由（所得（という担税力の代替）の客観的検証として用いてきた理由）は、売主はより高い価格、買主はより低い価格を求めて交渉しており、しかも、両当事者が自己の税負担を増加される方向を求めていることになり、税負担が増えても、売主がより高い価格、買主がより低い価格を求めるのは、課税後においても各当事者の利益が増えるからであり、利益増加のインセンティブが税のインセンティブを超えると指摘している。すなわち、利害が相反する私人間の取引では、自身の利益（相手にとっては不利益）追求が優先されることから、再交渉が成功する可能性は低いものと考えられる。

49 新OECD移転価格ガイドライン・パラグラフ6.185。

50 1996年OECD移転価格ガイドライン・パラグラフ6.35。

方法の適用の問題として一般的に議論されてきている。

ただし、所得相応性基準の適用における後知恵の問題は、無形資産価値の事後的上昇の問題をどう解決するかという固有の論点でもあり、事後調査の一般的問題とは分けて議論していくべきものと考えられる。

税務当局にとっては、納税者が取引価格の設定において納税者が考慮した情報を含む、納税者と税務当局における情報の非対称性が重大であれば、設定された価格が独立企業原則に則ったかどうかを検証する際に税務当局が直面する困難さを深刻にするかもしれないと考えられている[51]。

無形資産取引が行われた時点より後の実現値に基づいて課税を行うことは、後知恵による課税であるとして、これまでの OECD 移転価格ガイドラインでは認められていなかったと考えられるが、BEPS 最終報告書では、評価困難な一定の無形資産の要件を満たせば事後的調整は認められることとし、例えば、親会社が開発した後タックスヘイブン等へ移転された無形資産の対価について、事後に超過利益を生み出すものであれば、超過のロイヤルティとして回収する課税処分を行うことを可能にすべきであると議論されるようになってきている。このように事後的な定期的調整を求めることは、経済取引の安定性や収益配分の予測可能性の観点からは問題があると考えられるが、BEPS への対抗措置として特に正当化されたものと考えられる。

2．評価困難な無形資産（HTVI）

(1) 独立企業による価格調整

BEPS 最終報告書では、所得相応性基準の採用について、取引時点で評価が困難な一定の無形資産（Hard-to-value intangibles：HTVI）を対象として、予

---

51 新 OECD 移転価格ガイドライン・パラグラフ6.191では、譲渡後に事後的な結果が分かるまで、税務当局が移転価格目的でリスク評価を行うこと、納税者が価格設定において基礎とした情報の信頼性を評価すること、さらに無形資産や無形資産に係る権利が独立企業間価格に照らして過小又は過大評価で譲渡されているかどうかを検討することが困難であるとの認識が示されている。

想便益（ex-ante）と実際の利益（ex-post）とが一定以上乖離した場合には，実現値に基づいて独立企業間価格を評価し直すことが可能であるとの議論を行っている。

　所得相応性基準が採用されたのは，特許等の無形資産のうち，比較可能な独立企業間取引が存在せず，将来生み出される利収益について信頼できる予測がないような評価困難な無形資産について，納税者と税務当局との間の情報の非対称性が問題であると認識されたことが背景となっている。納税者と税務当局との間に当該無形資産に関する情報の非対称性が深刻で，実際の利益が明らかにならないと税務当局が移転価格評価を実行できないような場合に限り，税務当局は，後で実現した利益に基づいて，納税者の予測に基づいた価格取決めを評価し直し，価格調整を行うことができると勧告しているのである[52]。

　独立企業は，予測利益だけに基づく価格算定は無形資産の評価に関して大きな不確実性が存在することによるリスクに対しては，十分な保護を与えない可能性があるが，十分な予測が可能でない後続の開発動向に備えるため，短期の契約を締結したり，契約条件の中に価格調整条項を含めたり，又は条件付き支払いを含む価格体系を採用する可能性があると考えられている[53]。

---

[52] 新OECD移転価格ガイドライン・パラグラフ6.181では，無形資産や権利は，比較対象取引を探すことを困難にし，取引時点で無形資産の評価を困難にする特別な性質を持っていることから，取引時点で無形資産や権利の評価が極めて不確かである場合，どのように独立企業間価格が算定されるべきかという問題が生じると指摘している。そして，この問題は，納税者及び税務当局の双方により，独立企業であれば比較可能な状況において取引の価格算定時の評価の不確かさを考慮して行うであろうことを参考に解決されるべきであるとしている。また，パラグラフ6.182では，事実や状況に応じて，取引時における無形資産の評価が極めて不確かであることに対応するため，独立企業が講じる様々なメカニズムを利用することとし，例えば，期待便益を取引の開始時における価格算定の手段として使用した場合において，独立企業は，その後の動向が十分に予測可能で，予測収益が，取引開始時において当該予測を基礎として取引価格を算定したことに十分に信頼できるものであることを認識するかもしれないと指摘している。

[53] 新OECD移転価格ガイドライン・パラグラフ6.183では，条件付き価格設定の可能性として，支払額や時期について，所定の売上や利益といった資金上の閾値や開発段階への到達等の偶発的な事象を条件として価格設定が考えられている。例えば，ライセンス使用者の売上高の増加に連動して使用料料率を高くできる契約や，開発目標が成功した時に追加的な支払が要求できる契約に加え，取引時点では商業化されておらず更なる開発が必要となる無形資産及びその権利の譲渡について，更なる開発段階へ達成した時に，最初の譲渡時に設定した支払条件に追加で支払が必要となる契約等が考えられるとしている。

また，独立企業であれば，予測不能な後発の開発リスクを引き受けるとしても，価格を設定する上での前提を変更するような取引時点では予見不能な事象や開発が発生した場合に，相互が利益を得るのであれば，当事者の合意により価格設定取決めの再交渉に至ると考えられている。例えば，特許薬の売上高を基礎とした使用料の料率が，予見されなかった低コストの代替薬品の開発により非常に過大となった場合，独立企業間価格での再交渉が行われることが想定されているのである[54]。

そのため，比較可能な状況における独立企業であれば，無形資産の評価での高い不確実性に対応するためのメカニズムとして，例えば価格調整条項を導入することに同意する可能性があれば，税務当局がそのようなメカニズムを基礎として無形資産や権利に関する取引の価格を算定することが許容されるべきであると考えられている[55]。

しかし，税務当局にとっては，無形資産や権利の移転に関する取引価格の設定に，どのような開発又は事象が関係しているのか，また，開発又は事象の発生する範囲と方向性が取引の開始時点で予見されたか又は合理的に予見可能であったかについて確認し検証することは困難であろうと想定されている。無形資産の評価に関連するかもしれない開発又は事象については，多くの場合，無形資産が開発又は使用される事業環境と強い関係があり，どの開発又は事象と関連があるかについての評価及びその開発又は事象の発生と方向性が予見されたか，又は合理的に予見可能であったかどうかについての評価には，特別な専門的知識及び無形資産が開発又は使用される事業環境への洞察力を必要として

---

[54] 新 OECD 移転価格ガイドライン・パラグラフ6.184では，過大な使用料のために，ライセンス使用者は当該薬品を製造又は販売する動機を失うのであれば，取決めの再交渉に関心を持つとされている。また，ライセンス許諾者も，ライセンス使用者の技術，専門性及び長期的な協力関係により，当該薬品を市場で維持し，かつ，当該薬品を製造又は販売するために同じライセンス使用者を引き留めておくことに関心があると考えられている。そのため，当事者は取決めの全体又は一部について相互の利益を目指して再交渉し，より低い使用料率を設定するかもしれないと考えられているのである。

[55] 新 OECD 移転価格ガイドライン・パラグラフ6.185では，さらに，後発の事象について，比較可能な状況における独立企業が，その発生により取引の価格設定に関する将来的な再交渉に至るほど根本的なものであると考える場合，関連者間取引の価格修正が行われるべきであると指摘している。

いるのである[56]。

(2) 評価困難な無形資産の定義

納税者の設定した価格取決めが，どのような状況において独立企業間のものとして，評価困難な無形資産の評価に関連する予見可能な開発や事象の適切なウェイト付けに基づいたものであるかを税務当局が判断できるようにするため，税務当局が受入れ可能な独立企業原則に沿ったアプローチが採用されている。本アプローチでは，取引時点での不確実性の存在について，事後的な証拠が推定証拠になるというものであり，納税者が，合理的に予見可能な開発又は事象を適切に考慮していたかについて，また，無形資産や権利の移転時に移転価格を決定するために事前に使用した情報の信頼性について，検証を行うためのものである[57]。

そのため，評価困難な無形資産（HTVI）の定義においては，関連者間での取引時点における次の無形資産を対象とする。

(i) 信頼できる比較対象取引が存在しない，かつ，

(ii) 取引開始時点において，移転された無形資産から生じる将来のキャッシュ・フロー若しくは収益についての予測，又は無形資産の評価で使用した前提が非常に不確かで，移転時点で当該無形資産の最終的な成功の水準に係る予測が難しいもの[58]。

---

56 新OECD移転価格ガイドライン・パラグラフ6.186では，独立企業間取引における無形資産や権利の移転について価値評価を慎重に行うのは，移転価格算定目的以外には必要でも有益でもないと認識されるからであると指摘している。例えば，企業は，無形資産を開発の早い段階で関連企業に譲渡し，無形資産の価値を反映していない使用料率を移転時点で設定して，後になって，移転時点では製品のその後の成功について完全な確実性をもって予見することはできなかったという立場を採り，無形資産に係る事前と事後の価値の相違について，予想よりも有益な開発であったことに起因すると納税者は主張する可能性があると指摘している。こうした状況において，税務当局が一般的に経験する問題は，税務当局が，事業に関する具体的な見識を持たず，又は納税者の主張を精査し，無形資産に係る事前と事後の評価の違いが納税者による非独立企業間価格の設定における前提に起因することを示す情報を入手できないことであり，納税者の主張を検証しようとする税務当局は，納税者により提供された見識や情報に大きく依存することになる。納税者と税務当局間の情報の非対称性によるこうした状況は，移転価格の問題を発生させる可能性があると考えられている。

57 新OECD移転価格ガイドライン・パラグラフ6.188。

なお、税務当局にとっては、事後的な結果を事前の価格設定取決めの適正性に関する推定証拠と考えることができるが、事後的な証拠の検討は事前の価格設定の根拠とした情報の信頼性を評価するための証拠の検討に基づかなければならず、税務当局が、事前の価格設定の基となった情報の信頼性を確認できる場合には、事後的な利益水準に基づく調整はされるべきではないと考えられている[59]。

(3) 適用免除要件

HTVIの移転や使用に関する取引について、以下の適用免除要件のうち一つでも当てはまる場合には、事後的な調整措置は適用されない。

ⅰ) 納税者が次の証拠を提出する場合

1 価格設定のためにどのようにリスクを計算したか（可能性のウェイト付け等）、合理的に予見可能な事象や他のリスクと発生可能性に関する検討の適切性を含む、価格設定取決めを決定するための移転時点での事前予測の詳細、及び

---

[58] 新OECD移転価格ガイドライン・パラグラフ6.189。また、パラグラフ6.190では、HTVIの移転又は使用に関する取引は、以下の特徴を例示している。
・移転時点で部分的にのみ開発された無形資産
・取引後数年間は商業的な利用が期待されない無形資産
・その無形資産自体はHTVIの定義に当てはまらないが、HTVIの定義に当てはまる他の無形資産の開発、改良に不可欠な無形資産
・移転時点で新たな方法で利用されると期待され、類似の無形資産の開発又は使用の実績がないため、予測が非常に不確かである無形資産
・HTVIの定義に当てはまる、関連会社へ一時金支払いにより移転された無形資産
・CCA又は類似の取決めに関連して使用されたか、当該取決め下で開発された無形資産
さらに、パラグラフ6.191では、こうした無形資産については、納税者が取引価格の設定において考慮した情報について、納税者と税務当局における情報の非対称性が重大であり、設定された価格が独立企業原則に則ったかどうかを検証する際に税務当局が直面する困難さを深刻にする可能性があると指摘している。そのため、移転後に事後的な結果が分かるまで、税務当局が移転価格目的でリスク評価を行うこと、納税者が価格設定において基礎とした情報の信頼性を評価すること、さらに無形資産や権利が独立企業間価格に照らして過小又は過大評価で移転されているかどうかを検討することが困難であるとしているのである。
[59] 新OECD移転価格ガイドライン・パラグラフ6.192。

2　財務上の予測と実際の結果の大きな乖離（significant difference）が，
　　a）　価格設定後に生じた予見不可能な進展又は事象であり，取引時点では関連者が予想することはできなかったもの，又は
　　b）　予見可能な結果の発生可能性が実現し，その可能性が取引時点で著しく過大評価でも過少評価でもなかったことの信頼性のある証拠
ⅱ）　当該 HTVI の移転に係る関連者間取引が，二国間又は多国間の APA によってカバーされている場合
ⅲ）　取引時点における財務上の予測と実際の結果の大きな乖離が，当該 HTVI の対価を，取引時点で設定した対価の20％を超えて減少又は増加させる効果を持たない場合
ⅳ）　取引時点における財務上の予測と実際の結果の大きな乖離が，予測の20％を超えず，当該 HTVI に係る第三者からの収入が初めて生み出された年から５年の商業期間が経過した場合[60]

(4)　定期的調整の問題点

定期的調整の適用について，2017年５月に公表された「評価困難な無形資産に関する実施ガイダンス」公開討議用ドラフト（Public Discussion Draft BEPS Action 8 Implementation Guidance on Hard-to-Value Intangibles）（以下「HTVI 討議用ドラフト」という。）では，以下の問題点が指摘されている。

①　更正のための要件

HTVI 討議用ドラフトでは，実際の所得又はキャッシュフローが，取引価格算定の根拠とされた予測所得又はキャッシュフローから重大な乖離がある場合，結果の可能性の程度を精密に検討する必要があるとしている。

---

[60] 新 OECD 移転価格ガイドライン・パラグラフ6.193。パラグラフ6.194では，財務上の結果に関する事後的な証拠は，税務当局が事前の価格設定取決めの適切性を検討するための関連情報を提供するが，取引時点で何が予見可能だったか，かつ何が価格設定の前提に反映されたか，また予測と結果の乖離を生み出す進展が予見不可能な事象から生じたことについて，納税者が十分に立証できる場合，税務当局は，事後的な結果に基づいて事前の価格設定取決めに対する調整をすることはできないとしている。

結果の可能性の程度を精密に検討することを要件として，推定証拠の使用が認められることになるが，HTVI の取引時点において，納税者が何を認識し，何を予測することが可能であったかを考慮に入れる必要があると指摘している。

そして，取引時点での所得又はキャッシュフローの可能性を考慮に入れることなく，実際の所得又はキャッシュフローの結果のみに基づき再評価することは適切ではないと指摘しているのである[61]。

② 更正期間

事後的な結果を認識するためには，HTVI に係る国外関連取引が行われた時点から一定期間を要することから，納税者に対して，国外関連取引を行ったことの税務当局への通知義務を導入したり，更正期間延長のための法令改正を行ったりすることも可能とされている[62]。

③ 更正処分

推定証拠を使用して更正処分を行う場合，税務当局は，納税者が採用した価格設定とは異なる価格設定として，例えば，基準到達払いや価格調整条項を代替的に使用することができ，それに基づく引き直しを行うことが可能であるとしており[63]，取引の再構築による課税の可能性が指摘されている。

評価困難な無形資産に係る定期的調整は，比較可能な独立企業間取引が存在せず，将来生み出される収益について信頼できる予測がないような評価困難な

---

61 討議用ドラフト・パラグラフ6。本論点には，OECD へ提出された Silicon Valley Tax Directors Group のコメントにおいて，税務当局がどのように適用するかを明確にすべきであるとしている（P.225-234）。
http://www.oecd.org/ctp/transfer-pricing/Public-comments-received-on-the-Implementation-Guidance-on-Hard-to-Value-Intangibles-2017.pdf
62 討議用ドラフト・パラグラフ11。
63 討議用ドラフト・パラグラフ12。Re-characterization については，OECD へ提出された Silicon Valley Tax Directors Group（pp.225-234）及び日本経団連（pp.153-156）のコメントにおいて慎重な適用が求められており，納税者の取引状況を尊重すべきであると指摘されている。

無形資産について，納税者と税務当局との間の情報の非対称性が問題であると認識されたことが背景となっているが，適用要件の厳格化を求めていくことも必要であり，それにより課税関係の安定性が図られることになる。

なお，HTVI に対する措置の適用から生じる二重課税事案は，適切な条約に基づく相互協議へのアクセスを通して解決されることが重要であるとしている[64]。

3．包括的定義を前提とした無形資産の特定

(1) 無形資産に係る包括的定義

① 定義の厳格化から包括的定義への転換

改訂前の OECD 移転価格ガイドラインでは，商業上の無形資産（Commercial Intangible）を，取引上の無形資産（Trade Intangible）とマーケティング上の無形資産（Marketing Intangible）に分類し，無形資産取引への特別の配慮を行う要件を明確にするため，定義の明確化を志向していた。

2010年1月，OECD は，無形資産に係る移転価格上の問題を検討する新プロジェクトにおいて6項目の課題を公表したが，その中で無形資産の定義に係る問題が取り上げられている[65]。

1）無形資産に関係する移転価格問題の分析のためのフレームワークの発展
2）定義に係る問題
3）研究開発活動，無形資産の移転と役務提供の区別，マーケティング無形資産，その他の無形資産及び事業活動等，無形資産が関わる特定の取引分野
4）無形資産移転の特定と特徴付け
5）企業が所有していない無形資産から報酬の配分を得る権利を有する独立

---

64 新 OECD 移転価格ガイドライン・パラグラフ6.195。
65 http://www.oecd.org/document/44/0,3746,en_2649_33753_46988012_1_1_1_1,00.html

企業間の状況
6) 価値評価の問題

　2011年から開始されたOECD移転価格ガイドライン改訂のための新プロジェクトでの議論では、無形資産の定義に係る問題を取り上げることにより、マーケティング上の無形資産の定義を拡大解釈して自国の課税権拡大を図る開発途上国の立場を牽制していく先進国の姿勢が見られ、定義の厳格化により二重課税をいかに回避していくかという観点から議論が行われるようになっていた。

　しかし、2012年から開始されたBEPSへの対抗措置の議論では、BEPSで問題となったグローバル企業の新しいビジネスモデルによる超過利益をタックスヘイブン等から取り戻すことに焦点が当たり、方針を転換し、対象とする無形資産の射程を拡大するための議論が行われるようになっていった。
　無形資産の定義を厳格化すれば、事業再編等により構築された新たなビジネスモデルに基づく超過利益の源泉が無形資産の定義から外れる恐れがあり、超過利益の源泉となる価値創造の一部が捕捉されず、タックスヘイブンへ移転する可能性があると考えられたのである。

② 事業再編による無形資産の移転

　事業再編により移転する可能性のある無形資産としては、例えば、特許、商標、商号、デザイン、モデル等の産業上の資産を使用する権利、文学上、芸術上又は科学上の著作物の著作権（ソフトウェアを含む。）、並びにノウハウ及び企業秘密等の知的財産、顧客リスト、販売網、ユニークな名称、記号又は図画等が考えられている[66]。事業再編に伴う無形資産の移転については、各国の税務当局が超過利益の源泉となる価値創造機能の移転となるか関心の高い取引であったことから、定義の厳格化により定義から外れる恐れのある超過利益の源

66　OECD移転価格ガイドライン・パラグラフ9.55。

泉に対して，無形資産の定義を包括的にすることにより超過利益の源泉となる価値創造を全て取り込むことを目指すようになったものと考えられる。

この点については，OECD 移転価格ガイドライン「第9章：事業再編の移転価格に係る側面」では，事業再編には，将来的に利益を生む可能性のある無形資産やリスク，機能の集中化を伴うことがあると指摘していた[67]。

逆に，事業法人（製造会社又は販売会社など）に，より多くの無形資産やリスクを分散したり，規模の縮小や撤退など事業（製造拠点やプロセス，研究開発活動，販売，役務提供）の合理化，高度専門化，専門分化を行ったりする事業再編もあると指摘している。いずれにしても，独立企業原則は，事業再編を構成する取引が，ビジネスモデルの更なる集中化につながるのか，更なる分散化につながるのかにかかわらず，全ての種類の取引に適用されることになる[68]。

また，事業再編による無形資産の移転に独立企業原則を適用する前提として，事業再編を構成する関連者間取引を正確に描写する必要があり，そのためには，関連者間取引について，事業再編に関わる関連者間の商業上又は財務上の関係並びにこれらの関係に付随する条件及び経済的な状況を特定することが求められている[69]。

---

67 OECD 移転価格ガイドライン・パラグラフ9.2では，以下を例示していた。
・本格的な販売会社（相対的に高レベルの機能・リスクを有する企業）からプリンシパルとして活動する国外関連者のためのリスク限定販売会社，マーケティング業者，販売代理店及びコミッショネア（相対的に低レベルの機能及びリスクを有する企業）等への転換
・本格的な製造会社（相対的に高レベルの機能及びリスクを有する企業）から，プリンシパルとして活動する国外関連者のための受託製造会社（コントラクト・マニュファクチャラー）又は受託組立会社（トール・マニュファクチャラー）（相対的に低レベルの機能及びリスクを有する企業）への転換
・グループ内の中央拠点（「知的財産管理会社」等）への無形資産や無形資産に係る権利の移転
・現地機能の範囲や規模を縮小し，その機能を地域の拠点又は中央の拠点に集中化。集中化する機能の例としては，調達，販売支援，サプライチェーン物流などが含まれる。
68 OECD 移転価格ガイドライン・パラグラフ9.3。パラグラフ9.4では，特に，グローバルな組織の登場を後押ししてきたウェブを基盤とした技術の進歩を活用したシナジーや規模の経済の最大化，事業内容の合理化，サプライチェーンの効率性の改善などにより，事業再編が進んできたと指摘している。
69 OECD 移転価格ガイドライン・パラグラフ9.14では，以下の手順で分析することを求めている。
●事業再編を構成する取引の正確な描写，再編前後の機能，資産，リスク

事業再編を構成する取引を正確に描写していくためには，再編前後の関係当事者の経済的に重要な活動及び責任，使用資産，引き受けるリスクを特定するための機能分析が求められており，特に，再編前後の当事者の実際の行動，当事者が資産を使用する能力，当該資産の種類・性質に着目する必要がある[70]。

　さらに，リスク分析については，例えば，ビジネスチャンスに伴うリスクの引受けは，将来の収益の可能性に影響を与えるものであり，取決めの当事者間で引き受けるリスクの配分は，取引に起因する利益又は損失が独立企業間価格を通じてどのように配分されるかに影響を与えるものと考えられている[71]。

③　包括的定義による独立企業原則の適用

a．無形資産の特定

　無形資産については，その定義を明確に定めるよりも，無形資産の特定を行うための用語の意味として以下のとおり説明している。

　「本ガイドラインにおいて，『無形資産』という用語は，有形資産や金融資産

- ●事業再編を行う事業上の理由とシナジーの役割を含む期待収益
- ●当事者にとって現実に利用可能な他の選択肢

70　OECD移転価格ガイドライン・パラグラフ9.18。
71　OECD移転価格ガイドライン・パラグラフ9.19。また，パラグラフ9.22では，リスクが経済的に重要であるか否か，重要な収益を生み出す可能性を有するか，将来的な利益の重要な再配分を説明することができるか否かを評価することになるが，リスクの重要性は，リスクが具体化する恐れ及びリスクに起因する潜在的な利益又は損失の規模によって左右されることになると指摘している。さらに，パラグラフ9.23では，例えば，フルフレッジの販売業者が，限定されたリスクの販売業者又はコミッショネアに転換され，再編対象のメンバー企業が在庫リスクを削減する場合には，在庫リスクの重要性を判断するため，以下の項目の分析も必要になるとしている。
　・事業モデルにおける在庫の役割（例えば，在庫の回転速度，対象範囲）
　・在庫の性質（例えば，スペア部品，生花）
　・在庫への投資の程度
　・在庫の評価減や陳腐化を発生させる要因（例えば，傷み易さ，価格設定に対する圧力，技術の進歩の速さ，市場の状況）
　・評価減や陳腐化の実績，並びに，商業上の変化が現在のリスク指標としての実績の信頼性に影響を及ぼしているか否か
　・在庫の損害又は損失に対する保険費用
　・損害又は損失の実績（無保険の場合）

ではなく，商業活動で使用するに当たり所有又は支配することができ，比較可能な状況での非関連者間取引においては，その使用又は移転によって対価が生じるものを指すことを意図している。無形資産が関わる事案について移転価格分析を行う主目的は，会計又は法的な定義に焦点をあてることではなく，比較可能な取引において独立企業間が合意するであろう条件を決定することであるべきである。」と規定し，無形資産の限定列挙を行わず，超過利益の移転に対して定義の隙間を作らずに包括的に対応する立場が採られている[72]。

こうした立場が採られた背景としては，無形資産の定義は，狭すぎても広すぎても，結果として移転価格分析における困難さを生じさせ得るという問題意識があったとの指摘がなされている[73]。

特に，事業再編が行われた場合，再編の直後又は再編後数年にわたり，多国籍企業グループのメンバーの間で潜在的利益の再配分が生じることになり，潜在的利益の再配分が独立企業原則と合致するかが問題となり，独立企業原則の適用が複雑化していくことが考えられる[74]。

また，移転価格算定上考慮することが重要な無形資産が，必ずしも会計上の無形資産として認識されるわけではなく，例えば，研究開発費や広告費等などの無形資産の開発に伴う費用が，会計上資産化されず経費として計上されることもあり，このような支出に起因する無形資産が必ずしも貸借対照表に反映さ

---

[72] 新 OECD 移転価格ガイドライン・パラグラフ6.6。ここで，金融資産とは，現金，持分金融商品，現金若しくはその他の金融資産を受け取るための又は金融資産若しくは負債と交換するための契約上の権利若しくは義務，又はデリバティブといった任意の資産を指す。例えば，債券，銀行預金，株式，持分，先渡契約，先物契約，スワップ等があるとしている。

[73] OECD 移転価格ガイドライン・パラグラフ6.5では，無形資産という用語に狭すぎる定義が適用される場合，非関連者間取引においては対価が発生する何かの使用又は移転であっても，納税者や税務当局は，無形資産の定義から外れるとして個別の対価なしに移転又は使用し得ると主張する恐れがあると同時に，広すぎる定義が適用される場合，非関連者間取引においては対価の支払いがないような状況であっても，納税者や税務当局は，関連者間取引における何かの使用又は移転について対価を要求すべきであると主張する恐れがあると指摘している。

[74] OECD 移転価格ガイドライン・パラグラフ9.6では，統合されたビジネスモデルの履行や整備されたグローバルな組織の発展により独立企業原則の適用が複雑化していく可能性があり，事業再編により将来的に利益を生む可能性のある無形資産やリスク，機能の集中化を伴うことがあると説明している。

れるわけではないとしているのである[75]。

　さらに、無形資産の使用は、多国籍企業の価値創造の原因となり得るが、全ての無形資産が、商品又は役務とは別個に対価を受けるに値するわけではなく、全ての無形資産が超過利益を発生させるわけではないことが強調されるべきであるとしている[76]。

　そして、機能分析によって対象となる無形資産を特定すべきであり、無形資産が対象となる取引において、どのように価値の創造に貢献しているのか、無形資産のDEMPEに関連して果たす重要な機能、引き受けるリスク、無形資産が他の無形資産、有形資産又は事業活動とどのように相互に作用して価値を創造しているかについて特定すべきであるとしている[77]。

　無形資産に係る我が国での実務上の取扱いについては、昭和50年2月14日付直法2－2（例規）（平成30年6月29日最終改正）「租税特別措置法関係通達（法人税編）の制定について」（法令解釈通達）（以下「措置法通達（法人税編）」という。）等において示されている。

○無形資産に係る我が国での法令上の取扱い

（法人税法施行令第183条第3項第1号イからハ）
イ　工業所有権その他の技術に関する権利、特別の技術による生産方式又はこれらに準ずるもの
ロ　著作権（出版権及び著作隣接権その他これに準ずるものを含む。）

---

[75] 新OECD移転価格ガイドライン・パラグラフ6.7では、無形資産は、重大な経済的価値を生み出すために使用される場合があり、移転価格算定上考慮する必要があるが、複数の無形資産を同時に使用することによる集合体としての補完的な性質から生じ得る価値の増加についても、貸借対照表に反映されるわけではないとしている。そのため、OECDモデル租税条約第9条に基づき、移転価格算定上の無形資産として考慮されるべきかどうかは、会計上の属性を参考にできるものの、属性のみで決定されることはないとしている。
[76] 新OECD移転価格ガイドライン・パラグラフ6.10。パラグラフ6.11は、全ての研究開発費が無形資産を創出し又はその価値を高めるわけではなく、全てのマーケティング活動が無形資産の創出又はその価値の向上をもたらすわけではないと指摘している。
[77] 新OECD移転価格ガイドライン・パラグラフ6.12。

ハ　第十三条第八号イからソまで（減価償却資産の範囲）に掲げる無形固定資産（国外における同号ワからソまでに掲げるものに相当するものを含む。）

(同施行令第13条第8号イからソ)
イ　鉱業権（租鉱権及び採石権その他土石を採掘し又は採取する権利を含む。）
ロ　漁業権（入漁権を含む。）
ハ　ダム使用権
ニ　水利権
ホ　特許権
ヘ　実用新案権
ト　意匠権
チ　商標権
リ　ソフトウエア
ヌ　育成者権
ル　公共施設等運営権
ヲ　営業権
ワ　専用側線利用権
カ　鉄道軌道連絡通行施設利用権
ヨ　電気ガス供給施設利用権
タ　水道施設利用権
レ　工業用水道施設利用権
ソ　電気通信施設利用権

○無形資産に係る我が国での実務上の取扱い

(措置法通達（法人税編）66の4(3)-3（注）1)
　無形資産（令第183条第3項第1号イからハまでに掲げるもののほか，顧客リスト，販売網等の重要な価値のあるものをいう。以下同じ。）

(国税庁事務運営指針)
（3-11）　調査において検討すべき無形資産
　調査において無形資産が法人又は国外関連者の所得にどの程度寄与しているかを検討するに当たっては，例えば，次に掲げる重要な価値を有し所得の源泉となるものを総合的に勘案することに留意する。
イ　技術革新を要因として形成される特許権，営業秘密等
ロ　従業員等が経営，営業，生産，研究開発，販売促進等の企業活動における経験等を通じて形成したノウハウ等

第2節　BEPSへの対応措置としての所得相応性基準に係る議論

ハ　生産工程，交渉手順及び開発，販売，資金調達等に係る取引網等

なお，法人又は国外関連者の有する無形資産が所得の源泉となっているかどうかの検討に当たり，例えば，国外関連取引の事業と同種の事業を営み，市場，事業規模等が類似する法人のうち，所得の源泉となる無形資産を有しない法人を把握できる場合には，当該法人又は国外関連者の国外関連取引に係る利益率等の水準と当該無形資産を有しない法人の利益率等の水準との比較を行うとともに，当該法人又は国外関連者の無形資産の形成に係る活動，機能等を十分に分析することに留意する。

（国税庁参考事例集）
（事例集10解説）

1　法人又は国外関連者の利益水準の検討に当たっては，それが何によって生み出されたものか，特に法人又は国外関連者が有する無形資産によるものかどうか検討する必要がある。

移転価格税制上，無形資産については，「令第183条第3項第1号イからハまでに掲げるもののほか，顧客リスト，販売網等の重要な価値のあるもの」と定義しているが（措置法通達66の4(3)-3（注）1），無形資産として「重要な価値」を有するかどうかの判断に当たっては，国外関連取引の内容や法人及び国外関連者の活動・機能，市場の状況等を十分に検討する必要がある。

そこで，調査に当たっては，例えば，次に掲げる重要な価値を有し所得の源泉となるものを幅広く検討対象とし，国外関連取引にこれらの無形資産が関連しているか，また，所得の源泉になっているかを総合的に勘案する必要がある（事務運営指針3-11前段部分）。

① 技術革新を要因として形成される特許権，営業秘密等
② 従業員等が経営，営業，生産，研究開発，販売促進等の企業活動における経験等を通じて形成したノウハウ等
③ 生産工程，交渉手順及び開発，販売，資金調達等に係る取引網等

なお，①は技術革新に関する無形資産，②は人的資源に関する無形資産，③は組織に関する無形資産としてそれぞれ分類することができる。

（注）　事務運営指針3-11の前段部分は，無形資産が関係する取引が複雑・多様化してきていることから，調査に当たり，無形資産と法人が得る利益との関係を多角的に検討するため，無形資産の形態等に着目して分類したものであり，無形資産の定義を新たに設けたものではない。

また，法人又は国外関連者の有する無形資産が所得の源泉となっているかどうかの検討に当たっては，例えば，国外関連取引の事業と同種の事業を営み，市場，事業規模等が類似する法人のうち，独自の機能を果たさない法人（基本的活動のみを行う法人）を把握できる場合には，法人又は国外関連者の国外関連取引に係る利益率等の水準と基本的活動のみを行う法人の利益率等の水準との比較を行うとともに，法人又は国外関連者の無形資産の形成に係る活動，機能等（例えば，

> 本事例における研究開発や広告宣伝に係る活動・機能など)を十分に分析する必要がある(事務運営指針3-11後段部分)。
> なお,基本的活動のみを行う法人の把握については,例えば,次の図の手順によることとなる。ただし,この検討により得られる情報は,所得の源泉となる無形資産が存在するかどうかを判断する際の要素の1つであるから,当該法人の選定には必ずしも厳密な比較可能性が求められるものではない。

b．無形資産の分類

無形資産の分類としては,商業上の無形資産とマーケティング上の無形資産,「ソフト」無形資産と「ハード」無形資産,ルーティンとノン・ルーティンの無形資産,その他のクラスに分類される場合があるが[78],特に「ユニークで価値ある」無形資産については,(i)潜在的に比較可能性のある取引当事者に使用されるか,利用可能である無形資産と比較可能ではなく,かつ,(ii)事業活動(製造,役務提供,マーケティング,販売又は管理等)におけるその使用により,無形資産がない場合に見込まれるよりも大きな将来的な経済的便益を生み出すと見込まれる無形資産を指している[79]。

b-1　特許

特許とは,所有者に一定の発明について特定の地理的範囲内で一定期間使用するための独占権を付与する法的手段であり,物理的な対象物又はプロセスのいずれにも関連し得る無形資産に分類される。特許となり得る発明は,リスクが高く費用のかかる研究開発活動を通じて発明されるが,少額の研究開発費の支出であっても高い価値の特許発明につながる場合もある[80]。

78　新OECD移転価格ガイドライン・パラグラフ6.15。
79　新OECD移転価格ガイドライン・パラグラフ6.17。
80　新OECD移転価格ガイドライン・パラグラフ6.19では,特許の発明者は,特許に基づく製品の販売,又は特許権の他者へのライセンスや売却により開発費の回収(及び利益の稼得)を行い,特許権者は,特許の排他性により,特許の使用から超過収益を稼得でき,特許の発明により,競合者が利用できない費用上のメリットを稼得するかもしれないが,場合によっては,特許がビジネス上重要なメリットを生み出さないこともある。

b-2　ノウハウ及び企業秘密

ノウハウ及び企業秘密は，ビジネス活動を支援又は改善する独占的な情報又は知識であるが，特許や商標のように保護のために登録されていない。ノウハウ及び企業秘密は，通常，過去の経験から生じる産業上，ビジネス上又は学術上の性質を有する秘密情報に相当するが，事業に実際に応用されるものであり，無形資産に分類される[81]。

b-3　商標，商号及びブランド

商標は，所有者が自身の製品及び役務を他の企業のものから区別するために使用され得るユニークな名称，シンボル，ロゴ又はピクチャーであり，商標の独占権は登録制度により確認されることが多い[82]。また，商号は，商標と同様の市場浸透力を持つ場合があり，商標として登録されることもある[83]。ブランドは，商標や商号と互換性のある用語として用いられる場合があり，社会的・商業的な重要性を帯びた商標又は商号として考えられている。いずれも無形資産に分類される[84]。

b-4　契約上の権利及び政府の認可

契約上の権利は，売主や主要な顧客との契約及び従業員による役務を利用可能にする契約等を含み，無形資産に分類される[85]。政府の認可及び免許は特定の事業には重要であり，特定の天然資源又は公共財を使用する権利（帯域幅の

81　新 OECD 移転価格ガイドライン・パラグラフ6.20では，ノウハウ及び企業秘密は，製造，マーケティング，研究開発又はその他のビジネス活動に関連することがあり，ノウハウ及び企業秘密の価値は，企業がそのノウハウ又は企業秘密の機密性を保持する能力によるとしている。

82　新 OECD 移転価格ガイドライン・パラグラフ6.21では，登録商標の所有者は，市場において，他者が混同を生じさせるような方法で商標を使用することを排除でき，登録期限は無期限であるとしている。

83　新 OECD 移転価格ガイドライン・パラグラフ6.22。

84　新 OECD 移転価格ガイドライン・パラグラフ6.23では，ブランドは，商標，商号，顧客関係，評判及びのれん等の無形資産や事物の組み合わせを表す場合もあり，それらを整理して個別に移転することは困難な場合があると指摘している。

85　新 OECD 移転価格ガイドライン・パラグラフ6.25。

認可等）又は特定の事業活動を行う権利に対する許認可が含まれ，無形資産に分類されるが，特定の管轄区で事業を行うための法人の登録義務は無形資産に分類されない[86]。

b-5　無形資産に関するライセンス及び類似の限定的な権利

無形資産に係る限定的な権利は，書面，口頭若しくは黙示かにかかわらず，一般にライセンス又は他の類似する契約上の取決めにより移転される。そのようにライセンスされた権利は，使用範囲，使用期間，地理的範囲等が限定されることがあるが，限定的な無形資産の権利自体は，無形資産に分類される[87]。

b-6　のれん及び継続事業価値

のれんは，会計及び企業価値評価では，事業活動の価値の総額と，特定可能な有形・無形資産の価値の合計との差額を意味し，個別に特定されず認識されない事業資産に係る将来の経済的便益や既存の顧客との将来的な取引への期待を指す場合がある。継続事業の価値は，資産価値の総額を超える事業活動に係る統合資産の価値を意味する場合がある[88]。

事業の移転に伴うのれんや継続事業の価値について，会計又は事業評価目的から残余として算定される価格設定が，独立企業間におけるのれんや継続企業の価値と共に移転される事業に係る支払対価の適切な算定方法になるとは限らないが，移転価格算定上，のれんや継続事業の価値の正確な定義付けや無形資産を構成するかを定義付けする必要はないとしている[89]。

---

[86]　新 OECD 移転価格ガイドライン・パラグラフ6.24。
[87]　新 OECD 移転価格ガイドライン・パラグラフ6.26。
[88]　新 OECD 移転価格ガイドライン・パラグラフ6.27では，一般的に，のれんや継続事業の価値は，事業資産から分離又は個別に移転できないと考えられている。
[89]　新 OECD 移転価格ガイドライン・パラグラフ6.29では，事実と状況によっては，会計上の評価及びその基となる情報が，移転価格分析を行う際に有効な出発点となる可能性があると指摘している。

b-7 グループシナジー

グループシナジーは，多国籍企業グループの稼得する収益レベル向上に貢献する場合があり，経営の合理化，費用活動の重複の排除，システムの統合，購買力，借入力等の様々な形態があり，関連者間取引に対する独立企業間条件の決定に影響を及ぼし得るものであり，移転価格算定上，比較可能性の要素として取り扱うべきであるが，無形資産には分類されない[90]。

b-8 市場固有の特徴

市場固有の特徴が，当該市場における取引の独立企業間条件に影響を及ぼすことがあり，市場における家計の高い購買力が高級消費財の価格に影響を及ぼす可能性があるほか，安い人件費，市場への近接性，有利な天候条件等が，特定の市場において特定の商品及び役務の価格に影響を及ぼす可能性もあるが，市場固有の特徴は，所有又は支配されるものではないことから，無形資産には分類されず，比較可能性分析において考慮されるべきものとされている[91]。

c．無形資産の所有とDEMPE

無形資産を伴う移転価格事例において，無形資産を使用することにより多国籍企業グループが稼得する利益が，最終的にグループ内のどの企業に帰属するかを決定することは重要である。また，グループ内のどの企業が，無形資産のDEMPEに関する費用や投資などを最終的に負担するべきかという問題もある。無形資産の法的所有者よりも，無形資産の価値に貢献する機能を果たし，資産を使用し，リスクを引き受ける多国籍企業グループのメンバーに対して，独立企業原則に基づき貢献に対する対価が支払われなければならない[92]。

しかし，無形資産を伴う事例では，以下の要因から困難に直面する。

---

[90] 新OECD移転価格ガイドライン・パラグラフ6.30。
[91] 新OECD移転価格ガイドライン・パラグラフ6.31。
[92] 新OECD移転価格ガイドライン・パラグラフ6.32では，多国籍企業グループが無形資産の使用から得る利益及び経費等の負担の最終的な配分については，無形資産のDEMPEに当たってグループのメンバーの果たす機能，使用する資産及び引き受けるリスクに応じた対価を得るとしている。

(ⅰ) 無形資産に係る関連者間取引と非関連者間取引との比較可能性の欠如。
(ⅱ) 対象となる無形資産の間での比較可能性の欠如。
(ⅲ) 異なる関連者による異なる無形資産の所有と使用。
(ⅳ) グループの所得への特定の無形資産の影響を分離することの困難性。
(ⅴ) 非関連者間で行われない方法や統合の程度で、無形資産のDEMPEに係る活動を実施しているかもしれないという事実。
(ⅵ) 無形資産の価値への貢献が、関連する利益が実現された年と異なる年に行われているかもしれないという事実。
(ⅶ) 納税者のストラクチャーが、非関連者間取引で見られず、BEPSへつながるような形で、無形資産の所有・リスク引受けや資金提供と、重要機能の遂行・リスク管理・投資に係る決定を分離する関連者間の契約条項に基づいている可能性があるという事実[93]。

また、関連者間における無形資産に関する取引を分析する枠組みとして以下のプロセスを踏むことを求めている。
(ⅰ) 個々の取引において使用される又は移転される無形資産及び当該無形資産のDEMPEに関する具体的で経済的に重要なリスクを特定する。
(ⅱ) 関連する登録やライセンス契約等の関連契約、その他法的所有を示す法的取決めの条件に基づき、法的所有者に着目して契約上の取決めを確認し、関連者間の契約上のリスク負担を含む契約上の権利義務について確認する。
(ⅲ) 機能分析により、無形資産のDEMPEに関する機能を果たし、資産を使用し、リスクをコントロールしている者、特に、どの当事者が外注された機能をコントロールし、具体的で経済的に重要なリスクをコントロールしているかを特定する。
(ⅳ) 両当事者の行動が契約上の取決めの条件に合致しているかの確認、及び経済的に重要なリスクを引き受ける負担者が、無形資産のDEMPEに係るリスクをコントロールしているか、またそのリスクを引き受けるための財務能

---

93 新OECD移転価格ガイドライン・パラグラフ6.33。

力を有しているかを決定する。
(v) 無形資産の法的所有，登録及び契約下で他の契約上の関係，並びに関連する機能，資産及びリスクの貢献を含む当事者の行動を考慮に入れた無形資産のDEMPEに関する実際の関連者間取引について描写する。
(vi) 可能であれば，果たす機能，使用する資産及び引き受けるリスクの各当事者の貢献に沿うような独立企業間価格を算定する[94]。

○無形資産の形成，維持又は発展への貢献に係る我が国での実務上の取扱い

(国税庁事務運営指針)
(3-12) 無形資産の形成，維持又は発展への貢献
　無形資産の使用許諾取引等について調査を行う場合には，無形資産の法的な所有関係のみならず，無形資産を形成，維持又は発展（以下「形成等」という。）させるための活動において法人又は国外関連者の行った貢献の程度も勘案する必要があることに留意する。
　なお，無形資産の形成等への貢献の程度を判断するに当たっては，当該無形資産の形成等のための意思決定，役務の提供，費用の負担及びリスクの管理において法人又は国外関連者が果たした機能等を総合的に勘案する。この場合，所得の源泉となる見通しが高い無形資産の形成等において法人又は国外関連者が単にその費用を負担しているというだけでは，貢献の程度は低いものであることに留意する。

---

c-1　無形資産の所有と契約条件

　無形資産の所有を決定するに当たり，法的権利及び契約上の取決めの確認は，無形資産に関連する取引に係る移転価格分析の出発点になると考えられている。例えば，取引条件は，契約書，特許や商標登録等の公的記録，当事者間の書簡その他の通信により見出される場合があり，契約書において，無形資産に係る関連者の役割，責任と権利が記述されている場合があるとしている[95]。

94　新OECD移転価格ガイドライン・パラグラフ6.34。
95　新OECD移転価格ガイドライン・パラグラフ6.35では，契約書には，どの企業が資金を提供するか，研究開発を引き受けるか，無形資産を維持及び保護するか，あるいは製造，マー

仮に，契約書に条件が記載されていない場合や当事者の行動を含む事実関係が，当事者間の取決めに係る契約書上の条件等と異なる場合には，実際の取引は，当事者の行動を含む確立された事実から推論されなければならないとしている[96]。

法に基づく保護が可能な範囲と性質は，国や条件によって異なり，こうした差異は，各国での知的財産の法制度や運用の状況の差異から生じ得るとしている[97]。

移転価格算定上，無形資産の法的所有者は，無形資産の所有者であるとみなされるであろうが，無形資産の法的所有者が準拠法や契約に基づき特定されない場合には，事実と状況に基づき，無形資産の使用に関する決定を管理し，他者による無形資産の使用を制限する実務上の能力を持つ多国籍企業グループの構成員が，無形資産の法的所有者とみなされる[98]。

法的所有者や契約上の合意の決定は，移転価格分析における重要な第一段階であるが，その決定は，独立企業原則に基づく対価とは別の問題であり，移転価格算定上，多国籍企業グループが得る無形資産の使用に係る収益が，無形資産を使用する法的や契約上の権利の結果として最初に法的所有者のものになる

ケティング及販売等の無形資産を使用するために必要な機能を履行するかについて，記述されていることもあるとしている。また，契約書において，無形資産に関連する収益と費用が多国籍企業においてどのように配分されるかについて記述されていたり，多国籍企業グループの全ての構成員に対し，各当事者の貢献への支払方法と支払金額が指定されていたりする場合もあり，このような契約書に記載されている価格その他の条件は，独立企業原則と一致する場合もあれば，一致しない場合もあるとしている。

96　新OECD移転価格ガイドライン・パラグラフ6.36では，無形資産に係る重要な権利の配分に関する決定及び意思を書面化しておくことが望ましいとしており，関連者間で，そのような決定及び意思を書面化する場合には，無形資産のDEMPEにつながる取引の発生時かその前に契約書等に記載しておくべきであるとしている。

97　新OECD移転価格ガイドライン・パラグラフ6.39では，無形資産の継続的なビジネスでの使用やタイムリーな登録更新等を条件として法的な保護の対象とする場合もあるが，これは，状況や国・地域により，無形資産の保護の度合いが制度上又は運用上，非常に制限される場合があることを意味するとしている。また，同パラグラフ6.37では，特許，商標及び著作権は，特定の知的財産法や登録制度により保護されるが，一般的には，法的に登録された当該無形資産の所有者は，他者による当該無形資産の使用又は侵害から防ぐ権利と同様に，その無形資産を使用する法令上及び商業上の排他的権利を有するとしており，特定の地域や期間で付与されるとしている。

98　新OECD移転価格ガイドライン・パラグラフ6.40。

としても，最終的に，無形資産の法的所有自体にその収益が帰属するわけではなく，法的所有者が最終的に維持し，又は法的所有者に帰属する収益は，法的所有者が果たす機能，使用する資産及び負担するリスク，さらには多国籍企業グループの他の構成員が果たす機能，使用する資産及び負担するリスクを通じて行う貢献によって決まるのである[99]。

ただし，無形資産の開発や取得のリスクは時間の経過とともに現れることから，多国籍企業グループの構成員が無形資産に係る決定を行う時点では，その影響や態様が明確に分からないため，(a)取引時点において多国籍企業グループの構成員が稼得すると予測した将来収益を参考にした事前の予測対価と，(b)無形資産の使用を通じて多国籍企業グループの構成員が実際に稼得した収益を参考にした事後の実際の対価と区別することが重要であるとしている[100]。

そのため，重要な問題は，納税者の契約上の取決め，無形資産の法的所有と当事者の行動により確立された枠組みの中で，多国籍企業グループの構成員に対し，それぞれの機能，資産とリスクに係る適切な独立企業間価格をどのように算定するかである[101]。

---

99 新OECD移転価格ガイドライン・パラグラフ6.42では，例えば，社内で開発された無形資産の場合，法的所有者が機能を果たさず，資産を使用せず，リスクを負担せず，権利所有主体としてだけ行動する場合，法的所有者は，所有権の保有に対する独立企業間対価がある場合を除き，無形資産の使用に係る収益の一部分でさえ，最終的に稼得する権利を有さないとしている。また，同パラグラフ6.43では，法的所有と契約関係は，無形資産に関する関連者間取引を特定・分析し，取引の適切な対価を算定するための参考に過ぎず，構成員が果たす機能，使用する資産及び負担するリスクを特定し，その対価と合わせて法的所有を特定することにより，無形資産取引の独立企業間価格等の条件を確認するための分析の枠組みが提供されるが，他の種類の取引と同様，分析に当たっては事実関係と状況を全て考慮に入れ，価格算定に当たっては多国籍企業グループの構成員の現実的な選択肢を反映しなければならないとしている。

100 新OECD移転価格ガイドライン・パラグラフ6.44。また，同パラグラフ6.45では，無形資産のDEMPEに貢献する多国籍企業グループの構成員への報酬は，取引が開始する時点で，無形資産に関連するリスクが現実化する前に決定されるとしており，多国籍企業グループの構成員への対価支払後の事後的な実際の事業の利益や損失は，取引や取決めに関する無形資産に係るリスクがどのように実現するのかという期待収益とは異なる可能性もあり，正確に描写された取引により，どの関連者が，リスクを引き受け，予想とは異なる方法でリスクが実現した場合にコスト又は追加の収益結果を引き受けるのかが決定されることになる。

101 新OECD移転価格ガイドライン・パラグラフ6.46。

c-2 機能，資産とリスク

多国籍企業グループの特定の構成員が無形資産の法的所有者であるという決定だけでは，各構成員の貢献への対価が支払われた後の超過利益に対して，果たす機能，使用する資産及び引き受けるリスクに応じて，法的所有者が稼得できる権利があると示唆するものではない[102]。

関連者間取引の独立企業間価格の算定に当たり，無形資産の価値創造に係る多国籍企業グループの構成員による貢献が検討され，適切に対価が支払われるべきであることから，独立企業原則からは，多国籍企業グループの全ての構成員が無形資産の DEMPE に関して果たす機能，使用する資産及び引き受けるリスクに対して適切な対価を受け取ることを求めることになる。そのため，機能分析により，どの企業が DEMPE に係る機能を果たし，管理しているのか，どの企業が必要な資金を提供しているのか，さらにどの企業が無形資産に関連する様々なリスクを引き受けているのかについて決定する必要がある[103]。

また，果たす機能，使用する資産及び引き受けるリスクに反映される無形資産の価値創造への多国籍企業グループの構成員による貢献の相対的な重要性は，状況により変化することになる。例えば，以下の状況では分析がより困難になると考えられている。

(i) 多国籍企業グループにより独自に無形資産が開発された場合で，特に，当該無形資産が開発中に関連者間で移転された場合

(ii) 取得又は独自開発された無形資産が，更なる開発のプラットフォームになっている場合

(iii) マーケティングや製造等，開発と別の側面が価値創造に特に重要な場合[104]

---

102 新 OECD 移転価格ガイドライン・パラグラフ6.47。
103 新 OECD 移転価格ガイドライン・パラグラフ6.48では，各分野で，メンバーが無形資産の法的所有者である場合もあれば，そうでない場合もあり，関連する取引対価を算定する際には，無形資産の使用から多国籍企業グループが得た価値の創造や利益の創出に貢献する可能性のある比較可能性の要因を検討することも，果たす機能，使用する資産及び引き受けるリスクに対する独立企業間価格を算定する上で重要であるとしている。
104 新 OECD 移転価格ガイドライン・パラグラフ6.49では，第三者により開発された無形資

c-2-1 機能の遂行と管理

　多国籍企業グループの各構成員は，果たす機能に対して独立企業間対価を受け取るべきであり，無形資産に関連する事例では，無形資産のDEMPEに関連する機能が含まれることから，無形資産のDEMPEに関連する機能を果たす多国籍企業グループの構成員を特定することが，関連者間取引の独立企業間条件を決定する際の重要な検討事項の一つとなる[105]。そして，多国籍企業グループの構成員には，自らが果たす機能，提供する資産及び引き受けるリスクに応じて適切な対価が支払われることから，無形資産の法的所有者が無形資産の使用から得る超過利益の全てを最終的に獲得する権利を有する場合，無形資産のDEMPEに伴う全ての機能を果たし，使用する全ての資産を提供し，かつ，全てのリスクを引き受けなければならないことを示唆している[106]。ただし，法的所有者以外の関連者が，無形資産の価値に貢献すると考えられる機能を果たす場合，独立企業原則に沿った対価を受け取るべきであり，機能的な貢献への独立企業間の対価の決定では，比較可能な非関連者間取引の利用可能性，無形資産の価値の創造のために果たす機能の重要性及び当事者にとって現実に

　　産を多国籍企業グループの構成員が購入し，構成員が管理する一方で，多国籍企業グループの他の構成員が製造と販売機能を通じて無形資産を使用しており，当該無形資産は，開発の必要がなく，維持や保護を必要とせず，取得時点で意図された分野以外には限定された利用価値しかない場合，当該無形資産には，取得や使用に伴うリスクはあるが，開発に伴うリスクはないと考えられる。そのため，購入者が果たす重要な機能は，市場で最も適切な無形資産を選択し，多国籍企業グループが使用する場合の潜在的利益を分析する機能であり，無形資産の購入を通してリスクの引受けを行うことを決定する機能であると評価できる。また，主要な使用する資産としては，無形資産の購入に必要となる資金であり，購入者が，能力を有し，実際に，無形資産の取得と使用に関するリスク管理を含め，全ての重要な機能を果たす場合，関連者の製造と販売機能への独立企業間の対価支払い後，無形資産の所有者が無形資産の取得後の使用から得た超過損益を引き受けるか，引き受けたと結論付けることが合理的であると考えられるとしている。
[105] 新OECD移転価格ガイドライン・パラグラフ6.50。
[106] 新OECD移転価格ガイドライン・パラグラフ6.51では，他方，多国籍企業グループの構成員が無形資産のDEMPEに伴う活動を，特定の方法で行わなければならないとするものではなく，無形資産の法的所有者は，当該無形資産の使用から得る利益を稼得するため，自社の従業員を用いて無形資産のDEMPEに関連する機能の全てを物理的に果たすことが不可欠だというわけでもない。非関連者間取引では，機能の一部を他の企業に外部委託することもあり，無形資産の法的所有者である多国籍企業グループの構成員は，無形資産のDEMPEに伴う機能を，非関連者又は関連者に外部委託することもあるとしている。

利用可能な選択肢を考慮するべきである[107]。

そのため，非関連者間において取引を外部委託する場合，無形資産の法的所有者に代わり，無形資産のDEMPEに伴う機能を果たす企業は，法的所有者の管理下で機能を果たすことが通常であるが，多国籍企業グループの構成員である関連者間では，無形資産の法的所有者でない企業が，委託された機能を管理することもあり，無形資産の法的所有者は，無形資産のDEMPEに関連するコントロール機能を果たす企業に対しても，独立企業間対価を支払うべきであると考えられる[108]。

仮に，法的所有者が無形資産のDEMPEに関連する機能を管理も遂行もしていない場合，法的所有者は，委託された機能に帰属する継続的な便益を享受する権利を有することにはならず，法的所有者には，無形資産を使用する利益全体の一部を構成するDEMPEに伴う機能を果たし管理する関連者に独立企業間の対価を支払うことが求められることになる[109]。

また，無形資産のDEMPEへの貢献の相対的な価値は，事実関係により異なり，より大きな貢献をする多国籍企業グループの構成員は，相対的に大きな対価を受けるべきであると考えられている[110]。

---

107 新OECD移転価格ガイドライン・パラグラフ6.52。
108 新OECD移転価格ガイドライン・パラグラフ6.53では，どの構成員が実際に関連する機能の遂行をコントロールしているかを評価するに当たっては，リスク・コントロールの決定に類似した原則が適用され，特定の企業がコントロールを及ぼす能力及びこのようなコントロール機能の実際の遂行を評価することが，分析の重要な一部になるとしている。
109 新OECD移転価格ガイドライン・パラグラフ6.54では，こうした機能を果たさない法的所有者は，機能の遂行やコントロールに係る利益を稼得する権利を有することにならず，独立企業間の対価は，実際に果たす機能，使用する資産及び引き受けるリスクに対してのみ支払われることになる。
110 新OECD移転価格ガイドライン・パラグラフ6.55では，研究開発の資金だけを提供する企業は，研究開発への資金提供と管理の両方を行う場合と比べて，予測利益は少なくなるべきであり，企業が研究開発への資金提供と管理に加え物理的な遂行を伴う場合には，さらに高い予測利益が支払われるべきであると考えられている。また，同パラグラフ6.56では，特に重要な機能として，更なる開発活動のプラットフォームを提供する自己開発の無形資産，研究とマーケティング計画の企画・管理，創造的な業務の方向付け・優先順位付け，無形資産の開発計画に係る戦略的決定のコントロール，予算の管理，無形資産の保護に係る重要な決定及び継続的な品質管理の決定等が例示されている。同パラグラフ6.58では，こうした機能は，無形資産に係るDEMPEの鍵となり，果たす機能，使用する資産及び引き受けるリスクを管理するための手段であり，無形資産の価値の創造に不可欠であることから，こうした

仮に，重要な機能を外部委託した場合には，比較対象取引を把握することは難しい場合もあるため，適切な対価の設定に当たっては，比較対象取引に直接基づかない移転価格算定手法として，例えば取引単位利益分割法や事前の評価テクニックを適用する必要もある[111]。

c-2-2 資産の使用

無形資産のDEMPEにおいて資産を使用する多国籍企業グループの構成員に対しても適切な対価が支払われるべきであり，具体的には研究開発やマーケティングに使用される無形資産，物理的資産や資金等が対象となるが，これらに限定されるわけではない。多国籍企業グループの構成員が無形資産のDEMPEに係る資金を提供し，他の構成員が関連する機能の全てを果たす場合，資金提供に対する適切な予測利益の評価において，非関連者間取引では，資金提供を行っても，資金を受けた活動や資産に係るリスクをコントロールせず，機能を果たさない当事者の場合には，重要な機能の遂行やコントロールを行い，重要なリスクのコントロールを行う投資家が受け取る予測利益と同等の予測利益は受け取らない[112]。

契約上，資金提供者は資金損失のリスクを引き受けるという意味で資金提供はリスクを取ることと同じであるが，引き受けるリスクの性質や程度は，取引の経済的な特徴によって変わる[113]。ここで，経済的に重要なリスクを具体的

重要な機能を果たす構成員とその他の構成員間の取引を慎重に評価する必要があり，重要な機能の重大な部分を果たす当事者を検証対象法人とする場合，片側検証の移転価格算定手法の信頼性は大幅に低くなると考えられている。

111 新OECD移転価格ガイドライン・パラグラフ6.57。
112 新OECD移転価格ガイドライン・パラグラフ6.59では，無形資産関連の費用のみを負担する当事者に帰属する対価の性質と金額は，関連する事実の全てに基づき算定されなければならず，類似の資金提供取決めが特定可能な場合，独立企業間で交わされた取決めに沿っているべきであるとしている。
113 新OECD移転価格ガイドライン・パラグラフ6.60では，資金を提供される者が高い信用力を有する場合や資産が担保として差し入れられる場合，又は資金を提供される側のリスクが低い場合には，信用力が低い場合や，資金提供が無担保の場合又は出資する先の投資リスクが高い場合と比べて，リスクは低くなると考えられる。また，資金提供額が大きくなるに従い，資金提供者が負担するリスクの潜在的な影響も大きくなる。

に特定するために，投資に関連するリスクを特定する場合，投資として提供する資金に関する金融リスクと，資金が使われる事業活動に関する事業リスクとを区別することが重要となる[114]。ただし，契約上の取決めについては，当事者の行動に反映される取引での経済的な特徴により明確化や補完がなされ，それにより資金提供取引の条件が決定されることから，資金提供者の期待する利益は，適切なリスク調整後のリターンと同等になるべきであると考えられている[115]。

そして，無形資産の開発のために資金が提供される場合，リスクを伴う機会を取るのか，手放すのか，拒否するのかを決定し，その機会に係るリスクに対応するかどうか，またどのように対応するかを決定することが，資金の提供と取引条件に係る決定となる[116]。

c-2-3 リスクの引受け

無形資産に係る取引において，以下のリスクが機能分析では重要と考えられている。

(i) 費用のかかる研究開発やマーケティング活動が失敗したと証明されるリスク等，投資時期を考慮に入れた無形資産の開発に伴うリスク

(ii) 競合相手による技術の進歩が無形資産の価値に悪影響を与える可能性等，商品が陳腐化するリスク

---

[114] 新OECD移転価格ガイドライン・パラグラフ6.61では，事業リスクとは，資金が新規無形資産の開発に使われる場合の開発リスク等であり，資金提供者が，資金提供に関する金融リスクをコントロールしているが，その他のリスクについてはコントロールも引受けもしない場合には，その当事者は，資金提供に対するリスク調整後リターンしか期待することはできないと考えられている。

[115] 新OECD移転価格ガイドライン・パラグラフ6.62では，当該リターンは，資本コストや比較可能な経済的特徴を持つ代替可能な投資リターンに基づき決定することができ，資金提供に対する適切なリターンを算定する場合，資金を提供される当事者が実際に利用可能な資金調達の選択肢を検討することが重要であるとしている。

[116] 新OECD移転価格ガイドライン・パラグラフ6.64では，当該決定は，資金を提供される者の信用力評価や，開発計画に係るリスクが資金に対する利益にどう影響するかの評価に左右されることとなり，資金提供に係る条件は，資金提供の決定が利益に影響を与える重要な開発に係る決定と結び付けられる可能性があるとしている。

(iii) 無形資産に係る権利の保護又は他者からの侵害請求に対する弁護のための時間や費用に加え，保護や弁護が不可能であることが判明するリスク等，権利侵害のリスク
(iv) 製造物責任や類似の無形資産による商品や役務に係るリスク
(v) 無形資産が生み出す利益に係る不確実性を含む使用に係るリスク[117]

　関連者間取引の価格を算定する場合，無形資産の DEMPE に関するリスクを引き受ける多国籍企業グループの構成員の特定が重要であり，リスクが現実化した場合にどの企業が結果に対して責任を有するのかによりリスクの引受けを決定することになる[118]。
　そして，多国籍企業グループの構成員が引き受けたリスクへの利益を求める場合，当該構成員において，リスクが実際に現実化した場合の対応策と発生費用への責任を負うようにしておくことが重要となる[119]。
　また，無形資産の法的所有者が実質的に無形資産の DEMPE に係る機能を全て果たしてコントロールし，必要な資産を全て提供し，かつリスクを全て引き受ける場合，無形資産の法的所有者は，多国籍企業グループの無形資産の使用から得る事前の予測利益の全てを稼得する権利を有すると考えられている[120]。
　ただし，事後の実際の収益性と事前の予測の収益性の適切な見積もりとの間

117　新 OECD 移転価格ガイドライン・パラグラフ6.65では，関連者間取引の正確な描写により，法的所有者がリスクを引き受けるのか，又は他の構成員がリスクを引き受けるのかを決定し，リスクを引き受ける構成員には貢献の対価を受けるべきであるとしている。
118　新 OECD 移転価格ガイドライン・パラグラフ6.66。
119　新 OECD 移転価格ガイドライン・パラグラフ6.68では，リスクを引き受ける関連者以外の関連者が費用を負担する場合，リスクを引き受ける関連者にコストを配分して利益も配分することになるが，それ以外の関連者にはリスクの現実化に関連して講じた措置への適切な対価を得るよう取引価格を調整すべきであるとしている。
120　新 OECD 移転価格ガイドライン・パラグラフ6.71では，法的所有者以外の多国籍企業グループの複数の構成員が無形資産の DEMPE に関する機能を果たし，資産を使用し，リスクを引き受ける範囲において，関連者は自身の貢献への独立企業間対価を受け取らなければならず，事実と状況によっては，その対価は無形資産の使用から得られることが期待される利益の全てか大部分を構成するかもしれないとしている。

の相違に関連する利益や損失がどの多国籍企業グループの構成員に帰属するかは、多国籍企業グループ内のどの企業が、実際の取引を描写する時に特定されるリスクを引き受けているかによることになる[121]。

c-3 関連者間取引の価格その他の条件の特定と決定

無形資産の法的所有、機能、資産及びリスクが明確に評価され、価格その他の条件の決定を必要とする取引の正確な特定が可能となれば、登録や契約に関連して多国籍企業グループにより特定される取引の、価格その他の条件は、独立企業原則に基づき決定されることになる[122]。

機能を果たし、資産を使用し、リスクを引き受けた時点で機能、資産及びリスクに関して期待される無形資産の価値への貢献を考慮した上で、取引の独立企業間価格その他の条件は決定されるべきであると考えられている[123]。

そして、無形資産の DEMPE に関して、機能を果たし、資産を使用し、リスクを引き受ける関連者が独立企業間報酬を受け取っているかについて評価する際、

(i) 活動の水準と性質
(ii) 対価の支払額と支払形態

を検討する必要があり、関連者間取引で支払われた対価が独立企業原則に沿ったものであるかを評価する際、類似の機能を果たす比較可能な非関連者の活動の水準や性質、対価、当該非関連者により創造されることが見込まれる無形資産の価値を参照すべきであるとしている[124]。

c-3-1 マーケティング上の無形資産の開発と改良

商標の法的所有者の関連者が、マーケティング契約や販売マーケティング契

---

[121] 新 OECD 移転価格ガイドライン・パラグラフ6.72。
[122] 新 OECD 移転価格ガイドライン・パラグラフ6.73では、分析によっては実際には登録や契約で示された取引とは異なる取引が判明することがあるが、分析すべき真の取引条件は、両当事者の実際の行動その他の関連事実によって決定されるべきであるとしている。
[123] 新 OECD 移転価格ガイドライン・パラグラフ6.74。
[124] 新 OECD 移転価格ガイドライン・パラグラフ6.75。

約を通じて,商標の法的所有者が稼得する利益に係るマーケティング機能や販売機能を果たす場合,マーケティング会社や販売会社の活動に対して,対価がどのように支払われるべきかを決定すること必要があるが,マーケティング会社や販売会社は,販売促進と流通サービスの提供に対してだけ対価が支払われるべきか,又は果たす機能,使用する資産及び引き受けるリスクの性質により商標や他のマーケティング上の無形資産の価値を改良したことに対しても対価を受け取るべきであるかという問題がある[125]。

この問題の分析には,以下の評価が必要となる。

(i) 法的な登録や当事者間の契約により示される権利義務
(ii) 当事者が果たす機能,使用する資産及び負担するリスク
(iii) マーケティング会社又は販売会社の活動を通じて創造されることが見込まれる無形資産の価値
(iv) 使用する資産や負担するリスクを考慮したマーケティング会社や販売会社が果たす機能への対価[126]

c-3-2 研究開発とプロセス改良の取決め

無形資産の法的所有者である関連者との契約に基づき,多国籍企業グループの構成員が研究開発機能を遂行する状況においては,研究サービスへの適切な対価は,研究チームが研究に関するユニークな技術や経験を有し,非実用的な研究等,リスクを引き受けているか,自己の無形資産を使用しているか,又は他方の当事者により支配・管理されているか等,あらゆる事実や状況に影響を受けることになるが,コストに多少のマークアップをした対価が全ての事案に

---

125 新OECD移転価格ガイドライン・パラグラフ6.76。
126 新OECD移転価格ガイドライン・パラグラフ6.77では,販売会社が代理人としてだけ機能し,商標その他マーケティング上の無形資産の所有者から販売促進費の弁済を受け,その活動に関して指示を受け管理されている場合,販売会社は通常,代理人としての活動の妥当な対価のみを得る権利があるが,商標その他マーケティング上の無形資産の追加開発に伴うリスクを引き受けないため,販売会社は追加的な報酬を得る権利はないとしている。また,同パラグラフ6.78では,販売会社が実際にマーケティング活動の費用を負担する場合,販売会社が現在か将来にわたり果たす機能,使用する資産及び引き受けるリスクに起因する潜在的利益について販売会社が共有できる範囲に注目すべきであるとしている。

おいて，研究チームによる貢献の予測される価値や独立企業間価格を反映するわけではないと考えられている[127]。

c-3-3 企業名の使用への支払い

多国籍企業グループ名や商号等に係る無形資産の使用へ支払われる独立企業間価格については，多国籍企業グループの構成員としての単純な認識や多国籍企業グループの構成員であるという事実を反映しただけのグループ名の使用に対する移転価格算定上の支払と認識すべきではないと考えられている[128]。

グループ名の対価の算定に当たっては，グループ名の使用により使用者に帰属する財務上の便益，代替的な選択肢による費用や収益，果たす機能，使用する資産及び引き受けるリスク等，グループ名の使用者と法的所有者によるグループ名の価値への相対的な貢献について，検討することが重要となる[129]。

既存の成功事業Aが別の成功事業Bに取得された場合，事業Bが取得した事業Aを示す名称，商標その他のブランドを使用する場合，使用に関して対価が支払われるべきであると自動的に仮定するべきではなく，取得した事業Aのブランドの使用により事業Bに財務上の便益があると合理的に予測される場合には，対価は期待利益の水準により示されるべきであると考えられている[130]。

---

127 新OECD移転価格ガイドライン・パラグラフ6.79。同パラグラフ6.80では，多国籍企業グループの構成員が，法的所有者となる関連者に代わり，プロセスや製品の改良につながるような製造サービスをする場合でも同様であるとしている。

128 新OECD移転価格ガイドライン・パラグラフ6.81。また，同パラグラフ6.82では，多国籍企業グループの構成員が商標やグループ名を冠した等の無形資産の所有者である場合や，グループ名の使用により無形資産を所有する構成員以外の構成員に財務上の便益がもたらされる場合には，非関連者間取引であれば対価が生じたであろうと結論づけることは合理的であるとしている。

129 新OECD移転価格ガイドライン・パラグラフ6.83では，名称の使用者が事業を行う地域においてグループ名の価値を創造又は高めている場合，名称の使用者が果たす機能，使用する資産及び引き受けるリスクについて注意深く検討すべきであるとしている。

130 新OECD移転価格ガイドライン・パラグラフ6.84。同パラグラフ6.85では，取得した側は，取得された事業の既存の地位を最大限に活用し，自身のブランドを取得された事業において利用することにより，取得された事業の営業地域において，自身の事業を拡大する場合もあり，事業の取得者は，取得された事業が取得者の名称の使用拡大に対して，果たす機能，引き受けるリスク及び市場でのポジションを含む使用資産に係る対価の支払いや補償を，取得された事業に対して行うべきか検討すべきであるとしている。

d．包括的定義による二重課税リスク

包括的定義を前提とした無形資産の特定については，各国の税務当局において自国へ帰属させる超過利益を創出する無形資産を取り込むための射程を広げるとともに，無形資産の特定において事実認定が異なる恐れがあり，二重課税を引き起こす要因になるものと考えられる。

包括的定義を前提とした無形資産の特定の問題は，超過利益を創出する何かを全て無形資産として取り込み，それを課税対象として包括的に否認する考え方に近いと考えられ，超過利益への課税を漏らさないための課税方法として理解される[131]。

そのため，所得相応性基準の適用において，包括的定義を前提として幅広く定期的調整を行うことが可能になることは，BEPSへの対抗措置に基づく所得相応性基準の適用における大きな問題であり，米国における所得相応性基準の適用を超えるものであり，適用範囲を厳格に制限していく必要があるものと考えられる。

(2) 無形資産の移転に係る比較可能性分析

① 無形資産の移転

無形資産取引に係る移転価格分析では，関連する無形資産，所有者及び関連者間取引を具体的に特定し，適切に特徴付けをすることが求められている[132]。

a．無形資産や無形資産に係る権利の移転

関連者間取引では，無形資産に係る権利自体が移転されることがあり，無形資産の売却や永続的・排他的ライセンス等，無形資産に係る全ての権利の移転が行われることになる[133]。無形資産や無形資産に係る権利の移転に係る取引

---

[131] 無形資産により創出される超過利益への課税を強化する傾向が強まっているとの指摘もある。Sullivan, Martin A. "Analysis: Should we promote or punish excess profits?" Tax Notes, Nov. 2, 2015, p. 591.
[132] 新OECD移転価格ガイドライン・パラグラフ6.86。

では，関連者間で移転された無形資産と権利の性質を具体的に特定し，移転された権利に制限が付されていれば制限の性質や移転された権利を完全に特定することが重要となる[134]。

また，新たな無形資産や無形資産を使用した新製品をさらに開発する際にも，無形資産の使用に係るライセンスや類似の取決めに課せられる制約は，移転価格分析において非常に重要な場合が多く，無形資産に係る権利の移転の性質を特定する際には，譲受人が更なる研究開発のために移転された無形資産を使用する権利を許諾されているかどうかを考慮することが求められる[135]。

b．複合的な無形資産の移転

限定的な権利を含む無形資産は，個別に又は他の無形資産と併せて移転されることがあるが，無形資産が組み合わされて移転される取引の検討では，異なる無形資産の相互作用と経済的効果を分析し，移転した全ての無形資産の特定が重要となる[136]。

b-1 異なる無形資産の相互作用と経済的効果

無形資産の中には，単体で扱われた場合より他の無形資産と組み合わされることにより価値が上がるものがあることから，無形資産が組み合わされて移転

---

133 新OECD移転価格ガイドライン・パラグラフ6.88では，地理的制約，期間の限定や使用・利用・再製造・再移転・追加開発を行う権利に係る制約がある無形資産の限定的な使用権に関する許諾若しくは類似の移転限定的な権利の移転も含むとしている。

134 新OECD移転価格ガイドライン・パラグラフ6.89では，取引に付けられる名称は，移転価格分析に影響しないとしており，特許の独占的使用権が移転される場合，全特許権の売却か，全世界における特許権の一部の永続的かつ排他的ライセンスとして扱うかは，耐用年数の残存期間中に特許の独占使用権が移転する取引であれば，いずれの場合も独立企業間価格の算定には影響を与えないとしており，機能分析では，移転される無形資産に係る権利の性質を具体的に特定すべきであると指摘している。

135 新OECD移転価格ガイドライン・パラグラフ6.90では，非関連者間の取引では，ライセンス期間中に許諾された無形資産を改良する権利を，譲渡人やライセンス許諾者が完全に留保する取決めや，譲受人やライセンス使用者が改良する権利をライセンス期間中又は永久に保持する取決めも見られ，移転された無形資産の更なる改良に対する制限や改良から得られる経済的便益に係る譲渡人と譲受人の能力に係る制限は，移転した権利の価値や同一又は比較可能性が高い無形資産に関連する取引での比較可能性に影響し得るとしている。

136 新OECD移転価格ガイドライン・パラグラフ6.92。

される場合には、無形資産の法的・経済的な相互関係の性質を特定することが重要となる[137]。

b-2 移転した全ての無形資産の特定

複数の無形資産が相互に深く関連し、他の無形資産を移転せずに特定の無形資産だけを移転することが実質的に不可能で、実際に特定の無形資産の移転に伴い、必然的に他の無形資産も移転されることがあるが、このような場合、無形資産の移転の結果、譲受人が使用可能となった全ての無形資産を特定することが重要となる[138]。

c. 他の取引に伴い移転する無形資産や権利

有形資産や役務提供に伴い、無形資産や権利が移転される場合があるが、無形資産が実際に移転されたかどうかの決定が重要であり、移転された全ての無形資産を特定し、移転価格分析により検討することが求められる[139]。

移転価格分析に当たり、有形資産や役務提供に係る取引を、無形資産や権利の移転から区別することが可能で適切な場合には、取引の各要素が独立企業原則に沿っているかを確認するため、包括的な契約における価格の分解が必要となる[140]。

---

[137] 新 OECD 移転価格ガイドライン・パラグラフ6.93。また、同パラグラフ6.94では、医薬品の有効成分が複数の特許で保護されている場合、医薬品は試験過程を経なければならないことから、国の規制当局は試験結果に基づき、特定の地理的市場において特定の症状向けに販売を承認し、特定の商標が付けられることもあるが、組み合わされることにより、これらの無形資産に大変な価値が認められるかもしれない場合があるとしている。したがって、無形資産の種類それぞれの相互関係や、どの当事者が無形資産の確保に関連する機能を果たし、リスクを引き受け、費用を負担したかが、無形資産の移転に係る移転価格分析を行う際に極めて重要であり、異なる関連者が使用する無形資産の権利を保有する場合、価値創造への相対的な貢献を検討することが重要であるとしている。

[138] 新 OECD 移転価格ガイドライン・パラグラフ6.95では、ライセンス契約に基づき商標の使用権を移転する場合、評判の価値に係るライセンスも含み譲渡人がのれんを構築していた場合、使用料としては、商標と評判の価値の双方を検討すべきであるとしている。

[139] 新 OECD 移転価格ガイドライン・パラグラフ6.98。

[140] 新 OECD 移転価格ガイドライン・パラグラフ6.99では、取引が密接に関連しているため、有形資産や役務提供に係る取引を、無形資産や権利の移転から区別することが困難な場合、利用可能な比較対象取引の信頼性が、取引を統合すべきか分離すべきかを考慮する場合に重

他方，役務提供と単一か複数の無形資産の移転が相互に深く関連しているため，移転価格分析上，取引の分離が困難で，役務と無形資産の移転が相互に関連している場合，総額としての独立企業間価格の算定が必要になる可能性もある[141]。

② 比較可能性分析

a．比較可能性分析の意義

比較可能性分析は，独立企業原則の核心であり，OECD モデル租税条約第9条第1項において以下のように規定している。

> （OECD モデル租税条約第9条）
> 　商業上又は資金上の関係において，双方の［関連］企業の間に，独立の企業の間に設けられる条件と異なる条件が設けられ又は課されているときは，その条件がないとしたならば一方の企業の利得となったとみられる利得であって，その条件のために当該一方の企業の利得とならなかったものに対しては，これを当該一方の企業の利得に算入して租税を課すことができる。

独立企業原則は，比較可能な非関連者間取引において，独立企業間であれば得られたであろう条件を参考として所得を調整しようというものであり，多国籍企業グループのメンバーを，一つの統合された事業体の不可分な部分ではなく，個別に事業を営む主体として扱うというアプローチに従うものである。本個別事業体アプローチは，多国籍企業グループのメンバーを個別の独立した事業体として扱うため，メンバー間の取引の性質や条件が比較可能な非関連者間取引において得られたと思われる条件と異なるかどうかに焦点が置かれることとなる[142]。

　　　　要な要素となり，利用可能な比較対象取引により取引間の相互作用を正確に評価できるか検討することも必要となっている。
　141　新 OECD 移転価格ガイドライン・パラグラフ6.101では，具体例として，ソフトウェアに係る権利の移転における譲渡人によるソフトウェアの定期的アップデートを含む継続的な保守サービスの提供を挙げている。

また，OECD モデル租税条約コメンタリー第 9 条第 1 項のパラグラフ 2 では以下のように規定している。

> （OECD モデル租税条約コメンタリー第 9 条第 1 項パラグラフ 2）
> 本条項は，企業の特殊関係の結果，会計上の計算が締約国で発生する真の課税所得を表していない場合には，締約国の税務当局が，関連企業の税額計算のため，関連企業の会計上の修正ができると規定している。調整が，こうした状況での制裁としてなされるべきであることについては，明らかに適切なものである。本条項の規定は，特殊な条件が関連企業間で設けられていた又は課されていた場合に限り，適用される。関連企業間の取引が通常の公開市場における商業的条件（独立企業間の条件）で行われたものである場合には，関連企業の会計上の修正ができる権限は与えられていない。

さらに，新 OECD 移転価格ガイドラインでは，OECD モデル租税条約第 9 条第 1 項が比較可能性分析の根拠とされているのは，以下の 2 点の必要からと説明している。

・関連者間に設けられている又は課されている価格等の条件と，独立企業間に設けられる条件との比較を行うものであり，関連者が支払うべき税額計算のため会計上の修正が OECD モデル租税条約第 9 条に基づき認められるかについて判断するためである（第 9 条コメンタリー・パラグラフ 2 参照）。
・独立企業間であれば稼得したであろう利得の算定であり，会計上のどのような修正であってもその因子を決定するためである[143]。

そして，OECD 加盟国や他の国々が独立企業原則を採用しているのは，独立企業原則により，多国籍企業と独立企業が，税務上ほぼ同等に扱われることであり，関連者と独立企業は，税務上，より平等に扱われるため，特定の種類の事業体の相対的競争力を歪めてしまうであろう税務上の有利な点又は不利な点の創出を防ぎ，経済的意思決定からこのような税務上の考慮を取り除くこと

142　新 OECD 移転価格ガイドライン・パラグラフ1.6。
143　新 OECD 移転価格ガイドライン・パラグラフ1.7。

により,国際貿易及び投資の成長を促進することになる[144]。

しかし,独立企業原則には本質的な欠陥があるとの見方もあり,個別の事業体アプローチでは統合された事業が生み出す規模の経済や広範な活動の相互関係を必ずしも説明できないと考えられているが,関連者間における規模の経済又は統合による便益を配分するための,広く受け入れられた客観的基準は存在しない[145]。

独立企業原則を適用する上での実務上の課題は,関連者が独立企業ならば行わないであろう取引を行うことがあるという点であり,租税回避目的でなく,多国籍企業グループのメンバーが互いに取引する場合に,独立企業とは異なるビジネス環境に直面しているために行われることによるのである[146]。

〇比較対象取引に係る我が国での実務上の取扱い

(比較対象取引の意義)
(措置法通達(法人税編)66の4(3)-1)
　独立企業間価格の算定の基礎となる取引(以下「比較対象取引」という。)は,国外関連取引との類似性の程度が十分な非関連者取引をいうのであるから,例えば,措置法第66条の4第2項第1号に規定する棚卸資産の販売又は購入の場合にあっては,次に掲げる独立企業間価格の算定方法の区分に応じ,それぞれ次に掲げる取引となることに留意する。(平12年課法2-13「二」により追加,平14年課法2-1「五十八」,平16年課法2-14「二十八」,平22年課法2-7「三十」,平23年課法2-13「二」,平25年課法2-4「二十七」により改正)
(1) 措置法第66条の4第2項第1号イに掲げる方法(以下「独立価格比準法」という。) 国外関連取引に係る棚卸資産と同種の棚卸資産を当該国外関連取引と同様の状況の下で売買した取引(当該取引と国外関連取引とにおいて取引段階,取引数量その他に差異のある状況の下で売買した場合には,その差異により生じる同号イに規定する対価の額の差を調整することができるものに限る。)

---

[144] 新 OECD 移転価格ガイドライン・パラグラフ1.8。
[145] 新 OECD 移転価格ガイドライン・パラグラフ1.10。
[146] 新 OECD 移転価格ガイドライン・パラグラフ1.11では,関連者間で行われた取引が,独立企業間でほとんど行われない場合には,独立企業原則を適用することは困難になり,独立企業間であればどのような条件を設定したかについて,直接的な証拠がほとんど又は全くないことになるが,独立企業間で見られないという事実だけでは,それが独立企業間のものではないということを意味しないことに留意すべきであるとしている。

第2節　BEPSへの対応措置としての所得相応性基準に係る議論　105

(2)　措置法第66条の4第2項第1号ロに掲げる方法（以下「再販売価格基準法」という。）　国外関連取引に係る棚卸資産と同種又は類似の棚卸資産を，非関連者から購入した者が当該同種又は類似の棚卸資産を非関連者に対して販売した取引（当該取引と国外関連取引とにおいて売手の果たす機能その他に差異がある場合には，その差異により生じる措置法令第39条の12第6項に規定する割合の差につき必要な調整を加えることができるものに限る。）

(3)　措置法第66条の4第2項第1号ハに掲げる方法（以下「原価基準法」という。）　国外関連取引に係る棚卸資産と同種又は類似の棚卸資産を，購入（非関連者からの購入に限る。），製造その他の行為により取得した者が当該同種又は類似の棚卸資産を非関連者に対して販売した取引（当該取引と国外関連取引とにおいて売手の果たす機能その他に差異がある場合には，その差異により生じる措置法令第39条の12第7項に規定する割合の差につき必要な調整を加えることができるものに限る。）

(4)　措置法令第39条の12第8項第1号に掲げる方法（同号イに掲げる方法に係る部分に限る。）　国外関連取引に係る棚卸資産と同種又は類似の棚卸資産を，購入，製造その他の行為により取得した者が当該同種又は類似の棚卸資産を非関連者に対して販売し，かつ，当該同種又は類似の棚卸資産を購入した当該非関連者が当該同種若しくは類似の棚卸資産又はこれを加工し若しくは製造等に用いて取得した棚卸資産を他者に対して販売した取引（これらの取引と国外関連取引に係る棚卸資産の法人及び国外関連者による販売等（同号に規定する販売等をいう。以下同じ。）とにおいて取引の当事者の果たす機能その他に差異がある場合には，その差異により生ずる同号イに規定する割合の差につき必要な調整を加えることができるものに限る。）

(5)　措置法令第39条の12第8項第1号に掲げる方法（同号ハに掲げる方法に係る部分に限る。以下「残余利益分割法」という。）　同号ハ(1)に掲げる金額（以下「基本的利益」という。）を計算する場合における，66の4(3)-1の(2)，(3)又は(6)から(9)までに掲げる取引（ただし，それぞれの取引に係る「当該取引と国外関連取引とにおいて売手の果たす機能その他に差異がある場合」の差異からは，法人及び国外関連者に独自の機能が存在することによる差異がある場合の当該差異を除く。）

(6)　措置法令第39条の12第8項第2号に掲げる方法　国外関連取引に係る棚卸資産と同種又は類似の棚卸資産を，非関連者から購入した者が当該同種又は類似の棚卸資産を非関連者に対して販売した取引（当該取引と国外関連取引とにおいて売手の果たす機能その他に差異がある場合には，その差異により生じる同号に規定する割合の差につき必要な調整を加えることができるものに限る。）

(7)　措置法令第39条の12第8項第3号に掲げる方法　国外関連取引に係る棚卸資産と同種又は類似の棚卸資産を，購入（非関連者からの購入に限る。），製造その他の行為により取得した者が当該同種又は類似の棚卸資産を非関連者に対し

て販売した取引（当該取引と国外関連取引とにおいて売手の果たす機能その他に差異がある場合には，その差異により生じる同号に規定する割合の差につき必要な調整を加えることができるものに限る。）
(8) 措置法令第39条の12第8項第4号に掲げる方法　国外関連取引に係る棚卸資産と同種又は類似の棚卸資産を，非関連者から購入した者が当該同種又は類似の棚卸資産を非関連者に対して販売した取引（当該取引と国外関連取引とにおいて売手の果たす機能その他に差異がある場合には，その差異により生じる同号に規定する割合の差につき必要な調整を加えることができるものに限る。）
(9) 措置法令第39条の12第8項第5号に掲げる方法　国外関連取引に係る棚卸資産と同種又は類似の棚卸資産を，購入（非関連者からの購入に限る。）その他の行為により取得した者が当該同種又は類似の棚卸資産を非関連者に対して販売した取引（当該取引と国外関連取引とにおいて売手の果たす機能その他に差異がある場合には，その差異により生じる同号に規定する割合の差につき必要な調整を加えることができるものに限る。）

b．比較可能性の要素

　比較可能性分析では，第一に関連者間取引を正確に描写するために関連者間の商業上・財務上の関係，付随する条件及び経済的な状況を特定し，第二に正確に描写された関連者間取引に係る条件及び経済的な状況について，独立企業間の比較対象取引に係る条件及び経済的な状況と比較することになる[147]。

　多国籍企業グループの事業活動の業績に影響を与える要因として，事業戦略，市場，製品，サプライチェーン及び，重要な機能・資産・リスクについて分析すべきであるとしている[148]。

　実際の取引を正確に描写するため，関連者間の商業上や財務上の関係において特定される必要がある経済的な特徴や比較可能性の要素は，概して以下のように分類される[149]。

・取引の契約条件

147　新OECD移転価格ガイドライン・パラグラフ1.33。
148　新OECD移転価格ガイドライン・パラグラフ1.34。
149　新OECD移転価格ガイドライン・パラグラフ1.36。

・機能・資産・リスク分析
・資産や役務の特徴
・経済状況
・事業戦略

　移転価格分析では，第一に，関連者間取引の正確な描写のプロセスとして，関連者間取引の条件，関連者が果たす機能，使用する資産及び引き受けられるリスクを含む取引の特徴，譲渡される製品や提供される役務の性質並びに当事者の置かれている状況について明らかにする必要がある[150]。

　第二に，独立企業は，取引を行う前に，選択しようとしている条件と選択しうる他の条件とを比較し，ビジネス目的により合致するような明らかに有利な条件が他に存在しないと判断した場合，選択しようとしている条件が次善の選択肢よりも悪い結果にならないと考える場合にのみ取引を行う。そして，通常，独立企業が，実際に利用できる選択肢を検討する場合，リスクの程度における差異等，複数の選択肢の経済的差異を検討することになる[151]。

b-1　取引の契約条件

　取引は，当事者間の商業上や財務上の関係の結果や表れであり，責任，権利と義務の分割，特定のリスク引受け，価格取決めなどの関連者間取引の契約内容が，契約締結時の当事者の意図を反映した書面の契約に規定されている可能性があるが，移転価格分析を行うために必要な情報としては契約書だけでは不十分であり，機能・資産・リスク分析，資産や役務の特徴，市場の経済状況及び事業戦略に係る情報が必要となる[152]。

150　新 OECD 移転価格ガイドライン・パラグラフ1.37。
151　新 OECD 移転価格ガイドライン・パラグラフ1.38。
152　新 OECD 移転価格ガイドライン・パラグラフ1.42では，契約書は当事者間の取引を描写し，契約締結時に当事者の相互関係から生じる責任，リスク及び予測結果をどのように分割することが意図されていたかを描写する出発点になるとしている。また，同パラグラフ1.43では，経済的な特徴の分析は，関連者の実際の行動についての証拠を提供すると指摘している。

そして，取引における経済的な特徴が，関連者間の書面による契約と一致しない場合，移転価格分析のためには，実際の取引は当事者の行動を反映させた取引に従い描写されなければならない[153]。

また，独立企業間の取引では，各当事者の意向が異なっており，
(ⅰ) 契約条件は当事者双方の意向を反映して決定される。
(ⅱ) 当事者は当該契約条件を遵守しようとする。
(ⅲ) 契約条件は当事者双方の意向に沿う場合のみ適用されないか修正される。

しかし，こうした状況は，関連者間では存在しないか，契約でなく支配関係により作り出される可能性があるが，関連者間の商業上や財務上の関係を検討する場合，当事者の実際の行動を反映させた取決めが書面の契約条件と実質的に一致するか，関連者の実際の行動が契約条件に沿っていないか，契約書が取引全体を反映していないか，企業によって正確に特徴づけられていないと識別されていないか，偽りであると示唆するかについて調べることが重要となる[154]。

また，関連者間で合意された取引の内容に疑念がある場合，取引における経済的な特徴に係るあらゆる徴候を検討することが必要であるが，企業間の取引条件は，時間の経過と共に変更される可能性があり，取引条件が変更されている場合，当該変更に係る状況を確認し，契約変更日から当初取引内容が新しい取引内容に置き換わっているか，変更後の契約が当初の取引内容における当事者の意向を反映しているのかを判断する必要がある[155]。

さらに，書面による条件が存在しない場合，取引の経済的特徴を特定することによりもたらされる実際の行動の証拠から，実際の取引を描写する必要があ

153　新 OECD 移転価格ガイドライン・パラグラフ1.45。
154　新 OECD 移転価格ガイドライン・パラグラフ1.46では，経済的に重要な契約条件と行動が完全に一致しない場合，実際の取引を特定するために更なる分析が必要となり，契約条件と関連者間の行動との間に実質的な差異がある場合，契約条件に基づいて検討された関連者が実際に果たす機能，実際に使用する資産及び実際に引き受けるリスクにより，実質的な事実が最終的に決定され，実際の取引が正確に描写されるべきであるとしている。
155　新 OECD 移転価格ガイドライン・パラグラフ1.47。

る[156]。

b-2 機能・資産・リスク分析

　非関連者間取引における対価は，使用する資産や引き受けるリスクを考慮した上で，各企業が果たす機能を反映するものであることから，関連者間取引の描写，関連者と非関連者や関連者間取引と非関連者間取引の比較可能性の決定では機能分析が必要になる。機能分析は，取引の当事者の経済的に重要な活動と責任，当事者が使用か提供する資産及び引き受けるリスクを特定しようとするものであり，当事者の実際の行動や能力に焦点を当てることになる[157]。

　当事者の実際の貢献，能力その他の特徴は，実際に利用可能な選択肢に影響を与えることから[158]，商業上や財務上の関係における経済的な特徴を特定するプロセスでは，当事者の能力が実際に利用可能な選択肢にどのような影響を与えるか，潜在的に比較できる非関連者間取引において同様の能力が反映されているか考慮すべきであるとしている[159]。

　リスクの実際の負担は関連者間取引の価格等の条件に影響を与えるため，両当事者が引き受けた重要なリスクを特定・検討しなければ，機能分析は不完全なものとなる[160]。

156　新OECD移転価格ガイドライン・パラグラフ1.49では，状況によっては，取引としては認識されていない多国籍企業グループの商業上や財務上の関係により，実質的な価値の移転が生じているかもしれず，契約条件は当事者の行動から描写する必要があると指摘している。
157　新OECD移転価格ガイドライン・パラグラフ1.51では，活動や能力には，事業戦略やリスクに係る決定と併せ意思決定も含まれ，多国籍企業グループの構造と組織について，また経営の中でどのように影響を与えているかについての理解も有効であるとしている。特に，多国籍企業グループ全体としてどのように価値が創造されるか，多国籍企業グループの他の関連者が果たす機能との相互依存性や価値創造に対する関連者の貢献について理解し，機能の経済的重要性が重要となる。
158　新OECD移転価格ガイドライン・パラグラフ1.52。
159　新OECD移転価格ガイドライン・パラグラフ1.53。
160　新OECD移転価格ガイドライン・パラグラフ1.56では，自由市場において実際の利益は，リスクが実際にどの程度現実化したかにより変動するとはいえ，通常，リスク負担の増加は，期待利益の増加により報われなければならず，リスク水準とリスク引受けは，移転価格分析の結論を出す際に，重要な経済的な特徴であると指摘している。

商業上のリスク引受けは，自由市場で利益を稼得する可能性に影響を与え，契約における当事者間のリスク配分は，取引の価格設定を通じて，取引の利益や損失が，独立企業間でどのように配分されるかに影響を与えることになる[161]。

移転価格分析における具体的なリスクの特定は以下のプロセスにより行われる[162]。

1）経済的に重要なリスクを具体的に特定

移転価格上，リスクは事業の目的に影響を与える不確実性として捉え，企業活動の中で機会を利用する各段階で企業が費用を支出し収益を生み出す度に，不確実性が存在しリスクが引き受けられ，リスクの重要性はリスクから生じる損益の可能性と規模により決定される[163]。

移転価格分析においてリスクを引き起こす不確実性の源泉を把握するため，以下のリスクを検討していくことになる。

a）戦略的リスクや市場リスク

経済環境，政治上若しくは行政上の出来事，競合，技術進歩又は社会や環境の変化から生じる外部リスクであり，不確実性の評価により企業の製品や市場及び人的資本と同様，有形・無形資産への投資等への必要な能力が確定されることになる。

---

161 新OECD移転価格ガイドライン・パラグラフ1.58では，関連者間取引と非関連者間取引との比較や関連者と非関連者との比較に際して，どのようなリスクが引き受けられているか，どのような機能がリスクの負担やインパクトに関係し影響を与えているか，リスクをどの当事者が引き受けているかを分析することが必要であると指摘している。
162 新OECD移転価格ガイドライン・パラグラフ1.60。
163 新OECD移転価格ガイドライン・パラグラフ1.71では，企業は利益を生み出す機会を得るため，引き受けたいと思うリスクを選択し，リスクに直面しながら機会から最大の利益を稼得するために，経済的に重要なリスクの特定と管理に相当な注意を払う。注意を払う対象は，製品戦略の決定，製品の差別化，市場トレンド変化の特定，政治的・社会的変化の予測，需要の創出等であると指摘している。

第2節 BEPSへの対応措置としての所得相応性基準に係る議論

b) インフラリスクやビジネスリスク

企業のビジネス遂行に関連する不確実性であり、プロセスやビジネスの有効性を含み、事業活動の性質や引き受けることを選択した不確実性に大きく依存する。機能停止によるリスク、製品投入の遅れ、仕様や品質管理の失敗、交通網、政治的・社会的・法規制等の外的要因のリスクや資産の性能と利用可能性、人的能力、プロセスの設計と遂行、外注取決めやITシステム等、内的要因によるインフラリスクもある。

c) 財務上のリスク

資金流動性とキャッシュ・フロー、財務能力と信用力管理能力に係る財務上のリスクがあり、不確実性は、経済ショックや信用危機等外的要因だけでなく、経営管理、投資決定、信用条件等、インフラリスクやビジネスリスクの現実化による内的要因のリスクもある。

d) 取引リスクについて

商品、資産や役務提供に係るビジネス上の取引での価格や支払い条件のリスクもある。

e) ハザードリスク

事故や自然災害等、損害や損失を生じさせる不都合な外部事象を含み、リスクは保険により軽減できるが、経営や評判への著しい影響がある場合、保険では損失の可能性を全てカバーできない[164]。

2) 契約上のリスクの引受け

リスクに係る取引の当事者間契約書においてリスクを引き受ける者が特定されることがあるが[165]、関連者間においては、高いリスクと潜在的に高い利益

---

164 新OECD移転価格ガイドライン・パラグラフ1.72。
165 新OECD移転価格ガイドライン・パラグラフ1.77では、当事者により意図されたリスク

の契約について,低いリスクと潜在的に低い利益の契約との間で交換することが,自動的に独立企業間原則に沿ったものにはならないとされている[166]。

リスクの引受けは関連者間での独立企業間価格の設定に大きな影響があり,契約書で規定された価格取決めだけによりリスクを引き受ける者が決定されると結論付けるべきではないと考えられている[167]。

3) リスクに係る機能分析

取引当事者である関連者のリスクに係る機能分析を行うが,具体的には,経済的に重要なリスクの引受けやマネジメントに関して,関連者がどのような活動を行うのか,コントロール機能やリスク軽減機能をどの企業が行うのか,リスクが現実化した場合のプラスかマイナスの結果にどの企業が対応するのか,リスクを引き受けるための財務能力はどの企業が持っているのか等の分析を行うことになる[168]。

4) ステップ4:ステップ1-3の解釈

ステップ1-3の実行には,関連者間取引のリスク引受けとリスク管理に関連する情報の収集を含み,次のステップは,ステップ1-3で得られた情報を解釈して契約条件に従っているかの分析を行い,リスクを引き受ける者が,リスク・コントロールを行い,リスクを引き受けるための財務能力を有しているかの分析を行うことにより,契約上のリスク負担が,当事者行動など事実に矛盾していないか判断することになる[169]。

の引受けは契約書において設定されており,契約上,明示的にリスクの引受けが合意されていることがあるとしている。
166 新 OECD 移転価格ガイドライン・パラグラフ1.80。
167 新 OECD 移転価格ガイドライン・パラグラフ1.81では,関連者間での製品やサービスの価格が一定の水準か一定の利益率に設定されているとしても,関連者間でリスクを引き受けていると推測することはできないとしている。当事者が実際にリスクをどのようにマネジメントやコントロールするかにより,当事者のリスク負担を判断し,結果として最適な移転価格算定手法を選択することになるとしている。
168 新 OECD 移転価格ガイドライン・パラグラフ1.82。
169 新 OECD 移転価格ガイドライン・パラグラフ1.86。

第2節　BEPSへの対応措置としての所得相応性基準に係る議論　　113

　当事者の行動が契約書で規定されているリスクの引受けに一致しているか，契約条件は遵守されているか，不備はないかを検討することになる[170]。
　リスクを引き受ける者がリスクをコントロールするかを決定する際，複雑になる可能性を考慮すると，コントロールに係るテストは，比較可能な非関連者間取引において比較可能なリスクの引受けが描写できる場合に，可能になると考えられる[171]。

5）　リスク配分
　リスクを引き受ける者がリスクのコントロールを行わないか，リスク引受けのための財務能力を有していないことが明らかになった場合，当該リスクは，リスク・コントロールを行い，かつリスクを引き受けるための財務能力を有する企業に配分されるべきである[172]。
　例外的に，どの関連者もリスクのコントロールを行わず，リスク引受けのための財務能力を有していないと認められることがあるが，このような状況は，非関連者間取引で発生する可能性は少ないため，この状況に至った根本的な原因と活動を特定するため，事実関係と状況の厳密な分析を実施する必要がある[173]。

---

[170] 新OECD移転価格ガイドライン・パラグラフ1.88では，リスクに係る契約条件と当事者の行動との間に，経済的に重要な差異があり，非関連者間取引の価格設定に影響を及ぼす可能性がある場合，契約条件の観点からは当事者の行動が，リスクの引受けに係る当事者の意思を最もよく表していると捉えるべきであるとしている。

[171] 新OECD移転価格ガイドライン・パラグラフ1.97では，リスクの引受けが比較可能となるには，取引における経済的な特徴が比較可能である必要があり，非関連者間取引において比較可能なリスクを引き受ける企業が果たすリスク管理機能と，関連者間取引においてリスクを引き受ける関連者が果たすリスク管理機能が比較可能であることを明らかにすることが求められる。比較の目的は，非関連者が，関連者の引き受けるリスクと比較可能なリスクを引き受ける場合，非関連者が関連者の果たすリスク管理機能と比較可能なリスク管理機能も果たすことを明らかにすることにある。

[172] 新OECD移転価格ガイドライン・パラグラフ1.98では，複数の関連者が，リスク・コントロールを行い，リスク引受けのための財務能力を有していると認められる場合には，当該リスクは，最も多くのコントロールを行っている関連者か関連者グループに配分されるべきであり，コントロール活動を行うその他の当事者は，コントロール活動の重要性を考慮し，適切な対価を受け取るべきであるとしている。

[173] 新OECD移転価格ガイドライン・パラグラフ1.99では，その評価に基づき，税務当局は，

6） リスク配分の結果を考慮した取引の価格設定

　経済的に関係する取引の特徴全てを検討することにより，実際の正確な取引が描写され，取引の対価は，適切に配分されたリスクの引受けと適切に報酬が支払われるリスク管理機能の財務上等の結果を踏まえ決定されることになる[174]。

　価格設定に当たっては，納税者と税務当局が利用可能な手段と方法に従い，リスクの引受けによる財務等への影響やリスク管理の対価を考慮されるべきであり，リスクの引受けは適正な期待収益で補償され，リスク軽減には適切な対価が与えられることになる[175]。

　また，当事者は，リスク・コントロール機能への適切な対価を補償されるべきであるが，補償は配分されたリスクの結果から生じるため，プラスの便益を受け取る権利とマイナスの費用を負担する義務がある[176]。

b-3　資産や役務の特徴

　資産や役務の具体的な特徴の差異は，自由市場における価値の差異に部分的に表れることから，取引を描写し，関連者間取引と非関連者間取引との比較可能性を判断する場合，これらの特徴を比較することが有益となる[177]。

　資産又は役務の特徴の重要性は，移転価格算定手法に応じて変化し，資産や役務の比較可能性に係る要件が最も厳格であるのはCUP法であるから，資産

　　独立企業間における結論を導き出すためには，取引にどのような調整が必要であるかを判断するとしている。
174　新OECD移転価格ガイドライン・パラグラフ1.60。
175　新OECD移転価格ガイドライン・パラグラフ1.100では，リスクの引受けと軽減の両方を行う納税者は，リスクの軽減だけ行いリスクの引受けを行わない納税者よりも，より多額の期待報酬が得られると考えられる。
176　新OECD移転価格ガイドライン・パラグラフ1.105では，当事者がリスクを引き受けず，リスク・コントロールのみを行っている場合，補償はコントロールの貢献に応じて，プラスになることもあれば，マイナスになることもあるとしている。
177　新OECD移転価格ガイドライン・パラグラフ1.107では，検討すべき重要な特徴として，有形資産の譲渡の場合は，有形資産の物理的特徴，品質と信頼性や供給可能性と供給量が含まれる。役務提供の場合は，役務の特徴と程度，無形資産の場合は，ライセンスや販売といった取引形態，特許，商標やノウハウといった資産の種類，保護期間及び保護の程度並びに当該資産の使用による期待収益等となる。

や役務の特徴における重要な差異は，いかなるものも価格に影響を及ぼす可能性があり，適切な調整を検討することが求められる。再販売価格基準法と原価基準法においては，資産や役務の特徴の差異が一定程度であれば，粗利益や費用へのマークアップに重要な影響を及ぼす可能性は低い。また，取引単位利益法の場合，伝統的取引基準法ほど資産や役務の特徴の差異に敏感ではない[178]。

実際，粗利益や営業利益指標に基づく手法のための比較可能性分析では，製品の類似性よりも機能の類似性に重点が置かれる場合が多く見られる。事実と状況によっては，取扱製品は異なるが，類似の機能が果たされている場合，比較可能性分析の対象範囲を拡大し，製品に差異のある非関連者間取引を含めることが許容されるかもしれないと考えられている[179]。

b-4　経済状況

独立企業間価格は，同一の資産や役務に係る取引でも市場により異なることがあるため，比較可能性を有するためには，独立企業と関連者が事業を行っている市場の間に，価格に重要な影響を及ぼす差異がないことや適切な調整が可能であることが求められ，第一に，代替となる商品や役務に関係する市場を特定することが重要となる[180]。

地理的市場も特定されるべき経済状況の一つであり，関連する市場を特定す

178　新OECD移転価格ガイドライン・パラグラフ1.108では，納税者が取引単位利益法を適用する場合，資産や役務の特徴の比較可能性の問題を無視できるという意味ではなく，製品の差異は，検証対象法人が果たす機能，使用する資産や引き受けるリスクの差異を伴うか，反映しているからと考えられている。

179　新OECD移転価格ガイドライン・パラグラフ1.109では，許容できるか否かは，製品差異の比較の信頼性に対して与える影響や信頼できるデータが利用可能かにより決まり，機能の類似性に基づき，比較可能性を有する可能性のある非関連者間取引を数多く含めるよう選定母体を拡大する前に，そのような取引が関連者間取引に対して信頼できる比較対象を提供する可能性があるかを考えるべきであるとしている。

180　新OECD移転価格ガイドライン・パラグラフ1.110では，市場の類似性を判断する上で関係する経済状況には，地理的場所，市場の規模，市場における競争の程度や買手と売手の競争上の相対的地位，代替商品や代替役務の利用可能性やリスク，市場全体と特定の地域における需給の水準，消費者の購買力，市場に対する政府の規制の性質と程度，地代や人件費又は資本コスト等の生産コスト，輸送コスト，小売や卸売等の市場のレベルや取引の日時等が含まれることになる。同パラグラフ1.111では，経済，景気や製品のサイクルの存在も特定されるべき経済状況の一つであるとしている。

ることは事実に係る問題で，いくつかの産業では，複数国にまたがる大規模な地域市場が合理的に同種なものとなることがあるが，他方で，各国市場間の差異が極めて重大な意味を有する産業もあると考えられている[181]。

多国籍企業グループが類似の関連者間取引を複数の国で行い，各国の経済状況が合理的に同種である場合，多国籍企業グループは一連の国々における移転価格設定方針を裏付けるに当たり，複数国における比較可能性分析に依拠することが適切となる可能性もある[182]。

b-5　事業戦略

取引を描写し，移転価格算定上の比較可能性を判断する際には事業戦略の検討も必要となり，関連者間と非関連者間の取引や企業の比較可能性を判断する場合に，事業戦略を考慮に入れていくことが求められる[183]。

事業戦略には市場浸透計画も含まれ，市場に浸透しようとするか市場シェアを伸ばそうとする納税者は，一時的に，同一市場の比較可能な製品よりも低い価格を設定する可能性がある[184]。

納税者が長期的な利益拡大を見込み一時的な利益縮小を許容する事業戦略を採用していたかを検討する場合，様々な要素を考慮する必要があり，税務当局は，当事者の行動を調査し，主張される事業戦略に一致するかを判断する必要がある。また，多国籍企業グループの市場浸透戦略が，製造会社が設定したり，

181　新 OECD 移転価格ガイドライン・パラグラフ1.112。
182　新 OECD 移転価格ガイドライン・パラグラフ1.113では，多国籍企業グループが各国で提供している製品・役務の種類や果たしている機能・資産・リスクが大幅に異なる状況や，事業戦略や経済状況が大幅に異なっていると判明する状況も数多く存在し，これらの状況において，複数国を対象とするアプローチに依拠してしまうと信頼性が低下すると考えられている。
183　新 OECD 移転価格ガイドライン・パラグラフ1.114では，事業戦略には企業の様々な側面が含まれ，技術革新や新製品の開発，多様化の程度，リスク回避，政策変化の評価，現行と将来の労働関連法令の実施，取決めの期間，日常業務において生ずる他の要素等を挙げている。
184　新 OECD 移転価格ガイドライン・パラグラフ1.115では，市場に新規参入しようとしている納税者や，市場シェアを拡大か防衛しようとしている納税者は，スタートアップ費用やマーケティング費用の増加等，一時的に通常よりも高い費用を投下する結果，同一市場で事業を行っている他の納税者よりも低い利益水準となってしまう可能性がある。

販売会社が設定したり，共同で行動する両者が設定したりすることもある[185]。

　事業戦略に従うことにより，独立企業間の取決めであれば受け入れられた一定期間内に，コストを正当化できる十分な収益を生み出せるという説得力のある予測があるかという点についても考慮すべきである[186]。

　税務当局は，独立企業であれば受け入れたであろう期間を判断するに当たり事業戦略実施国における明白なビジネス戦略の検討を望むと考えられるが，検討すべき事項として最も重要な点は，事業戦略が近い将来に利益を生むということについて，戦略が失敗するかもしれないことを認識しつつ，正しく予想し得たのか，また，独立企業であれば，同様の経済状況や競争状況において，同様の期間，利益を犠牲にする用意があったかどうかである。

③　無形資産の移転に係る比較可能性分析

　包括的定義を前提とした無形資産の特定を行い，無形資産の移転に係る独立企業間価格を算定するための比較可能性分析としては，以下の項目が重要とされる。

a．排他性

　無形資産に係る権利の排他性は，比較可能性を検討する上で重要な要素であり，無形資産の法的所有者が他者による当該無形資産の使用を排除できることになる[187]。

185　新OECD移転価格ガイドライン・パラグラフ1.117では，通常は見られないレベルの集中的な販売活動と宣伝活動が市場浸透戦略や市場シェア拡大戦略に伴い行われる場合，関連者間取引の性質が事業戦略費用を負担する納税者と矛盾しないかという問題があるとしている。
186　新OECD移転価格ガイドライン・パラグラフ1.118では，市場参入のような事業戦略は失敗に終わる場合もあるが，失敗であっても，移転価格算定上，当該戦略を無視してよいというわけではない。しかし，予測される結果が取引時点において説得力のあるものではなかった場合や，事業戦略が成功せず，独立企業であれば受け入れないような状況にもかかわらず事業戦略が継続されている場合，事業戦略は関連者間だから採用されている可能性が高くなり，移転価格課税が必要となるかもしれないと指摘している。
187　新OECD移転価格ガイドライン・パラグラフ6.118では，特許権は，特許により保護された発明を何年間かにわたって排他的に使用できる権利をもたらし，無形資産の権利を管理する当事者が市場から競合他社を排除することができる場合，又は市場の優位性をもたらす無

b．法的保護の範囲と期間

　無形資産に係る法的保護の範囲と期間は，比較可能性の検討において重要であり，法的保護は，競合他社による特定の市場への参入を防ぐことができるほか，ノウハウや企業秘密等の他の無形資産については，利用可能な法的保護は異なる性質を有しており，効力や期間が劣るものもあるとしている[188]。

c．地理的範囲

　無形資産又は無形資産に係る権利の地理的範囲についても，比較可能性の検討において重要であり，製品の性質，無形資産の性質及び市場の性質によっては，無形資産に対する権利が世界中で付与されている場合は，特定の国だけで付与されている場合と比較して価値が高くなると考えられている[189]。

d．耐用年数

　多くの無形資産は耐用年数が限られており，無形資産に対する法的保護の性質・期間，業界における技術変化の度合い及び新製品や潜在的改良品の開発により影響を受けることもあると考えられている[190]。

e．開発段階

　比較可能性分析において，無形資産の開発段階について考慮することも重要な場合があり，無形資産が商業上有望な製品の基礎となることが十分に証明さ

形資産を競合他社が使用できないようにできる場合には，当事者は強い市場支配力又は市場影響力を有していることになる。そして，無形資産に対する非独占的権利を有する当事者については，全ての競合他社を排除することはできず，同程度の市場支配力又は市場影響力を持たないのが通常であるため，比較可能性分析においてその違いを考慮しなければならず，独立企業間価格の算定において影響があるものと考えられている。

188　新OECD移転価格ガイドライン・パラグラフ6.119では，耐用年数が限定されている無形資産については，無形資産に係る権利の期間が無形資産の使用による将来便益に対する取引当事者の期待に影響するため，法的保護の期間が重要になると考えられている。

189　新OECD移転価格ガイドライン・パラグラフ6.120。

190　新OECD移転価格ガイドライン・パラグラフ6.121。また，同パラグラフ6.122では，比較可能性分析では，無形資産の予測耐用年数の検討が重要となり，市場優位性を維持できる予測耐用年数が長い場合には価値が高くなると指摘している。

れる前に当該無形資産が移転される場合も多く[191]。商業的な採算性が確立した製品に関連する無形資産は、商業的な採算性がまだ確立されていない製品に関連する比較可能な無形資産より、価値が高くなると考えられている。そのため、一部開発済みの無形資産について比較可能性分析を行う場合には、その後の開発により商業的に大きな便益を将来得られるかについて評価しておくことが重要になると考えられている[192]。

f．改良，改訂及びアップデートする権利

無形資産を将来において改良，改訂及びアップデートする当事者の権利についても，無形資産を伴う比較可能性分析においては，重要な検討事項となっており，無形資産の継続的な開発及び改良がなければ，比較的短期間で陳腐化して競争力を失う可能性があり，改良，改訂及びアップデートする当事者の権利の有無により，無形資産から生じる市場優位性を維持できる予測耐用年数に違いをもたらすことになり，比較可能性分析では，無形資産の権利の中に，改良，改訂及びアップデートする権利が含まれているかどうかを考慮する必要があるとしている[193]。

無形資産取引に係る独立企業間価格を算定するための比較可能性分析においては、超過利益を創出する無形資産の価値をいかに評価し、非関連の無形資産取引との比較可能性を分析しなければならないが、実務上困難な場合が多く、独立取引比準法、再販売価格基準法及び原価基準法等の比較法による独立企業間価格の算定は困難になっていると考えられる[194]。そのため、所得相応性基

191 新OECD移転価格ガイドライン・パラグラフ6.123。
192 新OECD移転価格ガイドライン・パラグラフ6.124。
193 新OECD移転価格ガイドライン・パラグラフ6.125。また、同パラグラフ6.126では、無形資産の譲受者が、無形資産の開発に直結する研究に関連する無形資産を使用する権利を獲得するかどうかも重要であり、譲受者の研究により開発期間が短縮され、新製品又は新しいアプリケーションを先行して市場に導入できるかについて違いが生じることになり、比較可能性分析では、譲受者に製品の開発において無形資産を使用する権利が付与されているかも考慮すべきであると指摘している。
194 比較可能性の要求水準を下げることにより、独立取引比準法が改めて適用になるとの見方

準の適用において，厳格な比較可能性分析を求めることは困難となっており，取引単位利益分割法による定期的調整の可能性は高まっていくものと考えられる。

g．将来の期待利益の予測

比較可能性に関する検討は，無形資産を使用することにより得られる将来の利益に関する当事者の当該取引への期待につながり，特定の無形資産と別の無形資産の間に，将来の期待利益に大きな差がある場合，信頼できる差異調整が行われなければ，比較可能性に基づく移転価格分析を裏付ける十分な比較可能性を有しているとみなすことは困難となる[195]。

h．無形資産や権利の移転に関する事例でのリスクの比較

無形資産や権利の移転に関する比較可能性分析では，当事者間のリスク配分を含め，移転された無形資産により将来的に経済的利益を稼得する見込みに係るリスクの存在を考慮しなければならず，単独の無形資産や組み合わされた無形資産の移転が比較可能か，無形資産自体が比較可能かを評価する際，以下のリスクが考慮されるべきであるとしている。

・無形資産の将来的な開発に係るリスク
・無形資産の陳腐化と価値減少に係るリスク
・無形資産に対する権利侵害のリスク
・製造物責任及び類似のリスクで無形資産の将来的な使用に関連するもの[196]

もある。
　Falk, Daniel, "IT'S TIME TO REVISIT THE APPLICATION OF THE CUT. (Section 482 -- Transfer Pricing)" Tax Notes, Apr. 18, 2016, p. 367.
195　新 OECD 移転価格ガイドライン・パラグラフ6.127では，無形資産に基づく製品や開発中の製品における実際と将来の収益性を考慮することが重要であり，高収益をもたらす製品や役務の基礎となる無形資産を，業界平均の利益しかもたらさない製品や役務の基礎となる無形資産と比較することはできず，比較可能性分析では，無形資産が将来の利益をもたらす取引に対する当事者の期待に重大な影響を与えるあらゆる要素を考慮する必要があるとしている。

第2節　BEPSへの対応措置としての所得相応性基準に係る議論　　121

　i．無形資産や権利の移転に関する差異調整

　無形資産や無形資産に係る権利の移転に関する取引において，無形資産の違いにより信頼できる調整が困難となる重大な経済的効果がもたらされ，差異調整による金額が無形資産の対価の相当部分を占めている場合，具体的な事実によっては調整計算が信頼できなくなり，比較対象の無形資産が実際には比較可能性が十分でなく，有効な移転価格分析の基礎とはならない場合もあると考えられる[197]。

　j．データベースから得られた比較対象取引の使用

　比較可能性や差異調整の可能性は，公開されているライセンス契約や類似の取決めに係る商業上のデータベースや私的に収集した情報から得られる比較可能な無形資産や使用料料率の候補を検討する上で特に重要となる[198]。

④　事業再編後の比較可能性分析

　a．機能，資産及びリスクの分析

　事業再編により関連者間の既存の取決めに変更が生じる場合，再編されたメンバーと，新規に設立されたメンバーでは，その事実関係に差異が生じる可能

196　新OECD移転価格ガイドライン・パラグラフ6.128では，無形資産の将来的な開発に関連するリスクについては，無形資産がビジネス上有望な製品に関連するか，無形資産が将来的にビジネス上有望な製品の基礎となるか，必要となる今後の開発や実験の予測費用，開発や実験が成功する見込み及び類似の事項が含まれ，開発リスクの検討は，一部開発済みの無形資産を移転する場合，特に重要であるとしている。また，無形資産の陳腐化と価値減少に関連するリスクについては，分析対象の無形資産に依存する製品の市場を大きく侵食する製品やサービスを競合他社が将来導入する見込みに関する評価が含まれる。さらに，無形資産に対する権利侵害のリスクについては，無形資産に基づく製品が，自己の無形資産を侵害しているとの申立てを成功裏に第三者が行う可能性の評価と申立てに対応する予測費用の評価が含まれ，無形資産の権利の所有者が第三者による権利の侵害を防止できる可能性，模造品が当該市場での利益を侵害するリスク及び侵害時に受ける大幅な損害の可能性についての評価も含まれる。

197　新OECD移転価格ガイドライン・パラグラフ6.129では，信頼できる差異調整が不可能である場合，比較可能な無形資産や特定の取引に依拠しない移転価格算定手法の使用が必要になる可能性があるとしている。

198　新OECD移転価格ガイドライン・パラグラフ6.130。

性がある。既存の契約上と商業上，関係者の間で，再編後の取決め交渉が行われる場合，事案の事実と状況によっては，再編取決めや再編後の取決め条件の交渉において，メンバーが実際に利用できる選択肢に影響が出る可能性がある[199]。

事業再編により変更された販売会社と新規に設立された販売会社について，事業の開始時点で比較した場合に生じる差異としては，事業上確立されたプレゼンスが関係すると考えられる。すなわち，新規に設立された販売会社には，市場浸透活動が必要となるのに対し，再編により変更された販売会社については，市場浸透活動が必要とならないことから，比較可能性分析及び独立企業間価格の算定に影響を与える可能性がある[200]。

事業再編後の関連者間取引に対する移転価格算定手法の選択と適用については，正確に描写された関連者間取引の経済的な特徴の分析に基づき行わなければならず，再編後の取引に係る機能，資産，リスクがどのようなもので，どの当事者が機能を果たし，資産を使用し，リスクを引き受けるのか理解していく必要がある。

再編後の状況で特に留意すべきは，再編対象の企業に実質的に残される価値ある無形資産や経済的に重要なリスクを特定し，無形資産やリスクの配分が独立企業原則を満たしているかという点である。対価の支払形態ではなく，取引当事者が，実際どのようにリスクをコントロールしているか，リスクを引き受ける財務能力を有するかを分析することにより，取引当事者のリスクの引受けが判断され，最適な移転価格算定手法が選択されることになると考えられている[201]。

199　新 OECD 移転価格ガイドライン・パラグラフ9.102では，例えば，優れた業績を上げている本格的販売会社において，マーケティングと販売機能を果たすだけでなく，価値あるマーケティング上の無形資産を使用・開発し，業務に伴う在庫リスク，不良債権リスク，市場リスク等を引き受けていた状況から，事業再編により，リスクが限定された販売契約に変更され，国外関連者の監督下でマーケティング活動や無形資産の使用が限定的となり，リスクも限定的に引き受けることになる場合には，事業再編により変更されたリスクの限定された販売会社は，新規に設立されたリスクの限定された販売会社とは同一の状況にはないものと考えられている。

200　新 OECD 移転価格ガイドライン・パラグラフ9.104。

b．差異の調整

　差異調整が可能であることを条件に，比較対象取引を見出すことができる可能性があり，例えば独立価格比準法であれば，多国籍企業グループと取引を行っていた独立企業が買収され，買収後，取引の再編が行われ，関連者間取引となっているような場合には，上記②ｂで示した比較可能性の要素を検討し，関連者間取引と非関連者間取引とが異なる時点で行われることにより生じる可能性のある影響を検討することにより，買収前の非関連者間取引の条件から，買収後の関連者間取引の比較対象取引を把握できる可能性があると考えられている[202]。

　例えば，独立企業が行っている製造，販売又は役務活動と，再編対象の関連者が行っている活動が比較可能な場合にもCUP法の適用が可能と考えられている[203]。

　そして，比較対象の候補を把握した場合には，関連者間取引と非関連者間取引の比較可能性分析を行い，それらの取引の間の重大な差異を特定し，差異調整を行うことが重要であるとしているのである[204]。

201　新OECD移転価格ガイドライン・パラグラフ9.108では，取引当事者として，多国籍企業グループの中で，再編対象の企業と取引を行う企業の機能，資産，リスクに関する情報が利用できる必要があり，分析は，コミッショネアやリスクが限定された販売会社等，再編対象の企業の外形にとらわれず行われるべきであるとしている。コミッショネアやリスクの限定された販売会社という外形であっても，現地の価値ある無形資産を有していたり，重要な市場リスクを引き続き引き受けていたりする場合や，受託製造会社という外形であっても，重要な開発業務を遂行したり，ユニークな無形資産を所有・使用したりする場合があると考えられている。

202　新OECD移転価格ガイドライン・パラグラフ9.110では，取引条件が変更された場合であっても，事案の事実と状況に応じて，再編の際に行われた機能，資産，リスクの移転に関して調整することが依然として可能であり，異なる当事者が不良債権リスクを引き受けるという事実を説明するために差異調整が行われる可能性があるとしている。

203　新OECD移転価格ガイドライン・パラグラフ9.111では，近年のアウトソーシング業務の発展に伴い，事業再編後の関連者間取引の独立企業間価格を算定するため，CUP法適用に当たっての比較対象取引となるような非関連のアウトソーシング取引を把握することが可能になると指摘している。その場合には，アウトソーシング取引が非関連者間取引としての資格を満たし，5つの経済的な特徴または比較可能性要素の検討により，非関連者間取引であるアウトソーシングの条件と再編後の関連者間取引の条件との間に重大な差異が存在しないこと，また，十分に信頼性がある差異調整を実施することで差異を排除できることのいずれかが十分に満たされることが条件となると考えられている。

204　新OECD移転価格ガイドライン・パラグラフ9.112では，比較可能性分析により，再編対

事業再編後の関連者間取引の対価については，販売，製造，研究開発及び役務提供等において，リスクの移転がどのように行われたかにより共通の分析が可能と考えられる[205]。

　本格的な販売会社からリスクが限定された販売会社へ再編されて事業活動を行う状況と，同一時期にリスクが限定された販売会社が市場で事業活動を行う状況とを比較した場合，再編以前には，リスクが限定された販売会社が行っていなかった機能を，本格的な販売会社が果たしており，マーケティング費用等を負担し，リスクを引き受け，無形資産の開発に寄与してきたのであれば差異が生じることになる。

　こうした差異について，独立企業間であれば，本格的な販売会社の機能，資産，リスクは，再編前の本格的な販売会社の独立企業間報酬にだけ影響を与えるのか，事業再編に伴う販売会社の譲渡対価の算定に当たり考慮すべきか，または再編されたリスクの限定された販売会社の独立企業間報酬に影響を与えるのかが問題となる[206]。

　また，再編に伴い，納税者が引き受けていたリスクを国外関連者に移転する場合，リスクの移転が再編後の活動から生じる将来のリスクにだけ関係するのか，または再編前の事業の結果として再編時点で既に存在するリスクに関係するのか検討することが重要となる。リスクの切り捨てがどこまでの範囲であるのか，例えば，不良債権リスクを引き受けていた販売会社が，不良債権リスクを引き受けないリスクが限定された販売会社へ事業再編した場合には，不良債権を引き受けていない販売会社を比較対象とすることになるが，再編によりリ

　　象のメンバーが引き続き価値ある重要な機能を実施していることや，再編後も「限定的」企業に残されているものの比較対象候補には見られない現地の無形資産又は経済的に重大なリスクが存在することが判明するかもしれないと指摘している。
205　新 OECD 移転価格ガイドライン・パラグラフ9.114。
206　新 OECD 移転価格ガイドライン・パラグラフ9.105では，事業再編前の本格的な販売会社が無形資産を有していたのに対して，リスクが限定された販売会社は有していなかったということが判明すれば，独立企業原則では，無形資産について，本格的な販売会社から国外関連者に譲渡されるのであれば再編時に対価を支払うこと，譲渡されないのであれば再編後の事業の独立企業間報酬算定に当たりこれを考慮に入れることのいずれかが必要になるとされている。

スクが限定された販売会社が，本格的な販売会社であった時期に生じた不良債権リスクを継続して引き受けているのか，または再編時点で存在したリスクを含む全ての不良債権リスクが移転されたのか検討することも重要となる[207]。

4．バリューチェーン分析による超過ロイヤルティの帰属

無形資産について包括的定義を採用することは，有形資産又は金融資産に帰属しない超過利益の帰属を全て無形資産に帰属させて超過ロイヤルティとして回収していく考え方が採られているものと考えられるが，超過ロイヤルティの帰属について分析するための方法としてバリューチェーン分析が提案されている。

(1) バリューチェーン分析

バリューチェーン分析は，その前提として，無形資産等の使用について，無形資産の開発・改良・維持・保護・使用において資産を使用するグループのメンバーは，この行為に対して適切な報酬を受け取るべきであり，このような資産には，研究，開発又はマーケティングに使用される無形資産（ノウハウ，顧客関係等），物理的資産又は資金等が含まれ，それに限定されないとしている[208]。

グローバルなバリューチェーンによる企業活動が進展していくことにより，グローバル企業に対する所得相応性基準の適用はより広範になっていく可能性があり，BEPS最終報告書に基づき，超過利益の価値創造に沿った配分を行っていくためには，グローバルなバリューチェーン分析を行っていくことが求められているが，その前提としては，グローバル企業を一体として検証する統合アプローチの考え方が採られているものと考えられる[209]。

そのため，所得相応性基準の適用において，バリューチェーン分析を前提に

---

[207] 新OECD移転価格ガイドライン・パラグラフ9.106。
[208] 新OECD移転価格ガイドライン・パラグラフ6.139。
[209] 米国「内国歳入法482条に関する白書」第10章C「統合された事業における独立企業アプローチの実務」83-84頁。

定期的調整を行う場合には，統合アプローチによりグローバル企業全体に係る所得配分の調整も必要となってくる可能性があるが，これは，米国における所得相応性基準の適用を超えたものと考えられる。現在では，米国においても，内国歳入庁の調査プロセスにおいて，バリューチェーンを分析し，どのようなドライバーが貢献しているかについて検証するとしているが[210]，所得相応性基準に基づく定期的調整をバリューチェーン分析に基づき広範に行っていくことは，これまで二国間の二重課税に止まっていた所得相応性基準の適用が拡大することになり，所得相応性基準の導入していない国との間で二重課税が発生した場合には，二重課税の解決が困難になっていくものと考えられる。

(2) 取引単位利益分割法による超過ロイヤルティの帰属

バリューチェーン分析により超過ロイヤルティの帰属を決定するためには，取引単位利益分割法により利益配分を決定していくことになる。

取引単位利益分割法は，片側検証手法が適切でない高度に統合された事業活動に対する解決策になり得る場合があり，取引の双方の当事者が当該取引に対してユニークで価値ある無形資産の貢献をしている場合，独立企業であればそれぞれの貢献に比例して取引の利益を分け合うことを望む可能性があり，双方検証手法が片側検証手法より適切となる可能性があると考えられている。また，ユニークで価値ある貢献が存在する場合，信頼できる比較対象の情報は，他の手法を適用するには不十分な可能性もある[211]。

また，非関連者であれば比較可能な取引においてどのように利益を分割したかについて，直接的な証拠がない場合，利益配分は，使用した資産や引き受けたリスクを考慮した上で関連者の機能の分割に基づいて行われると考えられている[212]。

---

210 Kittle, Brian, "Transfer Pricing Audit Roadmap: An Exam Response Framework." Tax Notes, Sept. 28, 2015, p. 1503.
211 新 OECD 移転価格ガイドライン・パラグラフ2.115。同パラグラフ1.116では，独立企業であれば，取引における利益の創出についての各々の貢献の価値に比例して合算利益を分割するものと仮定されると指摘している。
212 新 OECD 移転価格ガイドライン・パラグラフ2.117。同パラグラフ1.118では，当該手法

さらに、双方検証方法の特徴として、関連者間取引の双方の当事者が評価の対象となるため、一方の当事者に極端かつ非現実的な利益が残る結果になる可能性が低く、関連者間取引で使用された無形資産について、関連者の貢献度を分析する場合に重要となる[213]。

取引単位利益分割法の適用において、合算利益は、独立企業間の合意において期待かつ反映される利益の分割に近似させるような経済的に合理的な基準により、各関連者間で分割されることになり、分割されるべき合算利益及び分割ファクターとしては、以下を考慮する必要がある。

・調査対象の関連者間取引の機能分析と整合性を有し、特に当事者間のリスク配分を反映。
・分割対象となる合算利益や、非関連者間で合意される分割ファクターと整合的。
・寄与度分析又は残余分析等の利益分割アプローチや事前又は事後的アプローチと整合的。
・信頼できる形で算定可能[214]。

が独立企業には見られない関連者の特殊でユニークな事実及び状況を考慮する柔軟性を有し、独立企業が同様の状況下で合理的に行ったであろうことを反映するという点で独立企業アプローチとなっていると解されている。
213　新OECD移転価格ガイドライン・パラグラフ2.119。双方検証手法は、規模の経済又は統合による効率性から得られる利益を、納税者及び税務当局の双方が満足する形で分割するためにも用いることができると指摘している。
214　新OECD移転価格ガイドライン・パラグラフ2.122。同パラグラフ1.123では、
・関連者間取引における移転価格を設定するために取引単位利益分割法が使用される場合（事前アプローチ）、取決めの存続期間及びその基準又は配賦基準が取引前に合意。
・取引単位利益分割法を使用する者（納税者又は税務当局）は、当該事案の状況にとってその手法が最適であるとみなされる理由、及びその実施方法、特に合算利益の分割に使用した基準又は配賦基準を説明。
・分割の対象となる合算利益及び分割ファクターは、当該取決めの存続期間中（損失計上の年を含む）一貫して使用。ただし、比較可能な状況における非関連者間であれば他に合意し、かつ、異なる基準又は配賦基準の使用根拠が文書化、又は特殊な状況により非関連者間の再交渉が正当化される場合は、この限りではない。

(3) 地理的特殊要因による超過利益

① ロケーション・セービング

　超過利益の問題として，現地市場の特徴としてのロケーション・セービングについても超過利益の帰属として認めるかについては議論がある。本節3(2)②b-4経済状況において議論したように，独立企業間価格は，同一の資産や役務に係る取引であっても，市場により異なることがあり，比較可能性を有するためには，経済状況の差異が価格に重大な影響を与えるかどうか合理的に正確な調整を行うことが必要となる[215]。地理的市場間の差異の評価及び適切な比較可能性の調整において現地市場での事業活動上のコスト削減に関するものは，ロケーション・セービングと言われ[216]，OECDガイドライン第9章「事業再編に係る移転価格の側面」の第2部「再編後の関連者間取引の報酬」において議論が行われている。

　ただし，第9章では，事業再編を背景にロケーション・セービングの取扱いを論じているが，その原則は，基本的に事業再編だけでなく，ロケーション・セービングが存在する全ての状況に適用されると考えられている[217]。

　ロケーション・セービングは，多国籍企業グループが活動の一部を，当初活動を行っていた場所よりも人件費や不動産コスト等が低い場所に再配置する場合に得られ，セービングの評価に当たっては，再配置に伴い見込まれるコストも考慮に入れる必要がある[218]。

　事業再編後に重大なロケーション・セービングが得られる場合，ロケーショ

---

[215] 新OECD移転価格ガイドライン・パラグラフ1.110では，価格に重大な影響を与える経済状況の差異として，地代，人件費及び資本コスト等の生産コストだけでなく輸送コスト等も挙げている。

[216] 新OECD移転価格ガイドライン・パラグラフ1.139。

[217] 新OECD移転価格ガイドライン・パラグラフ1.140では，ロケーション・セービングの射程を拡げ，事業再編にかかわらず，現地市場の特徴による価格への影響を想定しているものと考えられる。

[218] 新OECD移転価格ガイドライン・パラグラフ9.126では，再配置に伴い見込まれるコストとして事業の終了費用，新たな場所でのインフラコスト，市場との距離が離れる場合の輸送コスト，現地従業員の研修費用等を例示している。

ン・セービングを当事者間でどのように共有すべきかという問題が生じるが[219]、独立企業間において、ロケーション・セービングの帰属先を判断するに当たっては、当事者の機能、リスク及び資産だけでなく、各当事者が実際に利用できる選択肢を考慮することも重要であり、当事者の貢献の性質によっては、取引単位利益分割法の適用可能性もあるものとされている[220]。

そして、ロケーション・セービングを複数の関連者間でどのように配分するかを判断するに際して以下の検討が必要であるとしている。

(i) ロケーション・セービングが存在するか。
(ii) ロケーション・セービングの額。
(iii) ロケーション・セービングが、多国籍企業グループのメンバーでどの程度享受され、非関連者の顧客又はサプライヤーへ転嫁されるか。
(iv) ロケーション・セービングが非関連の顧客又はサプライヤーに完全に配分されない場合、残余のロケーション・セービングは、類似の状況で、非関連者にどのように配分されるか[221]。

顧客又はサプライヤーに転嫁されない残余のロケーション・セービングが明らかになった場合には、現地市場における比較可能な企業及び取引が特定可能であれば、現地市場の比較対象が残余のロケーション・セービングを関連者間でどのように配分すべきかに関する最も信頼できる指標になる[222]。

しかし、現地市場において信頼できる比較対象が存在しない場合には、多国籍企業グループのメンバー間におけるロケーション・セービングの存在及び配分に係る決定及びロケーション・セービングの考慮に必要な比較可能性の調整については、関連者の果たす機能、引き受けるリスク及び使用する資産を含む

---

219 新OECD移転価格ガイドライン・パラグラフ9.127。
220 新OECD移転価格ガイドライン・パラグラフ9.131。
221 新OECD移転価格ガイドライン・パラグラフ1.141。
222 新OECD移転価格ガイドライン・パラグラフ1.142では、信頼できる比較対象が存在し独立企業間価格の算定に利用可能である場合、ロケーション・セービングに対する比較可能性の特別な調整は不要と考えられている。

事実及び状況全ての分析に基づくべきであるとしており[223]、残余のロケーション・セービングの配分について、取引単位利益分割法の適用の想定される場合があるものと考えられる。

　ロケーション・セービングについては、無形資産に類似した超過利益を創出するものとして評価される場合があり、例えば、中国の国家税務総局は、国際連合の国際租税協力専門家委員会が作成した2017年「開発途上国のための移転価格実務マニュアル」における D.2「中国の実務」の設例において、ロケーション・セービングによる超過利益は無形資産に類似し、全て中国に所在する企業に帰属させるべきであるとの立場を表明している[224]。

　しかしながら、新 OECD 移転価格ガイドラインでは、ロケーション・セービングについて、現地のコストを前提とした比較対象取引であれば、ロケーション・セービングが反映されたマークアップとなっており、比較可能性の特別な調整は不要との立場を採っており、ロケーション・セービングによる超過利益を全て現地に帰属させるのでなく、非関連者間の交渉を参照して独立企業原則により配分すべきとの立場を採っている[225]。現地市場の特徴は、所有されることもコントロールされることもできないが、特定の取引における独立企業間価格の決定に影響することもあり、比較可能性分析において考慮されるべきであるが、無形資産ではないと整理されている[226]。

　そのため、ロケーション・セービングによる超過利益をどのように配分すべきかについて日中間で問題となる可能性があるが、ロケーション・セービングによる利益の源泉について、コストが低いことによる説明とせず、中国子会社の果たす機能、引き受けるリスク及び使用する資産から超過利益を創出する無形資産に相当するものであると議論すれば、中国市場における製造活動等に対

---

[223] 新 OECD 移転価格ガイドライン・パラグラフ1.143。
[224] United Nations Committee of Experts on International Cooperation in Tax Matters, "Practical Manual on Transfer Pricing for Developing Countries (2017)," P. 571. http://www.un.org/esa/ffd/wp-content/uploads/2017/04/Manual-TP-2017.pdf
[225] 新 OECD 移転価格ガイドライン・パラグラフ1.143。
[226] 新 OECD 移転価格ガイドライン・パラグラフ6.9。

するプレミアムリターンとして評価できる可能性もあり、無形資産に係る包括的定義の射程として取り込むのか、又は特別な考慮をしていくべきか課題になっているものと考えられる。

② マーケット・プレミアム

現地市場の特徴としてのマーケット・プレミアムについても、新OECD移転価格ガイドライン第1章D節（独立企業原則の適用の指針）D.6（ロケーション・セービング及び他の現地市場の特徴）D.6.2（他の現地市場の特徴）において議論されている。

マーケット・プレミアムという用語を付して説明は行われていないが、事業活動を行うその他の現地市場の特徴として、関連者間取引の独立企業間価格に影響を与え、比較可能性の懸念を生み出す可能性があり、比較可能性分析及び機能分析により、その要因が当該市場で実現され得る価格及び利益率に影響を与えるかが示される可能性があるとしている[227]。

ここでも、適切な比較可能性の差異調整については、比較可能性を向上させる"信頼できる調整"が特定される場合、このような要因を説明するために行われるべきであるが、信頼できる現地市場の比較対象を特定できない場合には、以下について検討する必要があるとしている。

(i) 市場のメリット・デメリットが存在するか。
(ii) 収益、費用又は利益の増減額は、他の市場において特定された比較対象の収益、費用又は利益と比較した場合、現地市場における市場のメリット・デメリットに起因するか。
(iii) 現地市場の特徴の利益又は負担がどの程度非関連者の顧客又はサプライヤーへ転嫁されるか。

---

227 新OECD移転価格ガイドライン・パラグラフ1.144では、価格及び利益率へ影響を与える可能性のある要因として、製品が製造又は販売される地域別市場の関連する特徴、当該市場の購買力や家計の製品選好、当該市場が拡大又は縮小するか、当該市場の競争度及びその他類似の要因を挙げている。

(iv) 現地市場の特徴による利益又は負担が存在し，非関連の顧客又はサプライヤーに完全には転嫁されていない場合，類似の状況で事業活動を行う非関連者がこのような正味の利益又は負担を非関連の顧客及びサプライヤー間でどのように配分するか[228]。

特に，市場のメリット・デメリットについては，関連者間で移転される商品又は提供される役務に関する独立企業間価格に影響を与えることがあるが[229]，関連者間の事業再編又は無形資産の譲渡により，一方の取引当事者が現地市場のメリットを享受し，事業再編又は無形資産の譲渡がなければ，デメリットを負担するような場合には，予想される現地市場のメリット・デメリットについては，事業再編又は無形資産の譲渡に関する独立企業間価格に影響を与える可能性があると考えられる[230]。

移転価格の分析では，無形資産ではない現地市場の特徴と，市場を活用するために必要な契約上の権利，政府の免許やノウハウであって，無形資産になり得るものとを区別することは重要であるが，市場における家計の可処分所得水準や，市場の規模又は相対的な競争等の現地市場の特徴は，ロケーション・セービングと同様，取引における独立企業間価格の決定に影響し，比較可能性分析において考慮されるべきであるが，無形資産ではないと整理されている。

ここで，移転価格分析に当たり，現地市場の特徴（無形資産ではない）と，市場でのビジネスに必要な契約上の権利，政府の許認可あるいはノウハウ（無形資産になり得る）との区別は重要である。場合によっては，この種の無形資産は，移転価格分析に当たり考慮されるべき重要な価値を有しているかもしれないとしている[231]。

---

[228] 新 OECD 移転価格ガイドライン・パラグラフ1.146。
[229] 新 OECD 移転価格ガイドライン・パラグラフ1.147。
[230] 新 OECD 移転価格ガイドライン・パラグラフ1.148。
[231] 新 OECD 移転価格ガイドライン・パラグラフ1.149では，契約上の権利及び政府の許認可がライバル企業の市場への参入を制限し，その結果，取引当事者間で配分される現地市場の経済的成果に影響を与える場合もあれば，市場に参入するための契約上の権利又は政府の許認可が，多くの又は全ての市場参入希望者に開放されている場合もあると考えられている。

また，比較可能性分析及び機能分析により，地理的市場で特定の役務を提供する前提条件として，政府の事業許認可が必要と示されることがあるが，このような許認可は適格な申請者であれば簡単に取得できるため，市場における競争相手の数を制限する効果はない。この場合，許認可要件は市場への重大な参入障壁ではないため，このような許認可を保有しても，現地市場ビジネスから生じる便益の独立企業間での配分に何の影響も与えないと考えられている[232]。

　しかしながら，中国の税務当局は，マーケット・プレミアムについても，中国に帰属する超過利益の源泉として考慮すべきであるとの立場を採っており，OECD加盟国との立場の違いは際立っている。

　マーケット・プレミアムについても，例えば，中国市場におけるマーケティング活動等によるプレミアムリターンとして評価できる可能性があり，無形資産が関わる取引に対するDEMPE機能に係る分析の延長として，中国第6号公告第30条における，無形資産の開発，改良，維持，保護，使用及び拡販に係る活動における関連当事者の価値貢献度，無形資産価値の実現方法及び機能・リスク・資産の相互作用を考慮していく中で，プレミアムリターンの根拠を示すことができるかが課題になっているものと考えられる。

　このように現地市場の特徴の問題は，先進国と新興国の間で立場が大きく異なっており，所得相応性基準の適用において，事後的に現地市場の特徴に係る定期的調整が行われる場合には，二重課税が解決されない問題となる可能性があり，所得相応性基準の適用範囲を厳格に制限していく必要があるものと考えられる。

(4) 集合労働力

　特別な資格や経験を有する重要な従業員を集めることに成功している企業については，従業員のグループが提供する役務の独立企業間価格や企業が提供する役務又は製品の生産の効率性に影響を及ぼすことがあるが，こうした要素は移転価格における比較可能性分析において考慮されるべきであると考えられて

---

[232] 新OECD移転価格ガイドライン・パラグラフ1.151。

いる[233]。

　事業再編により，関連者間で集合労働力が移転することがあるが，それにより譲受側の新規労働力の雇用や訓練に係る時間と費用の節減になる可能性があり，移転資産としての対価算定に代え，独立企業間価格に対する比較可能性の差異調整を行うことが適切と考えられている[234]。

(5) 多国籍企業のグループシナジー

　多国籍企業グループのシナジーにより，比較可能性の問題や比較可能性の差異調整の必要性が発生する可能性があり，多国籍企業グループ及び関連者は，同様の状況にある非関連者には通常利用できないグループのメンバー間の相互作用やシナジーから便益を受けることがある。グループシナジーは，例えば，総合的な経済規模や購買力，総合的な統合型のコンピューター・通信システム，統合的なマネジメント，重複の排除，借入能力の拡大など膨大な同様の要因として出現する可能性がある。そのような場合，望ましいコスト削減の実現や競合条件に応じて，グループのメンバーの稼得する合計利益が増加したり，負の影響を被ったりする場合もあると考えられている[235]。

　ただし，関連者が大規模な多国籍企業グループに属するというだけで偶発的な便益を得た場合，グループ間でサービスを受けたと見なされるべきではなく，対価の支払いも必要ないと考えられている[236]。

　しかし，場合によっては，グループのメンバーシップのシナジーによる便益又は負担はそのグループの計画的な協調活動から生じることがあり，かつ，多国籍企業グループに対し市場における重大で明らかに特定可能な組織的なメリット・デメリットを与えるかもしれないが，多国籍企業グループの一員では

---

[233] 新 OECD 移転価格ガイドライン・パラグラフ1.152では，比較対象候補となる取引を行う企業の労働力と比較して，特別な集合労働力の便益又は損失を測定することが可能である場合，集合労働力が製品又は役務の独立企業間価格に与える影響を反映した，比較可能性の差異調整が求められることになる。
[234] 新 OECD 移転価格ガイドライン・パラグラフ1.153。
[235] 新 OECD 移転価格ガイドライン・パラグラフ1.157。
[236] 新 OECD 移転価格ガイドライン・パラグラフ1.158，7.13。

ない比較対象取引に関係する市場参加者には与えられないと考えられている[237]。

---

[237] 新OECD移転価格ガイドライン・パラグラフ1.159では，組織的なメリット・デメリットが存在するかどうか，シナジーによる便益又は負担の性質及び源泉は何か，シナジーによる便益又は負担はグループの協調活動を通じて生じるのかは，機能分析及び比較可能性分析を行うことにより判断することができると考えられている。

第4章

評価困難な無形資産取引に係る価格調整措置の導入における論点

第1節　所得相応性基準を背景とした価格調整措置に係る議論

1．移転価格税制に係る税制調査会の答申

(1)　移転価格税制の導入（税制調査会（昭和60年12月17日）「昭和61年度の税制改正に関する答申」）

　移転価格税制は，税制調査会（昭和60年12月17日）「昭和61年度の税制改正に関する答申」において，以下のとおり，企業活動の国際化の進展に伴い，海外の特殊関連企業との取引の価格を操作することによる所得の海外移転，いわゆる移転価格の問題が国際課税の分野で重要となってきているとの認識を示し，適正・公平な課税の見地から，諸外国と共通の基盤に立って，適正な国際課税を実現するために導入すると説明している（下線は筆者）[1]。

> 　近年，<u>企業活動の国際化の進展に伴い，海外の特殊関連企業との取引の価格を操作することによる所得の海外移転</u>，いわゆる移転価格の問題が国際課税の分野で重要となってきているが，現行法では，この点についての十分な対応が困難であり，これを放置することは，<u>適正・公平な課税の見地から</u>，問題のあるところである。また，諸外国において，既にこうした所得の海外移転に対処するための税制が整備されていることを考えると，我が国においても，これら<u>諸外国と共通の基盤に立って，適正な国際課税を実現するため</u>，法人が海外の特殊関連企業と取引を行った場合の課税所得の計算に関する規定を整備するとともに，資料収集等，制度の円滑な運用に資するための措置を講ずることが適当である。

---

[1]　税制調査会（昭和60年12月17日）「昭和61年度の税制改正に関する答申」二　国税　3　租税特別措置等(3)移転価格税制の導入。

第1節 所得相応性基準を背景とした価格調整措置に係る議論　139

(2) 独立企業間価格算定方法の改正（税制調査会（平成8年11月）「法人課税小委員会報告」）

　独立企業間価格算定方法については、OECD 移転価格ガイドラインの見直しに伴い、改正されており、平成8年11月の税制調査会「法人課税小委員会報告」において、OECD の場において新たな国際的ルールの形成が進められ、昭和54年に策定された OECD 移転価格ガイドラインが全面的に見直されたとし、利益分割法及び取引単位営業利益法の導入、移転価格税制の実効性を担保する観点から、納税者の情報提供義務の範囲や、課税当局と納税者が独立企業間価格の算定方法等につき事前に協議する手続の活用等について制度の整備を進めていくべきであるとしている（下線は筆者）[2]。

> 　海外の関連企業との間の取引価格を通じる所得の海外移転を防止する観点から、法人が国外関連企業との間で取引を行う際の価格（移転価格）について、第三者との間の通常の取引価格（独立企業間価格）と異なる価格を付すことにより法人の課税所得が減少する場合には、その取引は独立企業間価格で行われたものとして、法人税の課税所得等を計算するものとされている。
> 　近年の国際取引の進展、複雑化のなかにあって、各国が相次いで移転価格税制を導入し、課税が競合する例が多く見られるようになってきた。こうしたことを背景に、OECD の場において新たな国際的ルールの形成が進められ、昭和54年に策定された OECD 移転価格ガイドラインが昨年全面的に見直された。
> 　改訂された OECD 移転価格ガイドラインにおいては、<u>独立企業間価格の算定方法について、従来からの基本的な算定方法に加え、利益分割法（取引当事者双方の利益の合計額をそれぞれの果たす機能等に応じて分割することにより独立企業間価格を算定する方法）や、取引単位営業利益法（類似の独立企業が同様の活動から得ている取引単位ごとの営業利益率を利用して独立企業間価格を算定する方法）が認められた。</u>また、移転価格税制の実効性を担保する観点から、納税者の情報提供義務の範囲や、課税当局と納税者が独立企業間価格の算定方法等につき事前に協議する手続の活用等についても合意されたところである。
> 　諸外国においては、新ガイドラインの確定を受け、国内法の整備が進められているが、我が国においても、こうした諸外国の動向や我が国における移転価格の実態等を踏まえつつ、本制度の整備を進めていくべきものと考える。

2　税制調査会（平成8年11月）「法人課税小委員会報告」第2章　課税ベースに関する個別的検討　16．国際課税(4)移転価格税制。

(3) 期間制限及び独立企業間価格算定方法の改正（税制調査会（平成15年12月15日）「平成16年度の税制改正に関する答申」）

　税制調査会（平成15年12月15日）「平成16年度の税制改正に関する答申」では，新日米租税条約による期間制限及びOECD移転価格ガイドラインに沿った新たな独立企業間価格の算定方法の導入が図られるべきであるとしている（下線は筆者）[3]。

> 　投資交流を一層促進するためには，投資家の納税に関する予見可能性を向上させ，投資のリスクを軽減させることが重要である。かかる観点から，<u>新条約では，課税年度終了時から7年以内に調査が開始される場合に限って，移転価格課税処分が行えることとされている</u>。更に，<u>移転価格税制については，国際的なコンセンサスを反映しているOECDガイドラインに沿って新たな独立企業間価格の算定方法の導入が図られれば，納税に関する予見可能性が一層高まるものと期待される</u>。

(4) 移転価格税制に係る手続の改善等（税制調査会（平成18年12月1日）「平成19年度の税制改正に関する答申―経済活性化を目指して―」）

　移転価格税制について，国際的な二重課税による企業負担の問題が指摘されており，税制調査会（平成18年12月1日）「平成19年度の税制改正に関する答申―経済活性化を目指して―」において，<u>手続の改善や相互協議体制の強化，事前確認制度の迅速化及び納税を猶予する制度を導入すべきである</u>としている（下線は筆者）[4]。

　3　税制調査会（平成15年12月15日）「平成16年度の税制改正に関する答申」個別税目の改正　国際的な投資交流の促進。

　4　税制調査会（平成18年12月1日）「平成19年度の税制改正に関する答申―経済活性化を目指して―」Ⅱ　総合的な税制改革の流れの中での平成19年度改正　1．経済活性化に向けた速やかな対応(5)国際課税。

> 　移転価格税制は，国際的な取引が関連者間で行われる際に，取引相手国との協議を通じた調整を含め，両国における適切な課税を確保するための制度である。近年，企業活動の国際化の進展を背景に，課税件数・金額が増加しており，国際的な二重課税による企業負担の問題が指摘されている。本税制については，グローバルに活動する企業の予測可能性を一層高める環境を整備するため，適用基準の明確化を引き続き推進するとともに，<u>手続の改善や相互協議体制の強化を進めて事前確認制度の迅速化を図るべき</u>である。さらに移転価格税制の特質にかんがみ，<u>二国間の協議で合意が得られるまでの間，二重課税に伴う負担を軽減するため，納税を猶予する制度を導入</u>すべきである。

(5) 移転価格税制に係る手続の改善等（税制調査会（平成21年12月22日）「平成22年度税制改正大綱〜納税者主権の確立に向けて〜」）

　税制調査会（平成21年12月22日）「平成22年度税制改正大綱〜納税者主権の確立に向けて〜」では，以下のとおり，OECDにおける移転価格ガイドライン見直しの議論の動向を踏まえ，必要な方策を検討するとしている（下線は筆者）[5]。

> 　移転価格税制については，平成22年度税制改正において必要な改正を行う予定です。今後，<u>OECDにおける移転価格ガイドライン見直しの議論の動向</u>などを踏まえつつ，関連者の判定基準における実質的な判断や独立企業間価格の算定方式における<u>「幅（レンジ）」の概念のあり方</u>などについて検討を行うとともに，独立企業間価格の算定方式の適用優先順位の柔軟化や比較対象取引の候補となりうる取引が複数存在する場合等の選定のあり方の更なる明確化，シークレットコンパラブル（類似の取引を行う第三者から質問検査等により入手した比較対象取引についての情報）のあり方，執行体制の充実などによる事前確認の一層の迅速化など，必要な方策を検討します。

5　税制調査会（平成21年12月22日）「平成22年度税制改正大綱〜納税者主権の確立に向けて〜」第3章　各主要課題の改革の方向性　4．国際課税(2)改革の方向性．

(6) 所得相応性基準の導入に係る整理（税制調査会（平成22年11月9日）専門家委員会「国際課税に関する論点整理」）

① 無形資産の取扱いに係る問題提起

　所得相応性基準の導入については，税制調査会（平成22年11月9日）専門家委員会「国際課税に関する論点整理」において，無形資産の課税上の評価の扱いや独立企業間価格に基づく移転価格税制の強化により，どこまで国外所得移転に対応できるのかについて検討していくべきと整理されている（下線は筆者）[6]。

> 　平成21年度，22年度改正に続く次のステップとして，無形資産の課税上の評価の扱いや，独立企業間価格に基づく移転価格税制の強化によってどこまで国外所得移転に対応できるのか，外国子会社合算税制以外の課税の局面においても，アクティブな所得とパッシブな所得といった所得の分類に応じて課税の原則をそもそも変える方がよいのか，について今後検討していくべき。その際，海外進出企業の実態に基づき所得移転の状況を分析することは有益である。

　そして，国際的租税回避の防止に向けた今後の課題として，超過利益の源泉として無形資産の持つ意味が高まりつつある中で，事業再編等の際に無形資産の移転を通じて国際的な租税回避が行われるリスクが高まっていると指摘しており，国際的な租税回避の防止に向けた今後の課題として，無形資産の扱いについて多角的に論点の整理が行われる必要があるとしている（下線は筆者）[7]。

> 　国際的租税回避のリスクに対応するため，各国とも実体法と手続法の両面で対策を講じてきている中，我が国においては，実体法的対応として，外国子会社合算税制や移転価格税制などを制定し，手続法的対応として，国外送金等に係る調

　6　税制調査会（平成22年11月9日）専門家委員会「国際課税に関する論点整理」の「Ⅱ　国際課税に関する中長期的な課題　4．国際的租税回避の防止に向けた今後の課題。
　7　税制調査会（平成22年11月9日）専門家委員会「国際課税に関する論点整理」の「Ⅱ　国際課税に関する中長期的な課題　1．企業活動の国際化等を踏まえた国際課税のあり方［提起された論点等］（国際課税に関する平成21年度，22年度税制改正の評価等）。

第1節　所得相応性基準を背景とした価格調整措置に係る議論　　143

> 書の提出を義務付けるとともに，外国税務当局との情報交換を推進する等の制度整備を進めてきたところである。
> 　他方，近年の経済・資本取引のグローバル化の進展に伴い，特に先進国企業において超過収益の源泉として無形資産の持つ意味が高まりつつある中で，事業再編等の際に無形資産の移転を通じて国際的な租税回避が行われるリスクが高まっている。
> （中略）
> 　このような状況に鑑み，国際的な租税回避の防止に向けた今後の課題として，無形資産の扱い，徴収共助及び外国資産に関する報告制度等のあり方について多角的に論点の整理が行われる必要がある。

　その上で，無形資産の取扱いに係る議論として，今後，無形資産の範囲，及び無形資産の評価・課税の方法の観点からOECDにおいて議論が行われる予定であるとした上で，無形資産の移転に係る国際課税のあり方について中期的課題として検討していく必要があるとしている（下線は筆者）[8]。

> ○多国籍企業のグループが，リスク限定的販売会社や契約製造会社への転換などの形を利用した事業再編を通じて，税負担を軽減するタックス・プランニングが広く行われるようになってきている。OECDでは，このような事業再編の問題へ対応するため，移転価格税制の観点から，関連者間での機能やリスクの配分についての独立企業原則との関係が議論され，移転価格ガイドラインの第9章としてとりまとめられた。
> ○今回のOECD移転価格ガイドラインの改訂の中では，無形資産の扱いは見直されなかったが，今後，無形資産の範囲，及び無形資産の評価・課税の方法の観点からOECDにおいて議論が行われる予定である。
> ○多国籍企業グループが事業再編を通じて無形資産を軽課税国に移転することで税負担の軽減を図るタックス・プランニングの例が米国などで顕著となりつつある。我が国においても同様の問題が生じるリスクが高まっており，今後のOECDなどにおける国際的議論の進展や経済活動の実態なども見極めつつ，無形資産の移転に係る国際課税のあり方について中期的課題として検討していく必要がある。

8　税制調査会（平成22年11月9日）専門家委員会「国際課税に関する論点整理」の「II　国際課税に関する中長期的な課題　1．国際的租税回避の防止に向けた今後の課題　4-1　無形資産の取扱い（議論の概要）。

② 米国及びドイツで導入された「所得相応性基準」への批判

　提起された主な論点として，米国及びドイツで導入された「所得相応性基準」に係る評価がなされており，米国では，無形資産の移転後に当該無形資産から発生する実際の所得により無形資産の対価を評価する方法として，1986年に「所得相応性基準」が導入されたが，当時，我が国や欧州諸国等は当該基準に批判的であったと指摘し，ドイツでは，事業再編に伴い国外に「機能が移転」した場合に適用されるが，企業側からは，「機能の移転」という概念が漠然とし過ぎているという批判があり，ドイツ国内で十分な利益が上がらないために規模を縮小して国外に移転する場合でも，それを無形資産の移転の形で捉え，「退出税」を課することに対して批判があると指摘している（下線は筆者）[9]。

> ○米国の多国籍企業の中には，本社の機能や知的財産権を法人税率の低い国に設立した子会社に移した上，全世界における同社の特許権等の使用料がこの子会社に集まるようにすることで，米国の高い表面税率を免れ，その子会社から世界各地へ再投資するというタックス・プランニングを行い，グループ全体で多額の法人税負担を軽減する例が見られる。
> 　米国においては，無形資産の移転後に当該無形資産から発生する実際の所得により無形資産の対価を評価する方法として，1986年に「所得相応性基準」が導入されている。導入の当時，我が国や欧州諸国等は当該基準に批判的であったが，ドイツにおいては，2008年に税制抜本改革を行った際，法人税率の引下げとあわせて課税ベースを拡大するに当たって，事業再編による所得の国外流出に対する移転価格税制の強化のため「所得相応性基準」が導入された。事業再編により機能が国外に移転され，事業再編時の評価とその後の収益との間に差異が生じた場合には，移転後10年間は調整額を計算して申告することとされている。
> ○ドイツの「所得相応性基準」は事業再編に伴い国外に「機能が移転」した場合に適用されるが，企業側からは，「機能の移転」という概念が漠然とし過ぎているという批判がある。また，ドイツ国内で十分な利益が上がらないために規模を縮小して国外に移転する場合でも，それを無形資産の移転の形で捉え，「退

9　税制調査会（平成22年11月9日）専門家委員会「国際課税に関する論点整理」の「Ⅱ　国際課税に関する中長期的な課題　1．国際的租税回避の防止に向けた今後の課題　4-1　無形資産の取扱い［提起された主な論点等］（米国及びドイツで導入された「所得相応性基準」）。

出税」を課することに対して批判があるようである。

③ 所得相応性基準に係る評価

　所得相応性基準に係る評価としては，OECD移転価格ガイドラインにおいて，「所得相応性基準」に基づく移転価格の調整について後知恵を使用するものとして慎重な記述となっており，多くの加盟国の立場を反映していると指摘し，「所得相応性基準」は，いわば買い手側のキャッシュフローに基づき売り手に対して課税するものであり，論理的に無理があるのではないかとして，「所得相応性基準」の議論は，課税権の行使をどこまで広げるかの問題であると評価している。その上で，超過収益の源泉である無形資産を海外に移転させる企業に対して，どこまで移転価格税制で所得移転を防止できるのか。事後的に利益が大きく出たからといって，税務上，価格の設定し直しまでさせるのかと指摘し，所得相応性基準の導入に懐疑的な見方を示している[10]（下線は筆者）[11]。

> ○現在のOECD移転価格ガイドラインは，「所得相応性基準」に基づく移転価格の調整について，後知恵を使用するものとして慎重な記述となっているが，これは多くの加盟国の立場を反映しているとみられる。
> ○無形資産の時価評価は容易でない。独立企業者間であれば，買い手の見積もるキャッシュフローに基づく現在価値が，売り手のそれより高いからこそ無形資産が譲渡される。「所得相応性基準」は，いわば買い手側のキャッシュフローに基づき売り手に対して課税するものであり，論理的に無理があるのではないか。
> ○この点については，無形資産の売買価格に関し，売り手と買い手で各々異なる

10　岡田至康「評価困難な無形資産＝所得相応性基準について」21世紀政策研究所　研究プロジェクト「グローバル時代における新たな国際租税制度のあり方〜BEPSプロジェクトの重要積み残し案件の棚卸し検証〜」報告書（2018年6月）93頁では，我が国においても所得相応性基準について，懐疑的な見方が一般的であったと指摘している。

11　税制調査会（平成22年11月9日）専門家委員会「国際課税に関する論点整理」の「Ⅱ　国際課税に関する中長期的な課題　1．国際的租税回避の防止に向けた今後の課題　4-1　無形資産の取扱い［提起された主な論点等］（米国及びドイツで導入された「所得相応性基準」）。

> allowance（許容範囲）があるように，無形資産の取引価格についても，独立企業間価格で算定する際に，ピンポイントで一つに定めるのではなく，ある程度の幅を持って位置づけることが可能なはず。<u>「所得相応性基準」の議論は，課税権の行使をどこまで広げるかの問題である。</u>課税権を確保しつつ適正な経済活動も阻害しないよう，民主的なプロセスの中で妥当な制度を整備していくということではないか。
> ○<u>超過収益の源泉である無形資産を海外に移転させる企業に対して，どこまで移転価格税制で所得移転を防止できるのか。事後的に利益が大きく出たからといって，税務上，価格の設定し直しまでさせるのか。</u>そうであれば，無形資産の移転後に，逆に損失が生じた場合に，どう扱うのか。

④　我が国に対する示唆

　我が国については，米国流の事業再編を利用したタックス・プランニングを活用すべきという株主の圧力が強まってくる恐れや事業再編に伴う無形資産の移転に伴う所得移転のリスクが高まりつつあるとして，超過収益の源泉である無形資産を海外に移転させるような事業再編に対して課税のあり方を検討してはどうかとしているが，米国及びドイツには含み益のある資産を国外へ持ち出す際の「トールチャージ」（通行料）を課す制度があるが，我が国にはなく状況は異なると指摘している（下線は筆者）[12]。

> ○日本の大企業においても，今後，益々外国人の持ち株比率が高まっていく中で，<u>米国流の事業再編を利用したタックス・プランニングを活用すべきという株主の圧力が強まってくるおそれがあるが，</u>その前に，抜け穴があれば塞ぐ必要があるのではないか。
> ○我が国においても，インバウンド（対内投資）及びアウトバウンド（対外投資）の両面において，<u>事業再編に伴う無形資産の移転に伴う所得移転のリスクが高まりつつある。</u>例えば，我が国の企業についても，アジアなど低税率国に設立した統括会社などに経営ノウハウなど無形資産を移転することで，我が国の税負担を軽減するプランニングのリスクが高まってきている。今後，例えば，

---

[12] 税制調査会（平成22年11月9日）専門家委員会「国際課税に関する論点整理」の「Ⅱ　国際課税に関する中長期的な課題　1．国際的租税回避の防止に向けた今後の課題　4-1　無形資産の取扱い［提起された主な論点等］（我が国に対する示唆）。

我が国において，法人税率の引下げとあわせて課税ベースの拡大が検討される際などの機会を捉えて，OECDにおける今後の国際的な議論の進展や経済活動の実態なども見極めつつ，<u>超過収益の源泉である無形資産を海外に移転させるような事業再編に対して課税のあり方を検討してはどうか</u>。
○もともと米国には，<u>含み益がある資産を国外に持ち出すと，「トールチャージ」（通行料）を課す制度はあり</u>，ドイツにも同様の制度が存在する。そうした制度がある国では，「所得相応性基準」を導入しやすいかもしれないが，<u>それがない我が国などでは状況が異なる</u>。M&Aで含み益のある資産を外国に持ち出す場合については，現物出資の際に時価評価することになったので，部分的に手当てされたが，それでも不十分な面があるのではないか。
○国際課税に関しては，<u>移転価格の観点からきちんと見なければならないという面と，海外における健全な事業活動を適正に評価しなければならないという面</u>がある。両者のバランスを適切にとる必要がある。
○事業再編などの際の契約の変更等について適切な文書化を求めるなど，<u>無形資産に関して移転価格税制が執行できるための制度的なインフラに関する検討が必要となろう</u>。

(7) 無形資産の移転に係るOECDでの議論への参画（税制調査会（平成22年12月16日）「平成23年度税制改正大綱」）

　無形資産の移転価格国際課税のあり方については，OECDで議論が行われることとなっており，平成22年12月16日の税制調査会「平成23年度税制改正大綱」では，こうした国際的な議論に参画していく必要があるとしている（下線は筆者）[13]。

(1) 基本的な考え方
　国際課税については，国際的租税回避を防止して我が国の適切な課税権を確保すると同時に，投資交流の促進等により我が国経済を活性化する観点から，制度・執行の両面において対応する必要があります。
　近年の経済取引や企業活動のグローバル化に対応した国際課税の課題については，今般，税制調査会専門家委員会において「国際課税に関する論点整理」がとりまとめられました。

---

[13] 税制調査会（平成22年12月16日）「平成23年度税制改正大綱」の「第2章　各主要課題の平成23年度での取組み　8．国際課税」。

> この「論点整理」は，国際的経済活動を阻害しない形で，税収の適切な確保を目指す必要があるとの視点に立った上で，課題の提起を行っています。具体的には，
> (中略)
> ②国際的な事業再編等を通じた無形資産の移転に係る国際課税のあり方，
> (中略)
> などについて課題が提起されました。」
>
> (2) 今後の改革の方向性
> 今後，この「論点整理」で提起された点も参考にしつつ，
> (中略)
> また，②（無形資産の取扱い）の点については，今後OECDにおいて無形資産の移転に係る国際課税のあり方に関する議論が行われることから，当面は「論点整理」で示された点を参考にしつつ，こうした国際的な議論に参画していく必要があります。

(8) BEPSプロジェクトを踏まえた国際課税の見直し

① 税制調査会第4回国際課税ディスカッショングループ（平成26年4月24日）[BEPSプロジェクトを踏まえた我が国国際課税見直し][際D4-1]

国際課税ディスカッショングループにおいて，BEPSプロジェクトを踏まえた我が国の国際課税の見直しが提起され，移転価格税制の見直しの視点として，無形資産の移転等への課税のあり方の検討が示されている[14]。

> 移転価格税制の見直しの視点
> ○ OECDのBEPSプロジェクトの議論を踏まえつつ，以下の点を含め，移転価格税制の見直しを検討すべきではないか。
> ① 無形遺産の移転等への課税のあり方の検討（BEPS行動8）
> ・ BEPSプロジェクトにおいて，親子会社間等で特許等の無形資産を移転する

---

14 税制調査会第4回国際課税ディスカッショングループ（平成26年4月24日）[BEPSプロジェクトを踏まえた我が国国際課税見直し][際D4-1]

ことで生じるBEPSを防止するためのルールを策定する（移転価格ガイドラインの改訂）とともに，価格付けが困難な無形資産の移転に関する特別ルールを策定することとしている。
・ こうした議論を踏まえ，我が国においても，無形資産の移転等に係る課税のあり方について検討していく必要があるのではないか。

行動8　無形資産の移転価格ルールの策定
　無形資産に関し，定義，移転のタイミングの決定方法，独立企業間価格の算出方法等に関する国際基準を策定する。

行動8
　親子会社間等で，特許等の無形資産を移転することで生じるBEPSを防止するルールを策定する（移転価格ガイドラインの改訂）。また，価格付けが困難な無形資産の移転に関する特別ルールを策定する。

BEPSプロジェクトで検討されている対応策（例）
○　移転価格税制の対象となる無形資産の定義の明確化
⇒　「有形資産，金融資産でない資産であって，商業活動に使用するにあたり所有又は支配することができ，同様の状況の非関連者間取引において，その使用又は移転によって報酬が生ずるもの」と定義
○　無形資産の価格の算出方法について検討
⇒　信頼し得る比較対象が特定できない状況において，将来キャッシュフローの割引現在価値の計算を前提とした評価テクニック（DCF法）の使用について検討
⇒　評価困難な無形資産取引に関する特別ルールとして，実績に基づく事後的修正を行う「所得相応性基準」（注）等について，今後検討
　（注）　無形資産の移転後に当該無形資産から発生する実際の所得により無形資産の対価を評価する方法として，1986年に「所得相応性基準」を米国が導入。2008年にドイツも導入。

② 　第10回税制調査会（平成26年6月27日）「法人税の改革について」
　　［総10-1］
　法人税の改革と併せて検討すべき事項として，BEPSプロジェクトを踏まえた国際課税の見直しが提起され，改革の方向性として，無形資産の移転等への

課税のあり方の検討が進められており，幅広く見直しを進めていく必要があると指摘している（下線は筆者）[15]。

> (1) BEPS プロジェクトを踏まえた国際課税の見直し
> ① 現状
> 　近年，グローバル企業が税制の隙間や抜け穴を利用した節税対策により法人税等の負担軽減を図っていることにつき，国際的に批判が高まっている。こうした状況を是正し，実際に企業の経済活動が行われている場所での課税を十分に可能とするため，OECD は2012年6月より「BEPS（Base Erosion and Profit Shifting：税源浸食と利益移転）プロジェクト」を開始し，2013年7月に15項目からなる「BEPS 行動計画」を公表した。現在，OECD は BEPS 行動計画の各項目について検討を進めており，今後，新たに国際的な税制の調和を図る方策を順次勧告することとしている。
>
> ② 改革の方向性
> 　国際的な租税回避を防止し適正な課税を確保するため，わが国の国際課税制度についても，見直しを検討すべきである。外国子会社配当益金不算入制度は，外国子会社から受ける配当について，現地で損金算入される配当も制度の対象とされており，二重非課税の問題が生じている。BEPS プロジェクトにおいて，二重非課税が生じないように，配当益金不算入制度を採用している国は，損金算入配当を制度の対象外とするよう求められていることを踏まえ，損金算入配当を外国子会社配当益金不算入制度の対象外とすべきである。他にも BEPS プロジェクトでは，移転価格税制について，無形資産の移転等への課税のあり方や文書化の検討が進められている。また，外国子会社合算税制について，合算課税の対象となる資産性所得の範囲等について議論が行われている。こうした他の国際課税制度についても，BEPS プロジェクトの議論を踏まえつつ，幅広く見直しを進めていく必要がある。

15　第10回税制調査会（平成26年6月27日）「法人税の改革について」[総10-1]の「3　法人税の改革と併せて検討すべき事項」。

③ 税制調査会第6回国際課税ディスカッショングループ（平成27年10月23日）財務省説明資料［BEPSプロジェクトの最終報告について］資料［際D6-1総24-1］

BEPSプロジェクトの最終報告について，行動8無形資産取引に係る移転価格ルールに係る背景及び行動計画の概要，報告書の概要並びに今後の対応に関して説明している。

行動8　無形資産取引に係る移転価格ルール

（背景及び行動計画の概要）
・特許等の無形資産の譲渡は，比較可能な独立企業間取引が存在しないことが多く，適正な移転価格の算定が困難であることから，無形資産を用いたBEPSの機会に適切に対応する。

（報告書の概要）
○　次の3点に関するBEPSの防止について規定

① 広範かつ明確な無形資産の定義の採用
　無形資産について，「有形資産または金融資産でないもので，商業活動における使用目的で所有または管理することができ，比較可能な独立当事者間の取引ではその使用または移転に際して対価が支払われるような資産」と定義

② 無形資産の移転及び使用に関する利益の価値創造に沿った配分
・法的所有権のみでは必ずしも無形資産の使用からの収益の配分を受ける資格を有しない。無形資産の開発等（開発，改善，維持，保護，使用）に関する重要な機能を果たしている関連企業は，適切な対価の受領を期待することができる
・無形資産の開発等に関するリスクを引き受ける関連企業は，リスク・コントロール機能及びリスクを引き受ける財務能力を有することが必要
・資金を提供する関連企業が無形資産の利用に何の機能も果たしていない場合，資金提供者はリスク・フリー・リターンより多くを受領することができない（提供する資金に関する財務リスクのコントロールを行っていれば，その分は調整）
・評価手法（特にディスカウント・キャッシュ・フロー法（DCF法））が適切に利用できる場合のガイダンスの拡充

152　第4章　評価困難な無形資産取引に係る価格調整措置の導入における論点

> ③　評価困難な無形資産（Hard-To-Value Intangibles）に関する移転価格ルール（いわゆる所得相応性基準）の策定
>   取引時点で評価が困難な一定の無形資産については，予測便益（ex-ante）と実際の利益（ex-post）とが一定以上かい離した場合に，実現値に基づいて独立企業間価格を評価することが可能
>
> ○　費用分担取極め（Cost Contribution Arrangements）
>   同取極めに関するガイダンスのアップデート，同取極めを利用した無形資産の移転によるBEPSを防止
>
> （今後の対応）
> ・BEPS報告書における改定案にしたがって，OECD移転価格ガイドラインを改訂
> ・税制改正の要否，執行面での対応等について検討

特に，評価困難な無形資産に係る移転価格ルールの策定を取り上げ，その背景及び行動計画の概要，報告書の概要並びに今後の対応に関して説明している。

> 評価困難な無形資産に係る移転価格ルールの策定
>
> （背景及び行動計画の概要）
> ・特許等の無形資産のうち，比較可能な独立企業間取引が存在せず，将来生み出される収益について信頼できる予測がないような評価困難な無形資産（Hard-to-value intangibles）については，納税者と税務当局との間の情報の非対称性が課題
> ・取引時点で評価が困難な一定の無形資産に関するBEPSについて，特別の措置を検討する
>
> （報告書の概要）
> ○　評価困難な無形資産については，予測便益（ex-ante）と実際の利益（ex-post）とが一定以上かい離した場合に，税務当局が実現値に基づいて独立企業間価格を評価することを可能とすること（いわゆる所得相応性基準の導入）で対応

○ 納税者と税務当局との間に当該無形資産に関する情報の非対称性が深刻であり、実際の利益が明らかにならないと税務当局が移転価格評価を実行できないような場合、税務当局は、実際の利益に基づいて、納税者の予測に基づいた価格取極めを評価し、価格調整を行うことができる
○ 適用が免除される場合
(i) 納税者から、以下の(ア)及び(イ)が提供される場合
　(ア) 価格取極め・合理的に予測可能な出来事・その他のリスクの考慮を判断するために、無形資産の移転時に用いられた事前の予測、及び、その実現可能性についての詳細
　(イ) 財務上の予測と実際の結果の重大なかい離（significant difference）が、a）取引時点では関連者が予測することは不可能であった、価格決定後に生じた予見できない進展や出来事によるものであること、または、b）原因となった出来事が起きる確率についての、取引の時点での見込みが適切であったことについて、信頼に足る証拠
(ii) 無形資産の移転が、事前確認（APA）の対象である場合
(iii) (i)(イ)における財務上の予測と実際の結果について、いかなるかい離も取引時点の価格の20％以下である場合
(iv) 当該無形資産が非関連者収益を初めて生み出してから(iii)の要件を満たしたまま、5年間が経過した場合（それ以降の年度について適用免除）

【参考】　米・独における所得相応性基準の導入例
　所得相応性基準は、米国（1986年）、ドイツ（2007年）にそれぞれ導入されている。なお、今回の報告書の内容は米国の制度がベースとなっている部分が多い。
（今後の対応）
・評価困難な無形資産に係る措置のガイダンスを2016年に策定

④ 税制調査会第7回国際課税ディスカッショングループ（平成28年5月26日）財務省説明資料［「BEPSプロジェクト」を踏まえた国際課税の課題］［際D7-3］

［行動8-10］移転価格税制：「BEPSプロジェクト」の結論
○ 「BEPSプロジェクト」では、「価値が創造されたところで税金を払うべき」との原則を踏まえ、無形資産を中心に、「価値創造の場」と「所得が生じる場」とが一致するよう「移転価格ガイドライン」を整備することとなった。

行動8：無形資産取引に係る移転価格ルールの見直し
　「無形資産」は，その固有性により，「独立企業原則」の適用が困難であり，開発国（「価値創造の場」）から軽課税国への利益移転が行われている。これに対抗するため，
・将来のキャッシュフローの割引現在価値を現時点の無形資産の価値とみなす「DCF（Discounted Cash Flow）法」，
・実際に生じたキャッシュフローが当初の予測から大きくかい離した場合に，事後的に価格を調整できる<u>「所得相応性基準」</u>を勧告。

○　日本としては，特に，
・　<u>無形資産を用いたBEPSに対抗する「所得相応性基準」等の導入可能性についての検討</u>
　が必要。

⑤　第8回税制調査会（平成28年11月14日）「『BEPSプロジェクト』の勧告を踏まえた国際課税のあり方に関する論点整理（案）」［総8－5］

　知的財産の海外への移転については，日本で研究開発税制を含む政策資源を投入して知財開発を支援していることを踏まえ，2015年10月に公表された「BEPSプロジェクト」の勧告を踏まえた制度改革等を通じて，しっかりと対応していかなければならないとしている（下線は筆者）[16]。

1．今後の国際課税改革に当たっての基本的視点
　国際課税の諸制度は，企業を取り巻くグローバルな環境が大きく変化していく中にあって，日本企業の健全な海外展開や国際競争力を維持・強化しつつ，日本の適切な課税が確保できるよう不断に見直していかなければならない。特に，ビジネスモデルの変化や諸外国の国際課税改革の動きには留意する必要がある。
　近年，<u>企業のビジネスモデルは大きく変化している</u>。グローバル化や情報通信技術の進展を背景に多国籍企業の活動は複雑化の一途を辿っており，生産，雇用，販売，マーケティング等をグローバルなレベルで最適な国・地域に配分するよう

---

[16]　第8回税制調査会（平成28年11月14日）「『BEPSプロジェクト』の勧告を踏まえた国際課税のあり方に関する論点整理（案）」［総8－5］の「1．今後の国際課税改革に当たっての基本的視点」。

第1節　所得相応性基準を背景とした価格調整措置に係る議論　　155

になっている。また，知的財産等の可動性の高い無形資産が付加価値の中核を占める財・サービスが増え，企業経営に大きな影響を与えるようになっている。

このようなビジネスモデルの変化に伴い，グローバルな資本や資産の移動にも顕著な変化が確認できる。例えば，増加傾向にあるクロスボーダーの直接投資については，工場設立を通じた海外進出等の「グリーンフィールド」投資や実体のある企業のM&Aだけでなく，投資先国での活動を前提としない実体の伴わないペーパーカンパニー等への投資が増加してきている。また，知的財産の開発の場所と，知的財産からの収益が受領される場所が一致しない傾向も観察される。

国際課税制度をこのような企業行動の変化や国際資本移動の変容に適合させていくに際しては，健全な企業活動が阻害されないようにすることはもとより，一部の行き過ぎたタックス・プランニングを行っている企業に対して競争上不利になることも避けなければならない。

公平な競争条件をグローバルに整えるためには，国際的な協調が必要である。上記のような企業活動の変化に対し，各国政府が個々に自国の課税権を行使し続ければ，各国税制の差異や隙間を突いた租税回避行動を誘発してしまう。各国の税収に対するリスクを高めるこうした状況に効果的に対応していくためには，税制の隙間や抜け穴をふさぎ，国際課税ルールを再構築していく努力を各国が協調して継続していくことが欠かせない。このような問題意識の下で，多国間協調による国際課税ルールの再構築を通じて対応することを目指した「G20・OECD BEPS（Base Erosion and Profit Shifting：税源浸食・利益移転）プロジェクト」は，15の行動からなる最終報告書を2015年10月に提示した。「BEPSプロジェクト」参加国がパッケージとして実施にコミットした15の行動は，勧告の拘束力の観点からは，①各国の一致した対応が求められる「ミニマム・スタンダード」，②各国の慣行の統一を促進する「共通アプローチ」，及び③「ベスト・プラクティス」に基づくガイダンスの3つに分類される。また，15の行動を内容面から分類を試みれば，

①　課税利益認識の場と，経済活動・価値創造の場を一致させる「実態性（substance）」，
②　各国政府・グローバル企業の活動に関する「透明性（transparency）」，及び，
③　租税紛争の効果的解決と合意事項の一貫した実施（consistency）による「予測可能性」，

の3つの柱のもとで整理される。今後日本の国際課税制度の改革を進めていく上では，その取りまとめに当たり日本が主導的役割を果たしてきた「BEPSプロジェクト」の最終報告書で示された内容を，十分に踏まえていく必要がある。例えば，知的財産の海外への移転については，日本で研究開発税制を含む政策資源

を投入して知財開発を支援していることを踏まえれば，「BEPS プロジェクト」の勧告も踏まえた制度改革等を通じて，しっかりと対応していかなければならない。また「BEPS プロジェクト」の合意事項を日本が着実に実施することに加え，引き続き主導的役割を果たしながら他の国・地域による一貫した実施も促し，租税回避防止に向けたグローバルな取組みの実効性を向上させていくことも重要である。

　その上で，個別の制度設計に当たっての留意点として，「BEPS プロジェクト」勧告のポイントを示した上で，今後，日本の移転価格税制の見直しを検討することが必要であるとしている（下線は筆者)[17]。

---

(3)　移転価格税制の見直し（「BEPS プロジェクト」勧告のポイント）
　「BEPS プロジェクト」では，主として，関連者間の無形資産の移転により生じる租税回避に対し適切に対応することを目的として議論が行われた。その際，比較対象となる取引に基づく客観的価格付けが困難という無形資産の性質，及び関連者間取引における契約や取引条件の恣意的操作のしやすさ等に留意しつつ，(1)無形資産移転時の価格設定，(2)無形資産移転後に得られる使用料の価格設定について，検討が進められ，以下の方法が提示された。

■無形資産移転時の価格設定
・無形資産の価格算出に必要な信頼し得る比較対象が特定できない場合，ビジネスにおける事業計画策定等に幅広く採用されている「ディスカウンティド・キャッシュフロー（DCF）法」を活用する。
・取引時点で評価が困難な無形資産については，「予測便益」と「実際の利益」とが一定以上乖離し，納税者が予測の合理性を示せない場合に，発生した「実際の利益」に関する情報を使って移転時の独立企業間価格を事後的に再計算する「所得相応性基準」を採用する。
■無形資産移転後に得られる使用料の価格設定

17　第8回税制調査会（平成28年11月14日）「『BEPS プロジェクト』の勧告を踏まえた国際課税のあり方に関する論点整理（案）」［総8－5］の「2．個別の制度設計に当たっての留意点」。
　平成29年度与党税制改正大綱［補論］今後の国際課税のあり方についての基本的考え方（骨子）においても，「(2)　今後の取組み・中長期的に取り組むべき事項　○移転価格税制」において，知的財産等の無形資産を，税負担を軽減する目的で海外へ移転する行為等に対応すべく，「BEPS プロジェクト」で勧告された「所得相応性基準」の導入を含め，必要な見直しを検討するとしている。

第1節 所得相応性基準を背景とした価格調整措置に係る議論　157

・外国子会社は，無形資産の法的所有（legal ownership）のみによっては所得配分を受けられないものとする。
・外国子会社は，資産の開発や改善等に必要な資金の提供以外は何らの貢献もしておらず，リスクもとっていない場合には，その資金を国債に投資した場合に得られる程度のリターンのみしか受領できないものとする。

「ベストプラクティス」として示された上記「BEPSプロジェクト」最終報告書の内容，及び今後改訂される「OECD移転価格ガイドライン」を踏まえて，今後，日本の「移転価格税制」見直しを検討することが必要である。

⑥　第14回税制調査会（平成29年11月1日）財務省説明資料（国際課税について）［総14-1］

第14回税制調査会（平成29年11月1日）財務省説明資料（国際課税について）［総14-1］では，（参考）中期的に取り組むべき事項として無形資産取引に対する移転価格税制の適用困難性を取り上げている（下線は筆者）[18]。

○日本におけるクロスボーダー知財使用料収支は，平成15年以降受取超過に転じ，ネットの受領額は2.1兆円に上る（2016年）など，日本経済における知的財産をはじめとして無形資産の重要性は年々高まっており，それに伴って国際課税の側面においてもその重要性が高まっている。
○移転価格税制は，関連者間取引を通じて国外に所得が移転している場合に，独立の企業間において取引条件その他の事業が同一又は類似の状況の下で取引が行われたとした場合に成立するであろう対価の額（独立企業間価格）で所得を計算するものであるが，無形資産に関しては，その独自性等により，
① そもそも無形資産に係る権利の移転があったか否かの判断が難しいケースがある。
② 外部に比較可能な取引を見出すことが困難なケースが多い。
③ 取引当事者の有する情報に依存せざるを得ず，税務当局と納税者の間の情報の非対称性が存在する。
といった難しさがある。

18　第14回税制調査会（平成29年11月1日）財務省説明資料（国際課税について）［総14-1］の（参考資料）中長期的に取り組むべき事項　無形資産取引と移転価格税制。

その上で，BEPS 行動 8 における無形資産取引に係る移転価格ルールの勧告を紹介している（下線は筆者）[19]。

（背景及び行動計画の概要）
・特許等の無形資産の譲渡は，比較可能な独立企業間取引が存在しないことが多く，適正な移転価格の算定が困難であることから，無形資産を用いた BEPS の機会に適切に対応する。

（報告書の概要）
○次の３点に関する BEPS の防止について規定

① <u>広範かつ明確な無形資産の定義の採用</u>
　無形資産について，「有形資産または金融資産でないもので，商業活動における使用目的で所有または管理することができ，比較可能な独立当事者間の取引ではその使用または移転に際して対価が支払われるような資産」と定義

② <u>無形資産の移転及び使用に関する利益の価値創造に沿った配分</u>
● 法的所有権のみでは必ずしも無形資産の使用からの収益の配分を受ける資格を有しない。無形資産の開発等（開発，改善，維持，保護，使用）に関する重要な機能を果たしている関連企業は，適切な対価の受領を期待することができる
● 評価手法（特にディスカウント・キャッシュ・フロー法（DCF 法））が適切に利用できる場合のガイダンスの拡充

③ <u>評価困難な無形資産（Hard-To-Value Intangibles）に関する移転価格ルール（いわゆる所得相応性基準）の策定</u>
　取引時点で評価が困難な一定の無形資産については，予測便益（ex-ante）と実際の利益（ex-post）とが一定以上かい離した場合に，実現値に基づいて独立企業間価格を評価することが可能

○<u>費用分担取極め（Cost Contribution Arrangements）</u>
　同取極めに関するガイダンスのアップデート，同取極めを利用した無形資産の移転による BEPS を防止

---

[19] 第14回税制調査会（平成29年11月１日）財務省説明資料（国際課税について）［総14-１］の（参考資料）中長期的に取り組むべき事項［BEPS 行動 8］無形資産取引に係る移転価格ルール。

第1節　所得相応性基準を背景とした価格調整措置に係る議論　　159

　特に，評価困難な無形資産への対応については，所得相応性基準に係る行動計画と報告書の概要を詳細に説明している（下線は筆者）[20]。

（背景及び行動計画の概要）
- 特許等の無形資産のうち，比較可能な独立企業間取引が存在せず，将来生み出される収益について信頼できる予測がないような評価困難な無形資産（Hard-to-value intangibles）については，<u>納税者と税務当局との間の情報の非対称性が課題</u>
- 取引時点で評価が困難な一定の無形資産に関するBEPSについて，<u>特別の措置を検討する</u>

（報告書の概要）
○ <u>評価困難な無形資産については，</u>予測便益（ex-ante）と実際の利益（ex-post）とが一定以上かい離した場合に，<u>税務当局が実現値に基づいて独立企業間価格を評価することを可能とすること（いわゆる所得相応性基準の導入）</u>で対応

○ 納税者と税務当局との間に当該無形資産に関する情報の非対称性が深刻であり，実際の利益が明らかにならないと税務当局が移転価格評価を実行できないような場合，<u>税務当局は，実際の利益に基づいて，</u>納税者の<u>予測に基づいた価格取極めを評価し，価格調整を行うことができる</u>

○ 適用が免除される場合
(i) 納税者から，以下の(ア)及び(イ)が提供される場合
　(ア)　価格取極め・合理的に予測可能な出来事・その他のリスクの考慮を判断するために，無形資産の移転時に用いられた事前の予測，及び，その実現可能性についての詳細
　(イ)　財務上の予測と実際の結果の重大なかい離（significant difference）が，
　　　a). 取引時点では関連者が予測することは不可能であった，価格決定後に生じた予見できない進展や出来事によるものであること，または，b). 原因となった出来事が起きる確率についての，取引の時点での見込みが適切であったことについて，信頼に足る証拠
(ii) 無形資産の移転が，事前確認（APA）の対象である場合
(iii) (i)(イ)における財務上の予測と実際の結果について，いかなるかい離も取引時

---

[20]　第14回税制調査会（平成29年11月1日）財務省説明資料（国際課税について）［総14-1］の（参考資料）中長期的に取り組むべき事項［BEPS行動8］評価困難な無形資産への対応（いわゆる所得相応性基準）。

点の価格の20％以下である場合
(iv) 当該無形資産が非関連者収益を初めて生み出してから5年間，財務上の予測と実際の結果のかい離が，予測の20％を超えない場合（それ以降の年度について適用免除）

【参考】 米・独及び英における所得相応性基準の導入例
所得相応性基準は，米国（1986年），ドイツ（2007年）にそれぞれ導入されており，今回の報告書の内容は米国の制度がベースとなっている部分が多い。なお，英国は2016年より，BEPS行動8-10の成果を移転価格税制に反映させ，所得相応性基準を受け入れている。

⑦ 第20回税制調査会（平成30年11月7日）財務省説明資料（国際課税について）［総20-2］

第20回税制調査会（平成30年11月7日）財務省説明資料（国際課税について）［総20-2］では，国際課税の課題として移転価格税制を取り上げ，BEPS行動8のポイントを説明している（下線は筆者）[21]。

BEPS勧告① DCFによる価格算定

（課題） 無形資産はその独自性により比較対象取引を特定することが難しく，適切な移転価格の算定が困難な場合が多い。

（対応策） 比較対象取引が特定できない場合，無形資産の使用から得られる予測キャッシュフロー等の割引現在価値を用いた評価テクニック（ディスカウンティド・キャッシュフロー法：DCF法）により移転価格を算定。」

BEPS勧告② HTVIアプローチ

（課題） 税務当局は，納税者との情報の非対称性により，移転価格の適切性の検証に関して困難を伴う場合が多い。

---

21 第20回税制調査会（平成30年11月7日）財務省説明資料（国際課税について）［総20-2］のBEPS行動8のポイント。

> (対応策) 一定の評価困難な無形資産（Hard-To-Value Intangibles：HTVI）取引に関し，当初の価格算定に用いた予測と結果が大きく乖離した場合，税務当局は価格が適切に算定されていなかったと推定し，<u>事後の結果を勘案して価格を再評価</u>（HTVIアプローチ）。

また，BEPS最終報告書・移転価格ガイドラインと日本の現行移転価格税制を比較し，移転価格算定方法の整備としてDCF法を詳細に説明している（下線は筆者）[22]。

> 〈BEPS最終報告書・移転価格ガイドライン〉
>
> ● 移転価格ガイドラインでは，従来から，<u>5つの基本的な移転価格算定方法によることが不適切又は困難な場合に，独立企業原則を充足する範囲において「その他の方法」を用いることを容認</u>。
> ● 無形資産取引について，その独自性により，比較対象取引を見出すことが容易でないことから，BEPSプロジェクトでは，<u>信頼し得る比較対象取引が把握できない場合，DCF法（注）</u>が有用となり得るとして，DCF法に関する記載を拡充，移転価格ガイドラインに反映。
> （注） ディスカウンティド・キャッシュフロー法。無形資産の使用から得られる予測キャッシュフロー等の割引現在価値を用いた評価テクニック。
> ※上記の見直しは，既存の各移転価格算定方法が最適法となる範囲を変更するものではない。
>
> 〈日本の現行移転価格税制〉
>
> ● 我が国の移転価格税制は，昭和61年の制度創設以降，OECDの移転価格ガイドラインに概ね則した制度整備を進めてきたところ。
> ● 他方，<u>DCF法については，法令上の取扱いが明らかではなく</u>，通達等の整備も行われていないことから，<u>納税者・税務当局双方にとって，不確実性が高い状況</u>。
> ※現時点においては，無形資産取引一般にDCF法が広く用いられている状況は認められないが，納税者がDCF法を用いて無形資産譲渡対価を算定している事案は一定数存在。

---

22 第20回税制調査会（平成30年11月7日）財務省説明資料（国際課税について）[総20-2] のBEPS行動8：移転価格算定方法の整備（DCF法）。

第4章　評価困難な無形資産取引に係る価格調整措置の導入における論点

さらに，評価困難な無形資産（Hard-To-Value Intangibles：HTVI）への対応として，問題意識及び対応策を提示している（下線は筆者）[23]。

〈BEPSプロジェクトにおけるHTVIへの問題意識及び対応策〉

● <u>無形資産取引に係る価格設定の適切性の検証に関しては，納税者は広範な情報を有しているのに対し，税務当局は納税者が提供する情報に依存せざるを得ないという情報の非対称性が課題</u>。
● そのため，一定の評価困難な無形資産（HTVI）取引については，価格算定に用いた予測と結果が大きく乖離した場合，当初の移転価格が適切に算定されていなかったと推定し，税務当局が事後の結果を勘案して当初の移転価格算定を評価することを認める<u>「評価困難な無形資産アプローチ」（HTVIアプローチ）の導入を勧告</u>。

〈HTVIアプローチの適用対象等〉

● HTVIアプローチの適用対象は，取引時点において<u>①信頼できる比較対象取引が存在せず，②移転された無形資産から生じる将来キャッシュフロー等についての予測や評価の前提が非常に不確かな無形資産取引</u>。
● 但し，<u>当初の価格算定に用いた予測と事後の結果の乖離が取引時点で予見不可能な事象によるものであることを納税者が証明した場合など一定の適用免除要件を満たす場合には，HTVIアプローチは適用しない</u>。

参考①：HTVIアプローチに係る補足ガイダンス（2018年6月公表）の指摘

○ 税務当局は，更正期間制限等によりHTVIアプローチの適用に関し困難に直面する場合がある。本ガイダンスは，その対策の一案として各国が<u>HTVI取引の早期把握のための報告義務の導入や更正期間制限の延長等の措置を検討することを妨げない</u>。

参考②：国際的な動向

○ HTVIアプローチは2017年7月の改訂でOECDの移転価格ガイドラインに反映済。<u>BEPSプロジェクト以前から類似の事後的調整制度を導入済の米・独に加え，現在，HTVIアプローチは英・蘭・豪・ニュージーランド等において適</u>

---

[23] 第20回税制調査会（平成30年11月7日）財務省説明資料（国際課税について）［総20-2］のBEPS行動8：評価困難な無形資産（Hard-To-Value Intangibles：HTVI）への対応。

> 用可能となっている。

　なお，参考として，評価困難な無形資産（HTVI）アプローチに係る移転価格ガイドライン等の関連規定として，HTVIアプローチの適用要件・適用除外要件及び補足ガイダンスの指摘を示している（下線は筆者）[24]。

〈HTVIアプローチの適用要件〉
- 評価困難な無形資産（HTVI）は，関連者間での取引時点における次の無形資産を対象とする。［パラ6.189］
・信頼できる比較対象取引が存在しない，かつ，
・取引開始時点において，移転された無形資産から生じる将来のキャッシュ・フロー若しくは収益についての予測，又は無形資産の評価で使用した前提が非常に不確かで，移転時点で当該無形資産の最終的な成功の水準に係る予測が難しいもの。

〈HTVIアプローチの適用免除要件〉

- 上記に当てはまるHTVIの譲渡又は使用に関する取引について，以下の適用免除規定のうち一つでも当てはまる場合には，この措置は適用されない。［パラ6.193］

(1) 納税者が次の証拠を提出する場合
① 価格設定のためにどのようにリスクを計算したか（例えば可能性のウェイト付），合理的に予見可能な事象又は他のリスク及びその発生の可能性に関する検討の適切性を含む，価格設定取決めを決定するために，移転時点で使用された事前の予測の詳細，及び
② 財務上の予測と実際の結果の大きな乖離が，(a)価格設定後に生じた予見不可能な進展又は事象であって，取引時点では関連者が予想することはできなかったもの，又は，(b)予見可能な結果の発生可能性が実現し，その可能性が取引時点で著しく過大評価でも過少評価でもなかったことによるものであるという信頼性のある証拠

(2) 当該HTVIの移転に係る関連者間取引が，二国間又は多国間のAPAによっ

24　第20回税制調査会（平成30年11月7日）財務省説明資料（国際課税について）［総20-2］のBEPS行動8：評価困難な無形資産（Hard-To-Value Intangibles：HTVI）への対応。

てカバーされている場合

(3) 取引時点における財務上の予測と実際の結果の大きな乖離が，当該 HTVI の対価を，取引時点で設定した対価の20％を超えて減少又は増加させる効果を持たない場合

(4) 取引時点における財務上の予測と実際の結果の大きな乖離が，予測の20％を超えず，当該 HTVI に係る第三者からの収入が初めて生み出された年から5年の商業期間が経過した場合

〈HTVI アプローチに係る補足ガイダンスの指摘〉

- HTVI アプローチの性質上，必然的に，タイミングの問題についてある程度考慮する必要がある。…この問題は…長期のインキュベーション期間（すなわち，移転後の期間，及び無形資産が商業的に利用可能となり，収益が発生し得る前の期間）を有する無形資産に関する取引において，HTVI アプローチに基づく調整が適切である場合に一層深刻となる（パラグラフ6.190参照）。[補足ガイダンスパラ11]
- …一部の国では，HTVI アプローチを適用する際，例えば，短い監査サイクル又は短い出訴期限のために，困難に直面する場合がある。本ガイダンスは，そうした困難の克服を目的とした法律の採用を各国に要求はしていないが，各国が手続き又は法律に対する特定の変更（HTVI の定義に当てはまる無形資産の移転若しくはライセンスを迅速に知らせるための要件の導入，又は通常の出訴期限法の修正等）を検討することを妨げるものではない。[補足ガイダンスパラ15]

第2節　移転価格税制上の対象となる無形資産の明確化

1．無形資産の定義

　今回の移転価格税制の見直しでは，対象となる無形資産の明確化として，以下の定義を採用した。

　「移転価格税制の対象となる無形資産は，法人が有する資産のうち，有形資産及び金融資産（現金，預貯金，有価証券等）以外の資産で，独立の事業者の間で通常の取引の条件に従って譲渡・貸付等が行われるとした場合に対価の支払が行われるべきものする。」

　第3章第2節3で指摘したように，BEPS最終報告書により改訂された新OECD移転価格ガイドラインでは，無形資産の定義としてではなく，無形資産の特定を行うための用語の意味として説明しており，「本ガイドラインにおいて，『無形資産』という用語は，有形資産や金融資産ではなく，商業活動で使用するに当たり所有又は支配することができ，比較可能な状況での非関連者間取引においては，その使用又は移転によって対価が生じるものを指すことを意図している。無形資産が関わる事案について移転価格分析を行う主目的は，会計又は法的な定義に焦点を当てることではなく，比較可能な取引において独立企業間が合意するであろう条件を決定することであるべきである。」とし，無形資産の限定列挙を行わず，超過利益の移転に対して定義の隙間を作らずに包括的に対応する立場が採られている[25]。

　有形資産と金融資産の補集合として無形資産を包括的に定義する考え方は，帰属不明な超過利益が存在する場合には，全て無形資産に帰属する利益であるとして，包括的に否認できることを意味しており，BEPSへの対抗措置として，

---

[25] 新OECD移転価格ガイドライン・パラグラフ6.6。

研究開発された無形資産だけでなく，事業再編等によりICT等を活用した新しいビジネスモデル構築等で創造された価値等の含み益についても，移転価格税制の対象として取り込むことを意味しており，これまでの独立企業原則に基づく移転価格税制の適用範囲を拡大するものと考えられる。

これまで我が国では，移転価格税制上の対象となる無形資産の定義として，法人税法施行令第183条第3項第1号を参照して以下のとおり限定的に列挙していた（租税特別措置法関係通達（法人税編）66の4(3)-3（注）1）。

① 工業所有権その他の技術に関する権利，特別の技術による生産方式又はこれらに準ずるもの
② 著作権（出版権及び著作隣接権その他これに準ずるものと含む。）
③ 法人税法施行令第13条第8号イからソまで（減価償却資産の範囲）に掲げる無形固定資産
　　イ：鉱業権（租鉱権及び採石権その他土石を採掘し又は採取する権利を含む。）
　　ロ：漁業権（入漁権を含む。）
　　ハ：ダム使用権
　　ニ：水利権
　　ホ：特許権
　　ヘ：実用新案権
　　ト：意匠権
　　チ：商標権
　　リ：ソフトウエア
　　ヌ：育成者権
　　ル：公共施設等運営権
　　ヲ：営業権
　　ワ：専用側線利用権

カ：鉄道軌道連絡通行施設利用権
ヨ：電気ガス供給施設利用権
タ：水道施設利用権
レ：工業用水道施設利用権
ソ：電気通信施設利用権
④ 顧客リスト，販売網等の重要な価値のあるもの

本改正では，本定義について見直しが図られるものと考えられる。

また，新OECD移転価格ガイドラインでは，無形資産について包括的な定義を採用しているが，無形資産の特定において，詳細な機能分析等を行うことにより，DEMPEに関連した経済的に重要なリスクを特定することを求め[26]，課税処分のための要件を厳格化している。これは，現行のOECD移転価格ガイドラインにおいて，無形資産の定義を厳格化することにより，課税処分のための要件を入口で狭めるのと対照的に，無形資産について包括的な定義を採用した上で，詳細な機能分析等により課税処分のための要件を出口で狭めているものと考えられる。

しかし，これにより，税務当局にとっては，詳細な機能分析等を行う場面において，事実認定等での裁量の余地が広がる可能性があるものと考えられる。

他方，納税者にとっては，どのような超過利益の源泉が無形資産として認定されるかについての透明性や予測可能性が低下する恐れがあるものと考えられる。

無形資産取引に係る移転価格ルールの見直しでは，「無形資産」は，その固有性により，「独立企業原則」の適用が困難であり，開発国（「価値創造の場」）から軽課税国への利益移転が行われていると分析していることから，税務当局にとっては，無形資産取引への課税のための間口が広がったと解することができる。他方，納税者にとっては，各国の税務当局から詳細な機能分析等を求められ，二重課税となってしまう可能性が高まったものと考えられる。

---

26 新OECD移転価格ガイドライン・パラグラフ6.34。

どのような超過利益を無形資産として特定するのか，詳細な機能分析等の場面で裁量の余地をどのように狭めていくのか，無形資産による収益源泉の関連者への帰属をどのように決定していくのか，等について整理していく必要があるものと考えられる。

2．我が国での導入における論点

BEPS で問題とされたビジネスモデルでは，製造，販売及び研究開発を行う拠点の国際的再編により，超過利益を創出するバリュー・ドライバーの国外への移転が行われていたが，超過利益の源泉となるバリュー・ドライバーについては，無形資産によるものと明確に特定できなければ課税が困難であったため，これまでは課税処分が行われず放置されてきたものと考えられる。

BEPS 最終報告書では，包括的な無形資産の定義を採用することにより，バリュー・ドライバーの国外移転を課税対象とすることが可能となっている。

しかし，課税処分のための要件としての詳細な機能分析等において，超過利益の源泉としてのバリュー・ドライバーをどのように切り出していくかについては，依然として困難な状況にあると考えられる。

価値創造と移転価格の一致を実現していくためには，バリュー・ドライバーの属性をどのように切り出して評価していくのかについて，その方法を明確にしていくことが課題になっているものと考えられる。

また，無形資産に係る包括的定義の採用は，機能分析が事実認定に依存する要素が多いことから，調査段階では，税務当局による裁量の余地が残るものと考えられる。

その点については，米国では，第3章第1節4の利益比準法による検証において指摘したように，結果の合理性から独立企業基準と整合的であるか，内国歳入庁長官の配分が，恣意的で整合性がなく不合理なもの（arbitrary, capricious, or unreasonable）であったことを示す責任を果たしたかが問題となっており，我が国においても税務当局の裁量に歯止めをするルールが必要になってくるものと考えられる。

第3節　独立企業間価格の算定方法の整備

1．DCF法の追加

今回の移転価格税制の見直しでは、独立企業間価格の算定方法として、以下のとおりディスカウント・キャッシュ・フロー法（DCF法）を追加した。

「独立企業間価格の算定方法（以下「価格算定方法」という。）として、OECD移転価格ガイドラインにおいて比較対象取引が特定できない無形資産取引等に対する価格算定方法として有用性が認められているディスカウント・キャッシュ・フロー法（DCF法）を加える。

これに伴い、独立企業間価格を算定するために必要と認められる書類の提出等がない場合の推定課税における価格算定方法に、国税当局の当該職員が国外関連取引の時に知り得る状態にあった情報を基にしてDCF法により算定した金額を独立企業間価格とする方法を加える。」

2．潜在的利益の再配分

DCF法については、比較対象取引が特定できない無形資産取引等に対する価格算定方法として有用性が認められているが、特に、事業再編による無形資産の移転が行われる場合での使用が想定されている。

仮に、無形資産の移転を行った当事者が事業を継続しているのであれば、税務当局は、無形資産の使用許諾を認定しロイヤルティを通じて潜在的利益の再配分を継続して行っていくことが可能と考えられる。

しかし、事業再編により無形資産の移転を行った当事者が事業を継続しない可能性のあるコーポレート・インバージョン等の事例では、無形資産の使用許諾を認定しロイヤルティを通じて潜在的利益の再配分を継続して行っていくことは、取引当事者が存在しないことにより不可能になると考えられる。

そのため，税務当局としては，無形資産が移転した時点で，潜在的利益の再配分を一括して行っていくために，移転の対価に係る独立企業間価格の検証を一回で行っていかなければならず，事業再編による無形資産の移転では，DCF法による独立企業間価格の検証がより必要になってくるものと考えられる。

ただし，事業上の取決め変更により潜在的利益が減少したとしても，常に独立企業が対価を収受するとは限らないことから，独立企業原則の下では，メンバーの潜在的利益が減少したとしても，常に対価を求めることにはならない。何らかの価値あるもの（資産又は継続事業等）を譲渡し，既存の取決めの終了や実質的な再交渉により，比較可能な独立企業間であれば補償要因となる場合に，対価の収受が行われるべきであると整理しているのである[27]。

事業再編により，本格的な製造業者から受託製造業者へ変更される場合，コストプラスによる対価が，再編後の受託製造事業の独立企業間価格になると考えられるが，本格的な製造業者がリスクのある潜在的利益を放棄する結果となる取決めの変更については，当事者の権利その他の資産に加え経済的に関連する特徴を全て考慮して，独立企業間での補償対価の算定が行われることになる。本格的な販売業者から低リスクの販売業者への変更も同様であり，コストプラスによる安定的な利益が見込まれるが，リスクを伴う潜在的超過収益は国外関連者に帰属することになるため，独立企業原則では，当事者の権利，本格的な販売業者と低リスクの販売業者双方の潜在的利益，新規取決めの存続予定期間等により対価が異なることになる。特に，潜在的利益の評価においては，収益

---

27 新OECD移転価格ガイドライン・パラグラフ9.39。パラグラフ9.40では，「潜在的収益」は「将来期待収益」を意味しており，損失を含む概念として使用している。「潜在的収益」の概念は，無形資産や継続事業の移転に対する独立企業間価格，又は既存の取決めの終了や実質的な再交渉に係る独立企業間補償の決定において評価のために使用されると説明している。また，パラグラフ9.41では，事業再編の文脈において，潜在的収益は，単に，再編前取決めが永久に継続したならば発生したであろう収益や損失と解釈されるべきではないとしている。仮にメンバーが再編時点で認識できる権利又は他の資産を有しない場合には，当該メンバーは補償される潜在的収益を稼得できないし，再編時点で重要な権利又は他の資産を有するメンバーには，相当程度の潜在的収益があり，当該潜在的収益の犠牲を正当化するために最終的には適切な対価が支払われる必要があるとしている。

の実績が将来の潜在的利益の指標となるかが問題となり，仮に収益の実績が潜在的利益の指標とならない場合には，再編前後に事業環境の変化があったか評価することにより解決する必要があると考えられている[28]。

3．何らかの価値のあるもの（資産又は継続事業等）の譲渡

移転価格税制の対象となる無形資産の明確化において，移転価格税制上の無形資産について，有形資産及び金融資産以外の資産で，独立の事業者の間で通常の取引の条件に従って譲渡・貸付等が行われるとした場合に対価の支払が行われるべきものとして，我が国においても無形資産の包括的定義を採用することとなった。そのため，DCF法により独立企業間価格の算定が想定される無形資産については，事業再編の移転価格に係る側面からの検討が参考になると考えられる。第3章第2節3(1)②で指摘したように，事業再編を構成する取引を正確に描写していくためには，再編前後の関係当事者の経済的に重要な活動及び責任，使用資産，引き受けるリスクを特定するための機能分析が求められており，特に，再編前後の当事者の実際の行動，当事者が資産を使用する能力，当該資産の種類・性質に着目する必要がある[29]。

以下では，事業再編の移転価格に係る側面において取り上げられている何らかの価値のあるものとして，無形資産と事業譲渡に係る議論を確認していきたい。

(1) 無形資産に係る議論

事業再編における無形資産や無形資産に係る権利の移転は，その特定と評価において困難な問題を生じさせるが，特に，無形資産の特定では，全ての価値ある無形資産が法的に保護され登録されているわけではなく，全ての価値ある無形資産が認識され，会計上記録されているわけではないために困難になると考えられている。事業再編における移転価格の側面に係る分析の本質では，移

28　新OECD移転価格ガイドライン・パラグラフ9.44～パラグラフ9.46。
29　OECD移転価格ガイドライン・パラグラフ9.18。

転された無形資産や権利の特徴を具体的に特定することが重要であり，非関連者であればその譲渡に対価性があったか，独立企業間の価値がどのようなものであるかが問題となる。

　DCF法による現在価値評価を行う対象となる無形資産をどのように特定していくかについても，価値ある無形資産が全て法的に保護され登録されているわけではないことから，無形資産の認識や会計上の記録もない場合には，特定が困難となることが想定されている。

　例えば，譲渡対象となる価値ある無形資産としては，特許，商標，商号，デザイン，モデル等の産業上の資産を使用する権利，文学上，芸術上又は科学上の著作物の著作権（ソフトウェアを含む），ノウハウや企業秘密等の知的財産に加え，顧客リスト，販売網，ユニークな名称，記号又は図画等が考えられる。事業再編により無形資産が譲渡される場合には，移転された無形資産や権利の特徴を具体的に特定し，非関連者であればその譲渡に対価性があったか，独立企業間の価値がどのようなものになるか検証していくことが求められているのである[30]。

　無形資産や権利の譲渡に係る独立企業間価格の算定に影響を与える要素としては，無形資産の利用から得られる期待収益の額・存続期間・リスク，無形資産に係る権利の性質及びこれに付随する制限（使用・利用方法の制限，地理的な制限，時間的な制限），法的保護の範囲・残存期間，当該権利に付随する排他的条項等も含まれることになる[31]。

　例えば，事業再編では，無形資産の法的所有権等の権利を知的財産管理会社のような中央の拠点に集約化し，無形資産を知的財産管理会社へ譲渡した企業は，受託製造契約やリスク限定販売契約により，無形資産を継続して使用することがある。このような場合には，無形資産の法的所有権に，無形資産の使用収益を稼得する権利が最終的に付与されず，無形資産のDEMPEに係る機能

---

[30] 新OECD移転価格ガイドライン・パラグラフ9.55。
[31] 新OECD移転価格ガイドライン・パラグラフ9.56。DCF法による現在価値評価を行う場合には，独立企業間価格の算定において上記要素についての差異調整も求められる可能性があるものと考えられる。

を果たす関連者やこうした機能をコントロールする関連者に，無形資産により稼得する見込収益が帰属する可能性がある。そのため，事業再編により無形資産の法的所有者が変更されても，無形資産により得られる収益をどの当事者が稼得するかということには影響しない場合もあると考えられる[32]。

こうした機能集約化を行う事業再編では，多国籍企業グループに無形資産の所有権等の権利を集約化する合理的な事業上の理由もある。例えば，多国籍企業グループ内の製造拠点の専門化に伴う無形資産の法的所有権の移転では，グローバルなビジネスモデルにおいて，各製造拠点を，特許別でなく製造プロセス別又は地域別に専門化することを目指し，多国籍企業グループの現地特許を全て中央の拠点に移転する可能性がある。そして，中央の拠点は，多国籍企業グループ全ての製造拠点に，ライセンス又は製造契約により契約上の権利を与え，製造拠点は，自身又はグループ内の別のメンバーが所有していた特許を使用して，新規分野の製造開発を行うことになる場合がある[33]。

また，無形資産の法的所有権を国外関連者に譲渡し，譲渡後も無形資産をライセンスの使用者として引き続き使用する場合，譲渡条件の評価は，譲渡側と譲受側の双方の観点から行われる必要がある[34]。こうした事例では，当事者間の商業上の取決めの全体的な検討が求められ，非関連者間では譲渡条件と事後の使用条件を交渉することから，独立企業原則の適用においては，無形資産の譲渡に係る独立企業間対価と再編後の取引の独立企業間対価の関係を分析する

---

32 新OECD移転価格ガイドライン・パラグラフ9.57。
33 新OECD移転価格ガイドライン・パラグラフ9.58では，実際の取引を描写して，法的所有権の譲渡が経営上の簡素化のためか，事業再編により，無形資産の開発，改良，維持，保護及び利用に関する機能やコントロールする当事者が変わるかを理解することが重要となると指摘している。パラグラフ9.59では，グローバルなビジネスモデルにおいて，機能集約化が多国籍企業グループレベルでの合理的な商業的根拠に基づいているとしても，独立企業原則では，各企業のレベルで，関連者間に設けられた条件を評価することが求められ，無形資産の法的所有権の譲渡側と譲受側双方の観点から分析することが求められるとしている。
34 新OECD移転価格ガイドライン・パラグラフ9.60では，譲渡後の無形資産の所有，コントロール，使用に対する独立企業間価格の算定に当たっては，両当事者が果たす機能，使用する資産及び引き受けるリスクの範囲について，リスク・コントロール及び無形資産の開発，改良，維持，保護又は使用に関して果たされた機能のコントロールの分析により検討することになるとしている。

必要があると考えられる[35]。

　事業再編では，本格的な製造・販売会社が，限定されたリスクを引き受け，限られた無形資産を活用して安い対価を収受する事業へ変更されるのであれば，再編対象の会社から国外関連者へ価値ある無形資産や権利が譲渡されるのか，再編対象の会社にも現地の無形資産（local intangibles）が残存するのかが問題となる[36]。

　特に，本格的な販売会社から，リスクが限定された販売会社やコミッショネアへ変更される場合，事業再編までの長期間に，本格的な販売会社が現地のマーケティング上の無形資産を開発してきたか，そして開発してきたのであれば無形資産の性質や価値はどのようなものであるかが問題となり，無形資産は国外関連者に譲渡されたのか検討することが重要になる。現地の無形資産が存在し，国外関連者に譲渡されたことが判明したのであれば，比較可能な非関連者間で合意された内容に基づき，譲渡への対価が支払われるべきか，そして，どのように支払われるべきかについて，独立企業原則に基づき決定していくことが求められることになる[37]。

　また，契約上の権利が，価値のある無形資産になる可能性もあり，関連者間で当該権利が譲渡や放棄される場合には，譲渡された権利の価値を譲渡側と譲受側の双方の観点から考慮して，独立企業間価格が算定することが求められる

35　新OECD移転価格ガイドライン・パラグラフ9.61。パラグラフ9.62では，無形資産や権利の譲渡時点で評価が極めてあいまいな場合，独立企業間価格の算定方法は，取引価格設定に係る評価の不確実性を踏まえ，比較可能な状況で独立企業が何をしたかということを参考に解決されるべきであるとしており，評価困難な無形資産の譲渡として分析が求められることになる。

36　新OECD移転価格ガイドライン・パラグラフ9.64。

37　新OECD移転価格ガイドライン・パラグラフ9.65では，譲渡側が，再編後も引き続き，譲渡した現地の無形資産のDEMPEに関する機能を果たす場合，この機能に対する独立企業間対価を（譲渡した無形資産に対する独立企業間対価とは別に）受け取るべきということに留意する必要がある。一方，そのような現地の無形資産は存在するものの再編対象のメンバーの元に留まることが判明した場合，再編後の業務に係る機能分析において，このような資産が考慮されるべきである。したがって，それらは，再編後の関連者間取引について適切な対価が算定されるための最適な移転価格算定手法の選択及び適用に影響する可能性があるとしている。

ことになる[38]。

(2) 事業譲渡に係る議論

① 継続事業の評価

　事業再編により，経済的に統合された継続事業を譲渡する場合，特定の機能を果たし特定のリスクを引き受ける能力をまとめた資産の譲渡として捉え分析していくことになる。そして，事業譲渡によって移転する機能，資産及びリスクとしては，有形資産及び無形資産に加え，研究開発や製造等に必要な資産を保有し機能を果たすための負債，譲渡前の譲渡事業の遂行能力，その他のリソースや能力・権利等が含まれることになる。

　その上で，継続事業の価値評価において，比較可能な状況で非関連者間であれば対価が支払われたであろう全ての価値ある要素を反映することが求められる[39]。

　そして，継続事業の譲渡に係る独立企業間価格は，包括的な譲渡を構成する個々の要素の価値の合計額とは限らず，相互に関係する機能，資産及びリスクの複合的かつ同時発生的な譲渡の場合には，包括的な評価により独立企業間価格を算定することもあり，非関連者間の企業買収において使用される評価方法が有効である可能性があると考えられる[40]。

② 損失事業の評価

　損失が発生している事業において注意すべきは，再編対象メンバーの機能，

---

[38] 新OECD移転価格ガイドライン・パラグラフ9.66。パラグラフ9.67では，税務当局は，多国籍企業グループの企業が収益源であった契約を自発的に終了し，国外関連者に同様の契約を結ばせて，それに伴う潜在的利益を享受させるという事例があることに懸念を表明してきたとしている。

[39] 新OECD移転価格ガイドライン・パラグラフ9.68では，経験豊富な研究チームが配属された研究機関を含む事業部門の譲渡における継続事業の評価では，独立企業間原則により，当該機関の価値と集合労働力の影響としての時間やコストの削減までも反映することになるとしている。

[40] 新OECD移転価格ガイドライン・パラグラフ9.69。

資産、リスクが縮小しても、将来の期待利益が失われるとは限らないということであり、再編対象のメンバーは収益稼得機会を失うと評価するのではなく、損失発生機会が軽減すると評価する可能性もある。そのため、再編対象のメンバーは、事業再編が事業からの完全撤退より望ましいと考える可能性があり、事業再編に同意することもある。そして、事業再編しなければ将来損失を抱えることになると考える場合、既存の事業の運営を継続するのに比べ、実際には、収益稼得機会を失うわけではなく、見込み損失が再編の費用を上回れば、事業再編によって見込み損失が軽減され、再編対象のメンバーに利益をもたらす可能性もあると考えられている[41]。

さらに、譲受側が損失を生じさせる事業を引き継ぐ場合、譲渡側から実際に対価を収受することができるのかという問題もある。比較可能な独立企業が、損失を生じさせる事業からの撤退に対して積極的に対価を支払うことが見込まれるのか、廃業等の他の選択肢を検討したのか、第三者がその損失を生じさせる事業を積極的に買収するのか、買収する場合どのような条件なのかにより、譲渡側から対価を収受することができるかが変わってくると考えられる[42]。

③ 再編対象のメンバーへの補償

事業再編により、既存の取決めの終了や実質的な再交渉に対して、再編対象のメンバーへ補償を支払うべきかという問題があり[43]、再編取決めを正確に描

---

[41] 新 OECD 移転価格ガイドライン・パラグラフ9.71。

[42] 新 OECD 移転価格ガイドライン・パラグラフ9.72では、独立企業が積極的に対価を支払う状況としては、事業廃止の財務コストや社会的リスクが大きく、譲渡側が譲受側に対価を支払い、業務の転換により必要な余剰人員計画の責任を取ってもらう方が有利と考える場合であるとしている。しかし、パラグラフ9.73では、損失を生じさせる事業が他の事業とのシナジー等のメリットがあれば状況は異なるとしており、損失を生じさせる事業がグループ全体に何らかのメリットをもたらすために維持されている場合もあるとしている。その場合には、独立企業間であれば、損失を生じさせる事業を運営している企業は、そのメリットを享受する可能性のある企業から、逆に対価を受ける可能性もあるとしている。

[43] 新 OECD 移転価格ガイドライン・パラグラフ9.75。また、パラグラフで9.76では、取決めの終了や再交渉では、当事者のリスク・プロファイルや機能プロファイルが変更されることから、当事者間の潜在的利益の配分に影響すると考えられる。事業再編により既存の契約関係が終了又は実質的に再交渉される場合、当該メンバーは資産の償却及び雇用契約の終了に伴う再編の費用、既存事業を他の顧客ニーズに合わせるための転換の費用や潜在的収益の消

写し,当事者が実際に利用できる選択肢を評価した上で,以下の検討が求められている[44]。

・再編対象メンバーの補償請求権に係る商法上の根拠

既存の取決めの終了や更新しないという条件が独立企業原則に沿ったものであるかについて評価する場合,正確に描写された事案の事実に基づき,商法や判例法が,販売契約等を終了する場合に見込まれる補償権や補償条件の有益な情報を提供することがある[45]。

・補償条項の独立企業原則からの評価[46]

補償条項等の存否と条件が独立企業原則に沿ったものかどうか評価するためには,取引の正確な描写により,各種取決めの終了,不更新,再交渉時に補償条項や補償取決めを利用できるかが特定されると考えられている。

独立企業間の取引では,各当事者の意向が異なっているため,(i)契約条件は当事者双方の意向を反映して決定されること,(ii)通常,当事者は当該契約条件を遵守しようとすること,(iii)一般的に,契約条件は,当事者双方の意向に沿う

　　　失といった損害を被る可能性があることから,非関連者間で再編対象のメンバーに補償が支払われるべきか,どのように補償額を算定するかといった問題が生じるとしている。さらに,パラグラフ9.78では,補償請求権の発生は,各事案の事実及び状況に左右されるため,全ての契約の終了又は実質的な再交渉が,独立企業間の補償を伴うとの前提を置くべきではなく,独立企業間で補償が支払われるか否かの分析は,再編前後の取決めの正確な描写と当事者が実際に利用できる選択肢に基づいてなされるべきであるとしている。
44　新OECD移転価格ガイドライン・パラグラフ9.78。
45　新OECD移転価格ガイドライン・パラグラフ9.80では,契約に補償権が規定されていたかにかかわらず,契約を終了させられる方の当事者が裁判で補償を請求する権利を有する可能性もあり,両当事者が同一の多国籍企業グループに属する場合,契約を終了させられる方のメンバーがその関連者を相手に訴訟を起こして補償を求めることは事実上考えられないので,終了の条件は,類似の状況にある独立企業間で設けられたであろう条件とは異なる可能性もあると考えられている
46　新OECD移転価格ガイドライン・パラグラフ9.81では,取引の描写のためには,終了,不更新,再交渉の補償条項や類似の定めの存否と条件の遵守を確認すべきであるが,終了,不更新,再交渉の契約に補償条項や類似の定めが規定されていないからといって,独立企業間ではないことを意味しないとしている。

場合のみ適用されないか又は修正されると考えられている[47]。

仮に，合意の終了や不更新，実質的な再交渉時における再編対象のメンバーのための補償条項の存否が明らかになった場合には，補償条項とその条件が独立企業原則に沿ったものか判定することになる。その場合，比較可能な状況における類似の補償条項の根拠となる比較対象データがあれば，関連者間取引における補償条項は，独立企業原則に沿ったものとみなされる[48]。

また，補償条項に係る取決めの条件が独立企業原則に沿っているかを検討する場合，取決めの目的である取引対価と，その終了に係る金銭的な条件とが相互に関連するため，双方を検討する必要があるとしている[49]。

さらに，集合労働力の構成員との間の雇用契約終了や製造ユニットへの投資リスクの軽減等についても独立企業原則に基づく分析が必要であるとしている[50]。

---

[47] 新OECD移転価格ガイドライン・パラグラフ9.82では，このような状況が，関連者間で存在しないか，関連者の関係性に基づく対応がなされるかもしれず，事実関係が両当事者間の書面合意の条件と異なる場合や書面の条件が存在しない場合には，補償条項の存否とその条件は，両当事者の行動から推定されるべきであるとしている。そして，事実関係及び関連者の実際の行動に基づけば，実際の契約期間は契約書で設定された契約期間よりも長いと判断されるかもしれず，早期終了に該当すれば，契約を終了させられる方の当事者は，補償請求権を有することになると考えられる。

[48] 新OECD移転価格ガイドライン・パラグラフ9.83。しかし，同パラグラフ9.84では，比較対象データが見つからない場合には，補償条項が独立企業原則に沿ったものか否かの決定は，取決めの締結時や終了時，再交渉時における当事者の権利や資産を踏まえて行われるべきであるとしている。

[49] 新OECD移転価格ガイドライン・パラグラフ9.85では，終了条項の条件や不存在が，取引上の機能分析，特に，当事者のリスク分析の重要な要素であるかもしれず，これにより取引の独立企業間価格が決定される必要があるかもしれないとしている。同様に，取引対価は，取決め終了の条件が独立企業間条件に沿っているか否かの判断に影響する可能性があるとしている。

[50] 新OECD移転価格ガイドライン・パラグラフ9.86では，集合労働力の構成員との間の雇用契約終了に伴い，何か価値あるものの譲渡が行われているのかについて検討する必要があるとしている。また，同パラグラフ9.89では，独立企業間において製造会社は，投資に内在するリスクを次の手段により軽減するかもしれないと指摘している。
・契約において，早期終了の場合の適切な補償条項や違約金の規定，又は一方の当事者の投資が他方当事者による契約の早期終了により不要となった場合，早期終了させた当事者が当該投資を所定の価格で購入するという選択肢を規定する。
・契約が対象とする事業対価の算定に，契約終了リスクを組み込み，例えば手数料の先取方式を採用する。

第3節　独立企業間価格の算定方法の整備　　179

　税務当局は，既存の取決めの終了，不更新，再交渉について，関連者間に設けられ又は課されている条件が，独立企業間で設けられたであろう条件と異なる場合，当該条件が存在しなければ当該企業の一方に生じたが，当該条件が存在するために生じなかったあらゆる所得は，当該企業の所得に含まれるものとして，それに応じて租税を課すことができると考えられている[51]。

・補償費用の負担者

　取決めの終了や実質的な再交渉の条件が独立企業原則に沿ったものかという移転価格上の分析をする場合，譲渡側と譲受側の双方の観点から検討すべきであるが，独立企業間の補償が必要な場合，補償額を評価し，負担者を決定するためには譲受側の観点からの検討は重要となっている。

　特に，当事者の権利その他の資産，負担されるリスク，契約終了の経済的合理性やメリットの享受者の検討に加え，当事者が実際に利用できる選択肢を分析していくべきであると考えられている[52]。

4．事業再編後の関連者間取引の対価

(1)　事業再編を構成する取引と再編後の取引への独立企業原則の適用

　再編後の取引と，当初からそのような形で構築されていた取引と間で異なる形で適用されるものではなく，比較可能な状況は同様に扱われなければならないと考えられている。そして，実際の取引の正確な描写につながる取引の経済的な特徴に基づき，移転価格算定手法が適切に選択され，適用されなければならず，独立企業原則は，再編後の取引に対してのみならず，事業再編を構成する取引に対しても適用されなければならない[53]。

51　新 OECD 移転価格ガイドライン・パラグラフ9.92。
52　新 OECD 移転価格ガイドライン・パラグラフ9.93。
53　新 OECD 移転価格ガイドライン・パラグラフ9.98〜9.100。

(2) 再編の対価と再編後の対価の関係

納税者が関連者に事業を売却した後に，納税者が，当該事業の一環として関連者との取引を継続する場合には，再編の対価と再編後の事業に対する独立企業間価格との間には，重要な相互関係が認められる可能性があり，例えば，製造販売活動を行う納税者が，販売事業を国外関連者に売却する事業再編を行い，以後，納税者は製造した製品を国外関連者に販売するとすれば，国外関連者は，事業を買取し運営することへの投資に対して独立企業間の報酬を見込むと考えられる。納税者としては，国外関連者との間で，事業譲渡に係る独立企業間の前払い対価の一部か全部を放棄し，前払い対価を前提に合意された価格よりも高い価格で関連者に製品を販売することにより，財務上の収益を長期にわたって収受する可能性もある。又は，事業譲渡に係る前払い対価と将来の製造製品の対価の一部を相殺することにより，将来の製品価格を低く設定することも考えられるのである[54]。

5．評価テクニック

評価テクニックについては，複数の無形資産移転取引に対して，信頼できる比較対象取引が把握できない場合には，評価テクニックを使用して，関連者間で移転した無形資産の独立企業間価格を見積もることが可能になる。特に，所得をベースとした評価テクニックの使用，評価中の無形資産の使用から得られると予測される将来的な所得の動向やキャッシュ・フローの割引現在価値の計算を前提とした評価テクニックは，適切に使用されれば有用であると考えられている。そして，事実と状況によっては，評価テクニックは，5つの OECD移転価格算定方法のいずれかの一部分として，又は独立企業間価格の算定に使用され得るツールとして，納税者及び税務当局に使用される場合があるとしているのである[55]。

無形資産や無形資産に係る権利の移転に関する移転価格分析において評価テ

---

54 新 OECD 移転価格ガイドライン・パラグラフ9.114〜9.115。
55 新 OECD 移転価格ガイドライン・パラグラフ6.153。

クニックを使用する場合，独立企業原則に沿った方法で使用される必要がある[56]。

そして，評価テクニックは，OECD移転価格ガイドライン，事例の具体的な事実，妥当な評価の原則と実施，評価の基礎となる仮定の有効性や独立企業原則との整合性を適切に考慮して使用するのであれば，信頼できる比較対象取引が利用可能でない場合の移転価格分析における有用なツールになり得ると考えられている[57]。

特に，移転した無形資産の使用から得られる将来の予測キャッシュ・フローの割引価値を見積もる評価テクニックは，適切に適用すれば有用となる可能性があり，一般的には，予測される残存耐用年数内に生み出される将来のキャッシュ・フローを割り引く方法により，無形資産の価値を評価するものである。評価に当たっては，財務予測，成長率，割引率，無形資産の耐用年数及び取引の税効果に係る現実的で信頼性の高い定義付けが必要であるとしている[58]。

(1) 予測キャッシュ・フローの割引価値に基づく方法の問題点

予測キャッシュ・フローに基づく評価テクニックを使用する場合，評価テク

---

56 新OECD移転価格ガイドライン・パラグラフ6.154では，現実に利用可能な選択肢，リスクの引受けを含む経済的な特徴及び取引の包括的検討に関連するOECD移転価格ガイドラインの原則は，移転価格分析で評価テクニックが使用される状況において全て適用されるとしている。また，パラグラフ6.155では，評価テクニックの適用に当たっては，前提や動機について検討が必要であり，健全な会計目的のために企業の貸借対照表に反映された資産価値の評価の前提には，保守的な前提や推定が反映されることがあるが，保守主義は，移転価格算定上は狭すぎる定義につながる場合があり，必ずしも独立企業原則に沿っていない評価アプローチにつながることがあるとしている。そのため，基礎となる前提を十分に検証することなく，会計上の評価を，独立企業間価格や移転価格算定上の価値を必ず反映しているものとして受け入れるには注意が必要であると考えられている。特に，会計上の買取価格の配分に盛り込まれた無形資産の評価は，移転価格算定上の決定要因ではなく，基礎となる前提を注意深く検証して，慎重に移転価格分析で使用すべきであるとしている。
57 新OECD移転価格ガイドライン・パラグラフ6.156。
58 新OECD移転価格ガイドライン・パラグラフ6.157では，個別事案の事実と状況によっては，独立企業間価格の算定に当たり，取引の両当事者の観点から，無形資産の使用から得られる予測キャッシュ・フローの割引価値の計算が評価され，独立企業間価格は，譲渡人及び譲受人の両方の観点から評価された現在価値の範囲内のいずれかに収まることになるとしている。

ニックに基づく価値の見積りが変動しやすい点を認識することが重要である。評価モデルの基礎となる前提や評価パラメーターを少しでも変更すれば，無形資産の価値評価に大きな差異が生じることになる。割引率や財務予測の作成で想定する成長率のわずかな違いや無形資産の耐用年数に係る仮定のわずかな違いが，最終的な評価額に大きな影響を及ぼし得るため，複数の評価における前提やパラメーターが同時に変更される場合には，不安定さの度合いが増すことが多いと考えられている[59]。

評価モデルの信頼性評価では，納税者が税以外の目的で実施した別の評価における評価の実施目的，前提及びパラメーターについても検討することが適当と考えられている。移転価格の算定目的で実施した無形資産の評価の前提と他の目的で実施した無形資産の評価の前提が一致しないことについて，税務当局が説明を求めることは合理的であると考えられている[60]。

そのため，予測キャッシュ・フローの割引価値に基づく方法を使用する評価テクニックにおいては，税務当局との間で，評価モデルの基礎となる前提や評価パラメーターの信頼性をどのように確保していくかが課題になってくると考えられる。

---

[59] 新 OECD 移転価格ガイドライン・パラグラフ6.158。また，パラグラフ6.159では，評価モデルにより算定した無形資産の評価の信頼性は，前提と評価パラメーターの見積もりに際してのデューデリジェンスや判断の基礎となった前提と見積もりに係る信頼性に左右されると指摘している。さらに，パラグラフ6.160では，基礎となる前提と評価パラメーターが重要であることから，移転する無形資産の独立企業間価格を算定する際に評価テクニックを使用する納税者と税務当局は，評価モデルの作成において関連する前提を明確に設定し，評価パラメーターの選定根拠を記述し，前提と評価パラメーターの妥当性を主張できるようにしておくことが求められる。なお，評価テクニックを使用する納税者は，予測される無形資産の価値に対して，別の前提とパラグラフメーターを採用した場合のモデルによる必然的な変化を示す感応度分析を，移転価格文書の中で提示することが望ましいとしている。

[60] 新 OECD 移転価格ガイドライン・パラグラフ6.161では，企業が，企業買収の評価で通常低い割引率を使用する一方で，移転価格分析では高い割引率を使用している場合，説明を求めることは合理的であると考えられている。また，他の事業計画で使用する予測では関連する無形資産が移転価格の算定で使用された耐用年数を超える年数にわたりキャッシュ・フローの創出が示されるが，無形資産の耐用年数が短いと主張するのであれば，説明を求めることも合理的と考えられている。事業活動での決定に際し多国籍企業グループが使用する評価については，移転価格分析の目的のみに作成された評価よりも信頼性が高い場合もあると考えられている。

特に，評価モデルの基礎となる前提が，独立企業原則の観点から客観的なものとなっているかについて，税務当局に対して説明していくためには，移転価格文書において，その根拠や背景を説明していく必要があると考えられる。

評価テクニックの適用は，比較対象取引が見つからないことが根拠となっているが，評価テクニックを適用する場合においても，客観性を確保していくために，非関連者間取引との比較を重視し，独立企業間で合理的又は公正な前提であるのか検討していく必要があるものと考えられる。

(2) 財務予測の正確性の確保

移転された無形資産に対して割引キャッシュ・フローによる評価テクニックを使用した際の評価への信頼性は，評価の基礎となる将来キャッシュ・フローや所得の予測が正確であるかに左右されることになる。そして，財務予測の正確性については，評価時点での未知数と予測困難な市場の成長に依存するため，予測が確実なものでない以上，納税者と税務当局は，将来の収益と費用の両方に係る予測の基礎となる前提を慎重に検討することが不可欠とされている[61]。

予測の信頼性評価でさらに考慮すべき点は，予測の対象となる無形資産と関連する製品や役務についての確定した財務実績であり，多くの要因が変化する可能性があり，過去の実績が信頼できる将来の指標になるとの仮定には，常に注意を払わなければならない[62]。

キャッシュ・フロー予測に開発費用を含めるかを決定する際には，移転した

---

[61] 新OECD移転価格ガイドライン・パラグラフ6.163。パラグラフ6.164では，財務予測を評価する上で，予測の根拠と目的は特に重要であり，事業計画を立てる目的で，納税者が定期的に財務予測を作成し，その分析を経営陣が事業と投資の意思決定の際に使うことがあるが，税目的以外の事業計画目的で作成された予測についても，税や移転価格分析だけの目的で作成された予測よりも，信頼性が高い場合が多いかもしれないとしている。パラグラフ6.165では，予測の対象とする期間も予測の信頼性を評価する際に考慮すべきであるが，無形資産につきプラスのキャッシュ・フローが見込まれる期間が長くなれば，所得と費用の予測の信頼性は低くなると考えられている。

[62] 新OECD移転価格ガイドライン・パラグラフ6.166では，過去の営業損益は，無形資産に基づく製品や役務で将来見込まれる業績につき有用な指標を示すが，市場に導入されていない，又は開発途中にある製品や役務に係る予測は，実績のあるものよりも本質的に信頼性が低いと考えられている。

無形資産の性質を検討することが重要であり，耐用年数が無期限で，継続的に開発される無形資産の場合には，キャッシュ・フロー予測に将来の開発費用を含めることが適切と考えられている[63]。

財務予測の正確性は，評価時点において未知数かつ予測困難な市場の成長に依存するため，将来キャッシュ・フローや所得の予測が確実なものでないことから，第4節で取り上げる評価困難無形資産の取引における独立企業間価格算定においても，財務予測の正確性が課題になっていくものと考えられる。

そのため，財務予測の正確性について税務当局に対して説明していくためには，移転価格文書において，その根拠を記載する必要があるが，必要に応じて会計監査や鑑定評価の専門家等により，正確性の確保を図っていく必要があると考えられる。

(3) 成長率に関する前提の検討

キャッシュ・フロー予測において慎重な検討が求められる重要な要素として予測成長率があり，将来キャッシュ・フローは当期キャッシュ・フローに予測成長率を加味して算定する事例が多いが，予測成長率の根拠を十分に検討する必要がある。特に，特定の製品からの収益が長期間安定した比率で伸びることは稀であり，類似製品・市場での経験や将来市況への妥当な予測評価のいずれにも根拠づけられない線形の成長率を用いた単純なモデルを安易に受け入れることには注意しなければならない。予測将来キャッシュ・フローに基づく評価テクニックの適用で信頼性を高めるには，類似製品に係る業界や企業の経験を踏まえた収益と費用の伸びに係る予測される傾向を検討することが望ましいとしているのである[64]。

予測成長率についても，客観性を確保していくために，非関連者間取引との

---

63 新OECD移転価格ガイドライン・パラグラフ6.167では，特殊な特許等で，開発が完了し，別の無形資産の開発の基礎にならない無形資産もあるが，その場合には，移転した無形資産のキャッシュ・フロー予測に開発費用を含めるべきではないと考えられている。

64 新OECD移転価格ガイドライン・パラグラフ6.169では，予測将来キャッシュ・フローに基づく評価テクニックの適用で信頼性を高めるには，類似製品に係る業界・企業の経験を踏まえた収益と費用の伸びに係る予測される傾向を検討することが望ましいとしている。

比較を重視し，外部情報から業界や企業の経験を踏まえた予測を立てていく必要があり，その根拠についても，税務当局に対して説明していくことが必要になってくると考えられる。

(4) 割引率

予測キャッシュ・フローを現在価値に換算する際に使用する割引率は，評価モデルの重要な要素であり，金銭の時間価値及び予測キャッシュ・フローのリスクや不確実性を考慮することになる[65]。

移転価格算定上，あらゆる事例に当てはまる割引率を求めるための唯一の方法はないことから，納税者と税務当局の双方ともに，適切な割引率の決定が重要な状況では，加重平均資本コスト（Weighted Average Cost of Capital：WACC）等の基準に基づく割引率を，常に移転価格分析で用いるべきだと仮定すべきではないと考えられている[66]。

割引率の決定と評価において，特に開発途中の無形資産の評価に関連する事例では，無形資産が納税者の事業における最もリスクの高い要素の一つとなる可能性を認識すべきであり，本質的に他よりもリスクが高い事業や，他よりも変動率が高いキャッシュ・フローの流れがあることも認識すべきであるとしている[67]。

また，リスクについては，財務予測の算出や割引率の算定の双方で考慮される可能性があることから，リスクを二重に割り引かないよう留意すべきである[68]。

---

65 新OECD移転価格ガイドライン・パラグラフ6.170では，選択した割引率のわずかな変化が，評価テクニックを用いて計算した無形資産の価値に非常に大きな変化をもたらすため，納税者と税務当局は評価モデルに使用する割引率を選択する際の分析と仮定に細心の注意を払うことが不可欠であるとしている。

66 新OECD移転価格ガイドライン・パラグラフ6.171では，適切な割引率の決定に当たり，個別事例の事実や対象となるキャッシュ・フローに即した一定の条件とリスクを評価すべきであるとしている。

67 新OECD移転価格ガイドライン・パラグラフ6.172では，予測された研究開発費の水準を負担する見込みは，予測収益の水準が最終的に発生する見込みよりも高いかもしれないが，割引率には，事業全体のリスク水準及び各個別事例の状況下における様々な予測キャッシュ・フローの予測変動率が反映されるべきであるとしている。

割引率の決定においては，一般的に使用されているWACCの利用が客観性の確保が容易であると考えられるが，新OECD移転価格ガイドラインでは，一律の使用に反対しており，事実と状況により，対象となるキャッシュ・フローに即した一定の条件とリスクを評価して決定すべきであるとしている。しかしながら，割引率はDCF法の算定結果に大きな影響を与える要素となるため，可能な限り客観的な指標を納税者と税務当局が共有していくことが望ましいと考えられる。

(5) 無形資産の耐用年数と最終価値

評価テクニックでは，対象となる無形資産の耐用年数期間に無形資産の使用から得られるキャッシュ・フローの予測を前提とすることが多く，無形資産の実際の耐用年数の決定は，評価モデルの基礎となる重要な前提条件の一つとなっている[69]。無形資産によっては，法的保護の期間が終了し，個別の関連製品の販売が中止された後でも，その後何年もキャッシュ・フローの発生に貢献する可能性もある[70]。そのため，合理的な財務予測のある期間を超えてキャッシュ・フローが継続的に発生し，それに対して無形資産が貢献しているのであれば，キャッシュ・フローに関連する無形資産の最終価値を計算することも必要になってくるものと考えられる。評価計算において耐用年数ではなく最終価値を使用する場合には，最終価値の計算の基礎となる前提を明確に文書化で記載する必要があると考えられる[71]。

---

68 新OECD移転価格ガイドライン・パラグラフ6.173。
69 新OECD移転価格ガイドライン・パラグラフ6.174。パラグラフ6.175では，無形資産の予測耐用年数は，関連する全ての事実と状況に基づき決定される問題であるが，無形資産の法的保護の性質と期間に影響され，業界での技術変化の程度や経済環境における競争に影響を与える他の要因から影響を受けることもあると指摘している。
70 新OECD移転価格ガイドライン・パラグラフ6.176では，無形資産の発明が将来の無形資産と新製品の発明の基礎となる場合もあり，こうした後続的効果があれば，新製品から継続して発生する予測キャッシュ・フローの一部が，期限経過後の無形資産に適切に帰属することも十分に考えられる。無形資産によっては，評価時点において耐用年数が決定不可能であったとしても，ノンルーティンの収益が無形資産に永久に帰属する訳ではないことを認識すべきであるとしている。
71 新OECD移転価格ガイドライン・パラグラフ6.177。

無形資産の耐用年数や最終価値の算定においても，客観性を確保していくため，類似の無形資産の耐用年数や最終価値を参照していく必要があり，前提の記載においては，前提に係る客観的な根拠を提示していく必要があると考えられる。

(6) 税に関する前提

評価テクニックにおいて，無形資産に関連する予測キャッシュ・フローを切り出していくためには，予測される将来の税効果の評価と定量化も必要になっており，(i)将来キャッシュ・フローへの課税見込，(ii)譲受人が利用可能な税務上の償却による効果，及び(iii)移転後の譲受人への課税見込等についての検討が求められる[72]。

税効果については，客観性を確保していくために，会計監査等により適正な定量化を証明していくとともに，文書化において記載していく必要もあると考えられる。

(7) 支払形態

納税者は，移転した無形資産の対価の支払形態を，事実上任意に決定することができるが，独立企業間では無形資産対価の一括支払いや長期間にわたる定期支払いがあり，定期支払いの取決めでは，固定金額の分割支払いや無形資産に係る製品の売上水準・収益性等の要素に基づく条件払いの形態を採ることもあるとしている[73]。

支払形態に関する納税者の取決めを評価する場合，一方の当事者にとってのリスクの増減を引き起こす支払形態があり，例えば，将来の売上や利益に応じた支払形態は偶発性があるため，移転時の一括払いや定額の分割払いよりも，譲受人に大きなリスクをもたらすことになる[74]。

---

72 新 OECD 移転価格ガイドライン・パラグラフ6.178。
73 新 OECD 移転価格ガイドライン・パラグラフ6.179。
74 新 OECD 移転価格ガイドライン・パラグラフ6.180では，選択された支払形態は，契約書を含む事案の事実と状況，当事者の実際の行動と支払に関連するリスクを負担し管理する当

6．我が国での導入における論点

　我が国でのDCF法の導入は，新OECD移転価格ガイドラインにおいて示されている5つのOECD移転価格算定方法のいずれかの一部分としてではなく，又は独立企業間価格の算定に使用され得るツールとしてでもなく，独立企業間価格の算定方法の追加として，独立価格比準法，再販売価格基準法，原価基準法，取引単位営業利益法及び取引単位利益分割法の5つのOECD移転価格算定方法と独立した第6の算定方法に位置付けられているように考えられる。

　また，新OECD移転価格ガイドラインでは，評価テクニックという標語を付し，技術的なツールとしての位置付けを強調しているのに対して，我が国では，独立した算定方法の一つとしての位置付けを強調しているように考えられる。

　OECD移転価格ガイドラインで認められた5つの移転価格算定方法については，独立企業原則の適用を行うため，外部の比較対象取引を使用することにより客観性の確保に努め，外部の比較対象取引を使用しない取引単位利益分割法の適用についても詳細な議論を行い，恣意的な配分結果とならないよう独立企業原則との整合性の確保に努めてきている。

　米国の裁判例においても，非関連者間取引との比較を重視し，結果の合理性から独立企業基準と整合的となっているかの判断が行われていることから，適正な適用が確保されてきているものと考えられる。

　我が国において，DCF法について，独立した算定方法の一つとして位置付けていくためには，評価テクニックの詳細について，いかに客観性を確保して独立企業原則と整合的に適用していくかが課題となっているものと考えられる。

事者の能力に沿うべきであり，具体的な支払金額には，適切な金銭の時間的価値と選択した支払形態によるリスクの特徴を反映させなければならない。例えば，評価テクニックにおいて，移転した無形資産の現在価値を一括で算出したり，将来の売上に応じた支払形態を適用したりすれば，一括払いにおける評価を無形資産の耐用年数を通した条件付き支払額に換算するために使用される割引率は，将来年度への支払の延期から生じる金銭の時間的価値のみならず，売上が実現しない可能性及びその結果として対価が手に入らないかもしれないという譲渡人の増大するリスクを反映すべきである。

第4節　評価困難な無形資産取引（特定無形資産取引）に係る価格調整措置の導入

1．特定無形資産と適用免除要件

(1)　特定無形資産

本大綱では，評価困難な無形資産について，以下の要件により特定無形資産を定義している。

「①　特定無形資産

上記の「特定無形資産」とは，次に掲げる要件の全てを満たす無形資産をいう。

イ　独自性があり重要な価値を有するものであること

ロ　予測収益等の額を基礎として独立企業間価格を算定するものであること。

ハ　独立企業間価格の算定の基礎となる予測が不確実であると認められるものであること」

平成30年11月税制調査会資料では，新 OECD 移転価格ガイドラインにおける HTVI アプローチの適用要件を示している。

〈HTVI アプローチの適用要件〉
●評価困難な無形資産（HTVI）は，関連者間での取引時点における次の無形資産を対象とする。［パラ6.189］
  ・信頼できる比較対象取引が存在しない，かつ，
  ・取引開始時点において，移転された無形資産から生じる将来のキャッシュ・フロー若しくは収益についての予測，又は無形資産の評価で使用した前提が非常に不確かで，移転時点で当該無形資産の最終的な成功の水準に係る予測が難しいもの。

特定無形資産に係る定義では，予測収益等の額を基礎として独立企業間価格を算定するものであることとしており，独立企業間価格の算定方法がDCF法であるとは明示していない。また，税務署長は，当該特定無形資産取引に係る結果及びその相違の原因となった事由の発生の可能性を勘案して，当該特定無形資産取引に係る最適な独立企業間価格算定方法により算定した金額を独立企業間価格とみなして更正等をすることができることとするとしており，特定無形資産取引に係る最適な独立企業間価格算定方法がDCF法であるとも明示していないが，法令で規定してDCFによる課税を明示していくことも考えられる。

(2) 適用免除要件

本大綱では，価格調整措置について，以下の適用免除要件を定めている。

「② 適用免除要件

国税当局の当該職員が次のイ又はロに掲げる書類の提出等を求めた日から一定期間以内に法人からその書類の提出等があった場合には，価格調整措置は適用しない。

イ 次に掲げる書類

(イ) 特定無形資産取引に係る独立企業間価格の算定の基礎となる予測の詳細を記載した書類

(ロ) 当該予測と結果が相違する原因となった事由が災害その他これに類するものであり取引時においてその発生を予測することが困難であったこと，又は取引時において当該事由の発生の可能性を適切に勘案して独立企業間価格を算定していたことを証する書類

ロ 特定無形資産の使用により生ずる非関連者収入が最初に生じた日を含む事業年度開始の日から5年を経過する日までの間の予測収益等の額と実際収益等の額との相違が20％を超えていないことを証する書類

(注) 法人から上記ロに掲げる書類の提出等があった場合には，価格調整措

第4節 評価困難な無形資産取引（特定無形資産取引）に係る価格調整措置の導入

置はその経過する日後は適用しない。」

　平成30年11月税制調査会資料では，価格調整措置の適用免除要件を示している。

〈HTVIアプローチの適用免除要件〉
● 上記に当てはまるHTVIの譲渡又は使用に関する取引について，以下の適用免除規定のうち一つでも当てはまる場合には，この措置は適用されない。［パラ6.193］
(1) 納税者が次の証拠を提出する場合
① 価格設定のためにどのようにリスクを計算したか（例えば可能性のウェイト付），合理的に予見可能な事象又は他のリスク及びその発生の可能性に関する検討の適切性を含む，価格設定取決めを決定するために，移転時点で使用された事前の予測の詳細，及び
② 財務上の予測と実際の結果の大きな乖離が，(a)価格設定後に生じた予見不可能な進展又は事象であって，取引時点では関連者が予想することはできなかったもの，又は，(b)予見可能な結果の発生可能性が実現し，その可能性が取引時点で著しく過大評価でも過少評価でもなかったことによるものであるという信頼性のある証拠
(2) 当該HTVIの移転に係る関連者間取引が，二国間又は多国間のAPAによってカバーされている場合
(3) 取引時点における財務上の予測と実際の結果の大きな乖離が，当該HTVIの対価を，取引時点で設定した対価の20％を超えて減少又は増加させる効果を持たない場合
(4) 取引時点における財務上の予測と実際の結果の大きな乖離が，予測の20％を超えず，当該HTVIに係る第三者からの収入が初めて生み出された年から5年の商業期間が経過した場合

　新OECD移転価格ガイドラインでは，HTVIの移転に係る関連者間取引が，二国間又は多国間のAPAによってカバーされている場合を適用免除要件としているが，大綱では，適用免除要件となっていない。

2．最適方法ルールに基づく課税

　特定無形資産に係る定義では，予測収益等の額を基礎として独立企業間価格

を算定するものであることとしており，独立企業間価格の算定方法がDCF法であるとは明示していない。また，税務署長は，当該特定無形資産取引に係る結果及びその相違の原因となった事由の発生の可能性を勘案して，当該特定無形資産取引に係る最適な独立企業間価格算定方法により算定した金額を独立企業間価格とみなして更正等をすることができることとするとしており，特定無形資産取引に係る最適な独立企業間価格算定方法がDCF法であるとも明示していないが，法令で規定してDCFによる課税を行う場合が考えられる。

また，新OECD移転価格ガイドラインでは，所得相応性基準の適用において，最適方法ルールの下でのDCF法による課税を明示していないと解され，米国における裁判例と同様に，取引単位営業利益法による課税を行う場合やOECDにおけるバリューチェーン分析を踏まえ，取引単利利益分割法による課税を行う場合も考えられる。

(1) DCF法の適用

所得相応性基準を背景とした価格調整措置の適用において最適方法ルールに基づく課税を行っていくためには，DCF法についても，新OECD移転価格ガイドラインにおいて示されている5つのOECD移転価格算定方法のいずれかの一部分としてではなく，又は独立企業間価格の算定に使用され得るツールとしてでもなく，独立企業間価格の算定方法の追加として対等に位置付けていく必要があると考えられる。

DCF法が，独立企業間価格の算定方法として位置付けられることは，新OECD移転価格ガイドラインにおいて，独立価格比準法，再販売価格基準法，原価基準法，取引単位営業利益法及び取引単位利益分割法の5つのOECD移転価格算定方法に第6の算定方法を追加していくことを意味しているものと考えられる。

OECD移転価格ガイドラインで認められた5つの移転価格算定方法については，独立企業原則の適用を行うため，外部の比較対象取引を使用することにより客観性の確保に努め，外部の比較対象取引を使用しない取引単位利益分割

第4節 評価困難な無形資産取引（特定無形資産取引）に係る価格調整措置の導入

法の適用についても詳細な議論を行い恣意的な配分結果とならないよう独立企業原則との整合性の確保に努めてきている。

米国の裁判例においても，非関連者間取引との比較を重視し，結果の合理性から独立企業基準と整合的となっているか判断が行われていることから，適正な適用が確保されてきているものと考えられる。

我が国において，DCF法について，独立した算定方法の一つとして位置付けていくためには，評価テクニックの詳細について，5つのOECD移転価格算定方法と同様，いかに客観性を確保して独立企業原則と整合的に適用していくかが課題となっているものと考えられる。

なお，現行の最適方法ルールについては，租税特別措置法第66条の4第2項において，

「当該国外関連取引の内容及び当該国外関連取引の当事者が果たす機能その他の事情を勘案して，当該国外関連取引が独立の事業者の間で通常の取引の条件に従って行われるとした場合に当該国外関連取引につき支払われるべき対価の額を算定するための最も適切な方法により算定した金額をいう。」

と規定している。

また，我が国での実務上の取扱いについては，措置法通達（法人税編）66の4(2)-1）において，

「措置法第66条の4第2項に規定する「最も適切な方法」の選定に当たり，同項の「当該国外関連取引の内容及び当該国外関連取引の当事者が果たす機能その他の事情を勘案して」とは，国外関連取引（同条第1項に規定する国外関連取引をいう。以下同じ。）及び非関連者間取引（法人が非関連者（同条第5項に規定する非関連者をいう。以下同じ。）との間で行う取引（同項の適用がある取引を除く。)，国外関連者（同条第1項に規定する国外関連者をいう。以

下同じ。）が当該国外関連者の非関連者との間で行う取引又は法人若しくは国外関連者の非関連者が当該非関連者の他の非関連者との間で行う取引をいう。以下同じ。）に係る66の4(3)-3に掲げる諸要素並びに次に掲げる点を勘案することをいうのであるから留意する。（平23年課法2-13「二」により追加，平30年課法2-12「二十八」により改正）
(1) 独立企業間価格（同条第1項に規定する独立企業間価格をいう。以下同じ。）の算定における同条第2項各号に掲げる方法（以下「独立企業間価格の算定方法」という。）の長所及び短所
(2) 国外関連取引の内容及び当該国外関連取引の当事者の果たす機能等に対する独立企業間価格の算定方法の適合性
(3) 独立企業間価格の算定方法を適用するために必要な情報の入手可能性
(4) 国外関連取引と非関連者間取引との類似性の程度（当該非関連者間取引について，措置法規則第22条の10第2項第2号ホに規定する差異調整等を行う必要がある場合には，当該差異調整等に係る信頼性を含む。）」

○最適法に係る我が国での実務上の取扱い

（国税庁事務運営指針）
4-1 措置法第66条の4第2項に規定する最も適切な方法（以下「最も適切な方法」という。）の選定のための検討を行う場合には，措置法通達66の4(3)-3に掲げる諸要素等に基づいて国外関連取引の内容等を的確に把握し，措置法通達66の4(2)-1(1)から(4)までに掲げる点等を勘案して当該国外関連取引に係る比較対象取引の有無等を検討することに留意する。

（国税庁参考事例集）
（事例集10解説）
1 法人又は国外関連者の利益水準の検討に当たっては，それが何によって生み出されたものか，特に法人又は国外関連者が有する無形資産によるものかどうか検討する必要がある。
　移転価格税制上，無形資産については，「令第183条第3項第1号イからハまでに掲げるもののほか，顧客リスト，販売網等の重要な価値のあるもの」と定義しているが（措置法通達66の4(3)-3（注）1），無形資産として「重要な価

第4節　評価困難な無形資産取引（特定無形資産取引）に係る価格調整措置の導入　　195

> 値」を有するかどうかの判断に当たっては，国外関連取引の内容や法人及び国外関連者の活動・機能，市場の状況等を十分に検討する必要がある。
> 　そこで，調査に当たっては，例えば，次に掲げる重要な価値を有し所得の源泉となるものを幅広く検討対象とし，国外関連取引にこれらの無形資産が関連しているか，また，所得の源泉になっているかを総合的に勘案する必要がある（事務運営指針3-11前段部分）。
> ① 技術革新を要因として形成される特許権，営業秘密等
> ② 従業員等が経営，営業，生産，研究開発，販売促進等の企業活動における経験等を通じて形成したノウハウ等
> ③ 生産工程，交渉手順及び開発，販売，資金調達等に係る取引網等
> 　なお，①は技術革新に関する無形資産，②は人的資源に関する無形資産，③は組織に関する無形資産としてそれぞれ分類することができる。
> 　　（注）　事務運営指針3-11の前段部分は，無形資産が関係する取引が複雑・多様化してきていることから，調査に当たり，無形資産と法人が得る利益との関係を多角的に検討するため，無形資産の形態等に着目して分類したものであり，無形資産の定義を新たに設けたものではない。
>
> 　また，法人又は国外関連者の有する無形資産が所得の源泉となっているかどうかの検討に当たっては，例えば，国外関連取引の事業と同種の事業を営み，市場，事業規模等が類似する法人のうち，独自の機能を果たさない法人（基本的活動のみを行う法人）を把握できる場合には，法人又は国外関連者の国外関連取引に係る利益率等の水準と基本的活動のみを行う法人の利益率等の水準との比較を行うとともに，法人又は国外関連者の無形資産の形成に係る活動，機能等（例えば，本事例における研究開発や広告宣伝に係る活動・機能など）を十分に分析する必要がある（事務運営指針3-11後段部分）。

　そのため，DCF法を最適方法ルールの下で，独立企業間価格算定方法として適用していくための手当てを講じていく必要もあるものと考えられる。

(2)　取引単位営業利益法の適用

　無形資産や無形資産に係る権利が関わる事例について，最適な移転価格算定手法を選択するに当たっては，以下に点に特に留意していくべきであると考えられている[75]。

　75　新OECD移転価格ガイドライン・パラグラフ6.131。また，パラグラフ6.132では，無形資産や無形資産に係る権利の移転においては，異なる形式で構築された取引が，同様の経済的

(i) 関連する無形資産の性質
(ii) 比較可能な非関連者間取引及び無形資産を特定することの困難さ
(iii) 無形資産の移転が関わる事例について特定の移転価格算定手法を適用することの困難さ

　また，片側検証により取引単位営業利益法を適用する場合においては，無形資産や無形資産に係る権利の移転に関して，機能の遂行に対する限定的な対価支払い後の全ての超過利益が，無形資産の所有者に必ず配分されるべきであると単純に考えないことが重要であるとも指摘されている[76]。

① 比較可能性分析

　取引単位営業利益法の適用においては，比較可能性分析において非関連者間取引から信頼できる比較可能な情報を把握でき，適切かつ信頼できる差異調整を行った後に，比較対象取引に基づき無形資産や無形資産の権利の移転に関する独立企業間価格を算定することが可能となるのである[77]。

　　効果をもたらすかもしれないことを認識することが重要であり，例えば，無形資産を使用する役務提供の効果は，譲受人に対して無形資産の価値を譲渡するかもしれないことから，無形資産や無形資産に係る権利の移転取引における経済的効果と極めて類似することがある。そのため，無形資産や無形資産に係る権利の移転取引に係る最適な移転価格算定手法を選択するに当たっては，無形資産の名称に基づいて判断するのではなく，その取引の経済的効果を考慮することが重要であると指摘している。

[76] 新OECD移転価格ガイドライン・パラグラフ6.133では，多国籍企業のグローバル事業のプロセス及び移転された無形資産がグローバル事業を構成するその他の機能，資産及びリスクに対してどのように相互作用しているかを明確に理解できるような機能分析に基づき，最適な移転価格算定手法の選択がなされるべきであるとしている。特に，機能分析では，価値の創造に貢献する全ての要因を特定するべきであり，これらには，引き受けるリスク，市場の具体的な特徴，立地，事業戦略及び多国籍企業グループシナジーが含まれることがあると考えられている。また，選定された移転価格算定手法及び比較可能性分析に基づく方法において盛り込まれた調整については，無形資産及び基本的な機能だけでなく，価値の創造に大きく寄与する関連の要因を全て考慮すべきであるとしている。

[77] 新OECD移転価格ガイドライン・パラグラフ6.137。ただし，パラグラフ6.138では，無形資産や無形資産に係る権利の移転が関わる問題では，機能分析を含む比較可能性分析において，独立企業間価格やその他の条件を決定する際に使用可能な信頼できる比較可能な非関連者間取引がないことが判明することが多いと指摘している。特に，無形資産がユニークな性質を有している場合，又はこの無形資産が非常に重要であるために関連者間でのみ移転される場合，こうしたことが発生する可能性があるが，潜在的な比較対象取引に関する利用可能なデータがないこと等の原因から生じることもあるとしている。ただし，信頼できる比較

第4節 評価困難な無形資産取引（特定無形資産取引）に係る価格調整措置の導入

仮に，信頼できる比較可能な非関連者間取引に関する情報を把握できない場合には，独立企業原則上，その他の方法により，比較可能な状況において非関連者であれば合意したであろう価格を算定することが求められ，以下の点を考慮することが求められる。

・取引の各当事者の機能，資産及びリスク
・取引を行う事業上の理由
・取引の各当事者が現実に利用可能な選択肢
・無形資産によってもたらされる競争上の優位性，特に無形資産に関連する製品及び役務又は潜在的な製品及び役務の相対的な収益性
・取引から見込まれる将来の経済的収益
・現地市場，ロケーション・セービング，集合労働力，多国籍企業のグループシナジーといった特徴等のその他の比較可能性の要素[78]

なお，取引単位営業利益法の適用における比較対象取引の選定については，独立価格比準法，再販売価格基準法及び原価基準法と比較して，選定のための基準が緩和されており，差異の調整ができない非関連者間取引であっても，比較対象取引として選定していくことが可能と考えられている。

対象取引がなかったとしても，関連者間取引における独立企業間価格等の条件を決定することは，可能であると考えられている。

78 新OECD移転価格ガイドライン・パラグラフ6.139。また，パラグラフ6.140では，比較可能な状況において非関連者であれば合意したであろう価格及びその他の条件を特定する際，関連者間取引に特有で，当事者間の関係に起因するものを慎重に特定することが不可欠である場合が多い。関連企業は，非関連企業と全く同様に取引を構築することは求められないが，関連企業によって利用されている取引形態が独立企業間の取引では典型的なものではない場合には，独立企業原則上，双方の関連者が稼得したであろう所得の算定に当たっては，比較可能な状況下で，その取引形態が，非関連者であれば合意したであろう価格及びその他の条件に及ぼす影響を勘案すべきであると指摘している。

○取引単位営業利益法の適用に係る我が国での実務上の取扱い

> **(国税庁事務運営指針)**
> (4-8) 取引単位営業利益法の適用における比較対象取引の選定
> 　国外関連取引と非関連者間取引との差異が措置法第66条の4第2項第1号イに規定する対価の額又は同号ロ及びハに規定する通常の利益率の算定に影響を及ぼす場合であっても、措置法施行令第39条の12第8項第2号から第5号までに規定する割合の算定において、当該差異が影響を及ぼすことが客観的に明らかでない場合があることから、取引単位営業利益法の適用においては、基本三法の適用に係る差異の調整ができない非関連者間取引であっても、比較対象取引として選定して差し支えない場合があることに留意する。
> 　　(注)　国外関連取引の当事者が果たす主たる機能と非関連者間取引の当事者が果たす主たる機能が異なる場合には、通常その差異は上記の割合の算定に影響を及ぼすことになることに留意する。
> (4-9)　取引単位営業利益における販売のために要した販売費及び一般管理費
> 　取引単位営業利益法により独立企業間価格を算定する場合の「国外関連取引に係る棚卸資産の販売のために要した販売費及び一般管理費」には、その販売に直接に要した費用のほか、間接に要した費用が含まれることに留意する。この場合において、国外関連取引及びそれ以外の取引の双方に関連して生じたものがあるときは、これらの費用の額を、個々の取引形態に応じて、例えば、当該双方の取引に係る売上金額、売上原価、使用した資産の価額、従事した使用人の数等、当該双方の取引の内容及び費用の性質に照らして合理的と認められる要素の比に応じてあん分する。

　特に、無形資産や無形資産に係る権利の移転に関し、再販売価格基準法や取引単位営業利益法等の片側検証による方法は、無形資産を直接評価する方法としては一般的に信頼性は高くないが、状況によっては、片側検証により一部の機能の価値を決定し、無形資産の残余価値を算出することで、無形資産の間接的な評価に使用することが可能になるが、所得創出に寄与する全ての機能、資産、リスクその他の要因を適切に特定し評価することに注意が必要となる[79]。

　　79　新 OECD 移転価格ガイドライン・パラグラフ6.141。また、パラグラフ6.142では、無形資産の開発費用に基づいて無形資産価値の推定を行う移転価格算定手法を使用することは、一般的に推奨されないとしており、無形資産開発費用と開発後の無形資産の価値や移転価格の

また，複数の無形資産の移転が関わる問題において，最も有益と考えられる移転価格算定手法は，CUP法や取引単位利益分割法であり，状況によっては評価テクニックも有効なツールになり得ると考えられている[80]。

② 差異調整の方法

　今回の移転価格税制の見直しでは，差異調整の方法について以下のように四分位法の考え方が認められることとなった。

　「比較対象取引の利益率を参照する価格算定方法に係る差異調整について，定量的に把握することが困難な差異があるために必要な調整を加えることができない場合には，いわゆる四分位法に基づく方法により差異調整を行うことができることとする。」

　現行の移転価格税制は，独立企業間価格が一点で算定される仕組みとなっていることから，法令上は四分位幅の中央値をもって比較対象である「通常の利益率」とするが，納税者が算定した取引価格が，税務当局が選定した4以上の比較対象取引の利益率から形成される四分位幅に基づく価格帯の中にある場合には，当該取引価格は独立企業間価格に相当するものとして，税務当局が移転価格税制による価格調整を求めない旨を通達で明確化することを検討すること

　　間に関連性はほとんどないからであり，無形資産開発費用に基づく移転価格算定手法は，一般的に避けるべきであると指摘している。ただし，パラグラフ6.143では，状況によっては，無形資産の再生又は再調達に係る見積り費用に基づく移転価格算定手法が使用されるかもしれないとしている。特に無形資産がユニークで価値あるものではない場合に，部内業務で使用される無形資産（組織内ソフトウェアシステム等）の開発について適用すると有効な場合があるかもしれないからである。また，開発途中の無形資産についての独立企業間価格を算定するに当たり，費用を基礎とする評価方法の信頼性は低いと考えられている。
80　新OECD移転価格ガイドライン・パラグラフ6.145。パラグラフ6.146では，信頼できる比較対象取引が特定可能な場合，無形資産や無形資産に係る権利の移転について独立企業間条件を決定するために，CUP法が使用できると考えられている。無形資産の移転に関してCUP法が適用される場合，関連者間取引と比較対象取引候補における無形資産や権利に係る比較可能性に特に配慮を払わなければならないが信頼できる比較対象取引の特定は，無形資産が関わる多くの事例において困難か不可能であるとも認識されている。

になると考えられる。

　取引条件が独立企業のものに一致するか否かを判断する上で最も信頼できる単一の数値（例えば，価格又は利幅）を得ることにより，独立企業原則を適用できる場合があるが，移転価格の算定は厳密な科学ではないため，相対的に同等の信頼性があるような，複数の適切な算定手法や，それに基づく数値の幅が生み出される場合も多くあり，幅を構成している数値の間にみられる差異は，一般に，独立企業原則の適用は独立企業間であれば成立したであろう条件の近似しか生み出さないという事実によりもたらされたものと考えられている[81]。

　また，比較可能性の程度が劣るポイントを除外するためにあらゆる努力を行ったとしても，それによって得られるものは，比較対象の選定に使用されたプロセスと比較対象について利用可能な情報の制約の下で，特定又は定量化できず調整もできない一定の比較可能性の欠陥が残っている数値の幅が生まれるのであれば，統計的手法を用いて，中心傾向に沿って幅を狭め，例えば四分位幅やその他の百分位値により分析の信頼性に向上に役立つと考えられており[82]，実務上は四分位幅が一般的に採用されてきている。

　さらに，最適な手法又は適切な状況では複数の手法の適用により，数値の幅ができる場合，当該幅のそれぞれのポイントの実質的な偏差は，データの信頼性や比較対象データ調整の必要性から偏差が生じている可能性もある。その場合，ポイントの分析により独立企業間価格の幅に含めることが適当であるか判

---

[81] 新OECD移転価格ガイドライン・パラグラフ3.55では，幅の中の様々な数値は，比較可能な状況の下で比較可能な取引を行う独立企業が当該取引につき全く同じ価格を設定しない場合もあるという事実を表していると考えられている。また，パラグラフ3.56では，検討している比較対象取引全てについて同じ程度の比較可能性が認められるわけではなく，非関連者間取引の比較可能性の程度が他よりも劣ると判断できる場合には，この取引を除外すべきであると指摘している。

[82] 新OECD移転価格ガイドライン・パラグラフ3.57。また，パラグラフ3.58では，複数の方法が適用される場合にも，複数の数値からなる幅がもたらされる可能性があり，同程度の比較可能性が得られる2つの方法が使用できる場合がある。適用する手法の性質やデータが異なることから，手法ごとに異なる結果又は結果の幅が生じるかもしれないが，それぞれの幅を独立企業の複数の数値からなる1つの容認可能な幅を設定するために利用できる可能性もあり，複数の幅が重複する場合には独立企業間価格幅をより正確に定めるために有用であり，複数の幅が重複しない場合には，複数の手法の正確性を再検討するために有用であると考えられる場合があると指摘している。

第4節 評価困難な無形資産取引（特定無形資産取引）に係る価格調整措置の導入　201

断する必要があるが[83]，関連者間取引における関連条件としての価格や利益が独立企業間価格幅に入っている場合，課税処分は行われるべきでないと考えられている[84]。

○比較対象取引が複数ある場合の独立企業間価格の算定に係る我が国での実務上の取扱い

（国税庁事務運営指針）
（4－5）　比較対象取引が複数ある場合の独立企業間価格の算定
　国外関連取引に係る比較対象取引が複数存在し，当該比較対象取引に係る価格又は利益率等（国外関連取引と比較対象取引との差異について調整を行う必要がある場合は，当該調整を行った後のものに限る。以下「比較対象利益率等」という。）が形成する一定の幅の外に当該国外関連取引に係る価格又は利益率等がある場合には，原則として，当該比較対象利益率等の平均値に基づき独立企業間価格を算定する方法を用いるのであるが，中央値など，当該比較対象利益率等の分布状況等に応じた合理的な値が他に認められる場合は，これを用いて独立企業間価格を算定することに留意する。

（国税庁参考事例集）
独立価格比準法解説5
　最も適切な方法として選定した算定方法に基づき独立企業間価格を算定するに当たり，比較可能性が十分な非関連者間取引（比較対象取引）が複数存在し，独立企業間価格が一定の幅を有する場合がありうる。こうした場合において，当該幅の中に当該国外関連取引の対価の額があるときは，移転価格課税の対象とはな

83　新OECD移転価格ガイドライン・パラグラフ3.59。
84　新OECD移転価格ガイドライン・パラグラフ3.60。パラグラフ3.61では，関連者間取引における関連条件としての価格や利益が税務当局の主張する独立企業間価格幅に入っていない場合，納税者には，関連者間取引の条件が独立企業原則に沿うものであり，実績が独立企業間価格幅に収まっており，独立企業間価格幅は税務当局により主張されているものと異なることを主張する機会が与えられるべきであるとしている。納税者がその事実を証明できない場合，税務当局は，関連者間取引の条件を調整することになるが，その場合には，独立企業間価格幅の中のポイントを決定しなければならない。そのため，パラグラフ3.62では，ポイントの決定に当たり，比較的高い信頼性を有する複数の結果により幅が構成されている場合，幅の中のいずれのポイントも独立企業原則を満たしているという議論の余地があるが，未知の又は定量化できない比較可能性の欠陥が残っていることによる誤りのリスクを最小化するため，中心傾向の値として中央値，平均値又は加重平均等を使用することが適切な可能性があると指摘している。

らない（措置法通達66の4(3)-4）。
　他方，移転価格税制上の問題の有無を判断するための要素の一つとして，比較対象取引の候補と考えられる取引に係る利益率等の範囲内に，国外関連取引に係る利益率等があるかどうかを検討することがあるが（事務運営指針3-2(1)），これらの比較対象取引の候補と考えられる取引は，十分なスクリーニングを行う前のものであることを考慮すると，事務運営指針3-2(1)に定める利益率等の範囲が相当の幅を有しているという場合もありうる。
　このため，事務運営指針3-2(1)の検討においては，必要に応じて四分位法によるレンジ等を活用することが適切な場合もあることに留意する。
　（注）　一般的に四分位法によるレンジとは，総データの第1四分位と第3四分位から成る幅をいう。

(3) 取引単位利益分割法の適用

　無形資産や無形資産に係る権利の移転に関して，信頼できる比較対象取引が特定できない場合，取引単位利益分割法を適用することになるが，その信頼性を評価するためには，合算利益に係る信頼性のあるデータの利用可能性，適切な費用配分，合算利益の分割ファクターの信頼性について十分に検討していくことが求められる[85]。

　特に，開発途中の無形資産の移転について利益分割法を適用する場合には，無形資産の開発に対する移転前と移転後の相対的な貢献の価値を分析していく必要がある。開発途中の無形資産への譲渡人の貢献については，譲渡後の開発活動が成功する仮定の下，移転後の一定期間に発生が見込まれるキャッシュ・フローや収益を基礎として分析することが可能であるとしている[86]。

85　新OECD移転価格ガイドライン・パラグラフ6.148。また，同パラグラフ6.149では，無形資産に係る権利の完全な移転取引に適用される場合には，関連者の果たす機能，使用する資産及び引き受けるリスクを十分に考慮した機能分析が求められ，予測収益や予測費用に基づく場合には，予測の正確性に係る懸念を考慮する必要がある。

86　新OECD移転価格ガイドライン・パラグラフ6.150。また，パラグラフ6.151では，開発中の無形資産を移転後の年度における所得創出に対する当事者の貢献度の測定や将来の所得への独立企業間の配分を決定するために利益分割法を適用する場合，特に注意が必要であり，例えば，ブロックバスターとなる医薬品の兆候を示す化合物が，研究所で僅少な費用で開発されるのであれば，移転前に行われた貢献や活動の価値の評価において，研究開発活動のための費用は重要でなく，移転前後の研究活動等による貢献の相対的なリスクや価値，償却割

完全に開発された無形資産に係る限定的な権利をライセンスにより移転する事例においても，信頼できる比較対象が特定できない場合，利益創出への各当事者の貢献を評価するために，取引単位利益分割法が適用できる可能性もある。その際には，ライセンスにより許諾された無形資産に係る権利の利益への貢献が移転後の所得創出への貢献要素の一つとなるが，それ以外の要因として，例えば，ライセンス使用者である譲受人の機能やリスク，ライセンス許諾者である譲渡人とライセンス使用者である譲受人の双方が使用する他の無形資産や関連する要因等について検討していく必要もある[87]。

所得相応性基準を背景とした価格調整措置を適用し，超過ロイヤルティの回収を行う場合，米国では独立取引比準法や利益比準法等の比較法による検証が一般的であったが，バリューチェーン分析に基づき取引単位利益分割法での超過利益の再配分を行うのであれば，取引単位利益分割法の適用に係る配分キーの決定を事後的に調整できる余地を残すことにつながるものと考えられる。

超過利益の事後的な発生により所得相応性基準を背景とした価格調整措置を適用する場合，配分キーを変更するためには慎重な検討が必要であり，新OECD移転価格ガイドラインにおいても，この問題は指摘されているが[88]，解決されていない問題と考えられる。

① 我が国での裁判例[89]

取引単位利益分割法の適用に係る裁判例である株式会社パシフィック・フルーツ・リミテッド事件東京地裁判決[90]では，分割要因をどのように選定する

合，無形資産以外の貢献の価値等，評価の困難な要素を考慮していく必要があるとしている。
87 新OECD移転価格ガイドライン・パラグラフ6.152では，ライセンスされた無形資産の価値の改良に対するライセンス使用者の貢献を評価することも重要であり，関連するリスクの引受けの分析を含む機能分析によって判明した事実から所得配分が決定されることになるが，ライセンスに係る利益の分割では，機能利益を超過する利益の全てが，ライセンス許諾者に配分されるわけではないとしている。
88 新OECD移転価格ガイドライン・パラグラフ2.146では，資産や原価等の配分キーの決定に当たり困難が生ずるのは，費用発生時点と価値創出時点との間にタイムラグが生じるからであり，いずれの期間の費用を使用すべきかの決定が困難な可能性があると指摘している。
89 藤枝純，角田伸広「移転価格税制の実務詳解」中央経済社，2016年10月に基づき作成した。
90 東京地判平成24年4月27日訟務月報59巻7号1937頁。

かが争点となった。

　裁判所は,「分割要因の選定に当たっては,国外関連取引の内容に応じて各当事者が果たす機能を分析し,その機能に差異があるときは,それぞれの機能が分割対象利益の発生に寄与する程度や性格等を考慮し,各当事者が分割対象利益の獲得に寄与した相対的な程度を推測するに足りる要因を選定すべきと解するのが相当である」とした上で,納税者と国外関連者が行う業務はいずれも仕入販売業務及び一般管理業務であるから,両者の機能に差異はないと認定し,両者がこれらの業務のために支出した費用は販売費一般管理費として計上されている等から,販売費一般管理費は,両者が当該国外関連取引に係る営業利益の獲得に「寄与した相対的な程度を推測するに足りる要因」と認められると判示している。

　同事件東京高裁判決[91]では,分割対象利益の分割要因として販売費一般管理費を用いることについて,納税者（控訴人）は,OECD移転価格ガイドラインによれば,利益分割法の適用のためには,分割要因と分割対象損益との間には強い相関関係（a strong correlation）が存在しなければならないと主張したが[92],「措置法施行令39条の12第8項は,分割要因について,法人又は国外関連者が『当該所得の発生に寄与した程度を推測するに足りる要因』と規定しており,『当該所得の発生に寄与した要因』とは規定していないことからすれば,同条項の解釈としては,分割要因と分割対象損益との間に,他方の増減がもう一方の増減に影響するといった関連性の存在は要求されていないものというべきである。控訴人は,OECD移転価格ガイドラインを根拠に,上記関連性の必要性を主張するが,同ガイドラインが直ちに,わが国における課税処分である本件各処分の違法性の根拠となり得るものではない。他に,上記控訴人の主張の裏付けとなる法令上の根拠は存在しないから,これを採用することはでき

91　東京高判平成25年3月28日租税訴務資料263号12187順号。
92　OECDガイドライン・パラグラフ2.138。
　　「相対的な発生費用と関連する付加価値との間に強い相関関係が特定できる場合には,費用ベースの配分キーが適切であるかもしれない。」
　　なお,新OECD移転価格ガイドライン2.144に同様の記述が存在する。

第4節 評価困難な無形資産取引（特定無形資産取引）に係る価格調整措置の導入

ない。」として，控訴人の主張を退けている。

　また，「控訴人の営業利益が大幅に減少し，多額の本件分割対象損失が生じた理由は，控訴人の輸入したエクアドル産バナナの需要急減に伴う浜値の大幅な急落等にあり，販管費との関連性は全く存在しない」という納税者（控訴人）の主張に対して，かかる「主張は，いずれも分割要因（販管費）と分割対象損益（営業利益）との間に関連性を要するとの前記控訴人の主張を前提とするものであるから，いずれにしろ，その前提を欠くものであり，失当である」と判示している。

　さらに，利益分割と損失分割とでは分割要因について異なった配慮が必要であるという控訴人の主張についても，「控訴人は，OECD報告書を根拠に，利益分割と損失分割では異なった配慮が必要であると主張するが，同報告書が直ちに，わが国における課税処分である本件各処分の違法性の根拠となり得るものではない」として退けている。

　同様に，利益分割法に係る判断として，平成22年1月27日裁決において，国税不服審判所は，「双方が所有する無形資産の価値を判断する要素については，法的な所有関係だけでなく，無形資産を形成等させるための活動において関連当事者の行った貢献についても勘案する必要があることから，当該無形資産の形成などのための意思決定，役務の提供，費用負担及びリスク管理において，関連当事者が果たした機能等を総合的に勘案し判断することが相当であると解される」としている。

　また，人件費の残余利益に係る分割要因については，平成22年6月28日裁決において，税務当局は，重要な無形資産の形成等に貢献している部署の責任者の「超過人件費」（年間人件費から関連の製造業の平均人件費を控除した金額）を使用したが，国税不服審判所も，人件費のうち無形資産の形成等に貢献しない基本的活動に対応する部分の人件費を控除し，無形資産の形成等に貢献している部分の「超過人件費」を分割要因とする扱いを合理的であると支持してい

る。

　さらに，無形資産の形成，維持，発展に当たっての貢献の残余利益分割法適用における分割要因（分割指標）について，平成25年３月18日裁決において，国税不服審判所が，「事務運営要領２-11は，無形資産の使用許諾等について調査を行う場合には，当該無形資産の法的な所有関係のみならず，当該無形資産を形成し，維持，発展させるに当たり法人又は国外関連者の行った貢献も勘案することに留意する旨定めている。……利益分割法及び残余利益分割法の趣旨に鑑みると，残余利益分割法を適用して独立企業間価格を算定する場合における残余利益（超過利益）の配分に当たり，当該残余利益（超過利益）の源泉を法人又は国外関連者のいずれの分割要因とするかについては，諸般の事情を総合的に勘案し，移転価格課税の目的に照らして実質的に判断すべきであると解されるのであり，上記の事務運営要領の定めは，この趣旨を明らかにしたものとして，当審判所においても相当であると認める。」としている。
　その上で，上記判断基準の具体的当てはめを行い，審判所は，国外における臨床試験は，納税者が日本において実施していた基礎研究や前臨床試験等とは別個のものとして進められた事実を重視した上で，「販売会社としてのTAP社の利益に直接寄与する」ことを認定し，まず，法的関係を前提とした判断を行っている。
　次に，審判所は，「無形資産の形成，維持又は発展」に関する貢献については，経済的側面を重視して，「上記臨床試験に係る無形資産の形成等のための意思決定及びリスク管理等の主体はTAP社であったということができるから，……TAP社の分割資料とするのが相当」と判断しているのである。

　なお，残余利益分割法の基本的利益算定での比較可能性については，本田技研工業株式会社事件東京地裁判決[93]において，「検証対象法人が市場において事業活動を行うに当たりその利益に政府の規制や介入を受けている場合には，

---

[93] 東京地判平成26年８月28日（平成23年（行ウ）164号）。

第4節 評価困難な無形資産取引（特定無形資産取引）に係る価格調整措置の導入

そのような影響を検証対象法人と同様に受けている法人を比較対象法人として選定するのでなければ、比較対象法人が事業活動を行う市場と検証対象法人が事業活動を行う市場とが類似するものであるということはできず、当該比較対象法人は検証対象法人との比較可能性を有するものではない。」とし、「マナウス税恩典利益は、それを享受する法人の営業利益に影響を及ぼす性質を有し、政府助成金や補助金といった政府の介入の実質を有するものとして、マナウスフリーゾーンという市場の条件を構成する」から、「検証対象法人がマナウスフリーゾーンで事業活動を行いマナウス税恩典利益を享受している場合には、マナウスフリーゾーンで事業活動を行い検証対象法人と同様にマナウス税恩典利益を享受している法人を比較対象法人として選定するのでなければ、比較対象法人が事業活動を行う市場と検証対象法人が事業活動を行う市場とが類似するものであるということはできず、当該比較対象法人は検証対象法人との比較可能性を有するものではないこととなるというべきである。」として、比較対象法人と検証対象法人の間に比較可能性は認められない旨、判示している。

さらに、基本的利益算定における差異調整と比較可能性について、「比較対象法人と検証対象法人とがその果たす機能その他においてその事業用資産又は売上高に対する営業利益の割合等の差異を生じさせる差異がある場合においても、当該差異につき適切な調整を行うことができるときには、その差異により生じる割合の差につき必要な調整（差異調整）を加えた後の割合をもって上記事業用資産又は売上高に対する営業利益の割合等としてこれに基づき基本的利益の算定をすることができるが、そのような差異調整をすることができないときには、当該比較対象法人の事業用資産又は売上高に対する営業利益の割合等に基づいて基本的利益の算定をすることはできないと解される」としている。

同事件東京高裁判決[94]では、「残余利益分割法においては、基本三法に比較して、比較対象法人に求められる比較可能性の程度は緩やかであるとしても、また、総費用営業利益率により市場の類似性の判断をしたとしても、マナウス税恩典利益は、本件のブラジル側比較対象企業とHDA社等との比較可能性に

---

94 東京高判平成27年5月13日（平成23年（行コ）347号）。

重大な影響を及ぼすものであり，適切な差異調整をすることなくなされた本件各更正等は違法であり取り消されるべき」であるとして，国外関連者と比較対象法人の比較可能性に関する東京地裁判決（原判決）の結論を支持している。

　我が国においては，取引単位利益分割法による超過ロイヤリティの配分は多くの事例で行われており，以下のとおり実務上の取扱いが詳細に定められている。

○取引単位利益分割法に係る我が国での実務上の取扱い①

（措置法通達（法人税編）66の4(5)-1）利益分割法の意義
　措置法令第39条の12第8項第1号に掲げる方法（以下「利益分割法」という。）は，同号イからハまでに掲げるいずれかの方法によって，国外関連取引に係る棚卸資産の販売等により法人及び国外関連者に生じた所得（以下「分割対象利益等」といい，原則として，当該法人に係る営業利益又は営業損失に当該国外関連者に係る営業利益又は営業損失を加算した金額を用いるものとする。）を当該法人及び国外関連者に配分することにより独立企業間価格を算定する方法をいうことに留意する。（平12年課法2-13「二」により追加，平16年課法2-14「二十八」，平23年課法2-13「二」により改正）

（措置法通達（法人税編）66の4(5)-2）分割要因
　利益分割法の適用に当たり，分割対象利益等又は措置法令第39条の12第8項第1号ハ(2)に規定する残余利益等（以下「残余利益等」という。）の配分に用いる要因が複数ある場合には，それぞれの要因が分割対象利益等又は残余利益等の発生に寄与した程度に応じて，合理的に計算するものとする。（平12年課法2-13「二」により追加，平23年課法2-13「二」により改正）

（措置法通達（法人税編）66の4(5)-4）残余利益分割法
　残余利益分割法の適用に当たり，基本的利益とは，66の4(3)-1の(5)に掲げる取引に基づき算定される独自の機能を果たさない非関連者間取引において得られる所得をいうのであるから，分割対象利益等と法人及び国外関連者に係る基本的利益の合計額との差額である残余利益等は，原則として，国外関連取引に係る棚卸資産の販売等において，当該法人及び国外関連者が独自の機能を果たすことによりこれらの者に生じた所得となることに留意する。

第4節 評価困難な無形資産取引（特定無形資産取引）に係る価格調整措置の導入

　また，残余利益等を法人及び国外関連者で配分するに当たっては，その配分に用いる要因として，例えば，法人及び国外関連者が無形資産を用いることにより独自の機能を果たしている場合には，当該無形資産による寄与の程度を推測するに足りるものとして，これらの者が有する無形資産の価額，当該無形資産の開発のために支出した費用の額等を用いることができることに留意する。（平12年課法2-13「二」により追加，平23年課法2-13「二」により改正）

○取引単位利益分割法に係る我が国での実務上の取扱い②

（国税庁事務運営指針）
（4-6）　利益分割法における共通費用の取扱い
　利益分割法の適用に当たり，法人又は国外関連者の売上原価，販売費及び一般管理費その他の費用のうち国外関連取引及びそれ以外の取引の双方に関連して生じたもの（以下4-6において「共通費用」という。）がある場合には，これらの費用の額を，個々の取引形態に応じて，例えば当該双方の取引に係る売上金額，売上原価，使用した資産の価額，従事した使用人の数等，当該双方の取引の内容及び費用の性質に照らして合理的と認められる要素の比に応じてあん分し，当該国外関連取引の分割対象利益等（措置法通達66の4(5)-1（利益分割法の意義）に定める分割対象利益等をいう。以下同じ。）を計算することに留意する。
　なお，分割対象利益等の配分に用いる要因の計算を費用の額に基づいて行う場合にも，共通費用については上記に準じて計算することに留意する。

（4-7）　残余利益分割法の取扱い
　残余利益分割法の適用に当たり，措置法施行令第39条の12第8項第1号ハ(1)に掲げる金額（以下「基本的利益」という。）については，同号ハ(1)に規定する「第6項，前項又は次号から第5号までに規定する必要な調整を加えないものとした場合のこれらの規定による割合」のうち，最も適切な利益指標を選定して計算することに留意する。
　　（注）　措置法通達66の4(3)-1(5)に掲げる取引が複数存在する場合の基本的利益の計算については，原則として，当該取引に係る上記の割合の平均値を用いるのであるが，当該上記の割合の分布状況等に応じた合理的な値が他に認められる場合は，これを用いることに留意する。
　　　　なお，上記の割合は，措置法施行令第39条の12第8項第1号ハ(1)の括弧書に規定する必要な調整を加えた後の割合であることに留意する。

○取引単位利益分割法に係る我が国での実務上の取扱い③

(国税庁参考事例集)
事例7　寄与度利益分割法（解説4）
　寄与度利益分割法を適用する場合の分割要因については，国外関連取引の内容に応じ法人及び国外関連者が支出した人件費等の費用の額，投下資本の額等，これらの者が分割対象利益等の発生に寄与した程度を推測するにふさわしいものを用いる必要がある。
　例えば，製造，販売等経常的に果たされている機能が利益の発生に寄与している場合には，当該機能を反映する人件費等の費用の額や減価償却費などを用いるのが合理的と考えられる。
(参考)　分割対象利益等について利益分割法は，国外関連取引に係る棚卸資産の販売等により法人及び国外関連者に生じた所得（分割対象利益等）を，措置法施行令第39条の12第8項第1号イからハまでに掲げるいずれかの方法を用いて，当該法人及び国外関連者に配分することにより独立企業間価格を算定する方法であり，分割対象利益等には，原則として，当該法人及び国外関連者に係る営業利益の合計額を用いることとしている（措置法通達66の4(5)-1）。
　分割対象利益等に営業利益を用いる理由は，利益分割法が，「独立の事業者の間であれば，当該事業者の間で行われた事業に係る利益がどのように配分されるか」という点を考慮して独立企業間価格を算定する方法であることから，売上総利益や当期純利益よりも，事業活動の直接の結果を示す営業利益の合計額を配分の対象とすることがより合理的であるためである。
　また，分割対象利益等は，国外関連取引に参加したすべての関連者に生じた当該取引に係る損益（原則として営業損益）の総和と解されることから，これには営業損失も含まれることになる（措置法通達66の4(5)-1）。
　なお，利益分割法の適用に係る営業利益の範囲は，取引単位営業利益法の適用に係る営業利益の範囲と同様となるが，利益分割法の適用においては，国外関連取引の両当事者の会計処理や通貨に関する基準を共通化するとともに，採用した基準は利益分割法の適用対象年度において継続使用する必要があることに留意する。

事例8　残余利益分割法（解説3）
　無形資産は，その独自性・個別性（いわゆるユニークさ）により基本的活動のみを行う法人に比較して経済競争上の優越的な立場をもたらし得るという特徴を有しているために，無形資産が関係する国外関連取引に係る比較対象取引を選定することは困難な場合が多い。
　このため，法人及び国外関連者の双方が無形資産を使用する等により，双方に

第4節 評価困難な無形資産取引（特定無形資産取引）に係る価格調整措置の導入

よる独自の価値ある寄与が認められる場合において，残余利益分割法の選定が適切となるときがある。

(参考) 残余利益分割法に準ずる方法について利益分割法は，法人及び国外関連者による国外関連取引に係る棚卸資産の取得及び販売によりこれらの者に生じた所得の合計額を配分の対象として独立企業間価格を算定する方法である（措置法施行令第39条の12第8項第1号）。したがって，本事例のように，棚卸資産の販売取引にそれ以外の取引を加え，これらを一の取引として独立企業間価格の算定を行う場合において，残余利益分割法と同様の考え方で利益分割法を用いる方法は，残余利益分割法に準ずる方法（同項第4号）となる。

なお，上記のほか，残余利益分割法に準ずる方法として，例えば次の例が挙げられる。
・基本的取引が複数ある場合に，当該基本的取引に係る利益指標の平均値等に基づき計算した基本的利益に相当する金額を用いて，残余利益分割法と同様の考え方で利益分割法を用いる方法
・国外関連取引に係る棚卸資産の買手が当該棚卸資産を他者に賃貸している場合に，当該買手の当該棚卸資産の賃貸に係る所得と，当該棚卸資産の売手の当該棚卸資産の販売に係る所得との合計額を配分の対象とし，残余利益分割法と同様の考え方で利益分割法を用いる方法
・国外関連取引に係る棚卸資産の買手が当該棚卸資産を関連者に販売した場合に，当該関連者を検証対象の当事者とする取引単位営業利益法に準ずる方法を用いて算定した当該買手の当該棚卸資産の販売に係る所得と，当該棚卸資産の売手の当該棚卸資産の販売に係る所得との合計額を配分の対象とし，残余利益分割法と同様の考え方で利益分割法を用いる方法

事例22　残余利益等の分割要因（解説）
1　残余利益等の法人及び国外関連者への配分は，残余利益等に対する独自の価値ある寄与の程度に応じて行うことから，当該寄与が無形資産によるものである場合は，残余利益等の分割要因には所得の源泉となっている無形資産の寄与の程度を用いることになる（措置法通達66の4(5)-4）。

ただし，無形資産の寄与の程度を測るためには，法人又は国外関連者が有する無形資産の価値の絶対額を求めることは必ずしも必要ではなく，それぞれが有する無形資産の相対的な価値の割合で足りるから，無形資産の取得原価のほか，無形資産の形成・維持・発展の活動を反映する各期の支出費用等の額を用いることが考えられる。

2　分割要因として無形資産の取得原価を用いる場合には，研究開発活動による特許権や製造ノウハウ等の形成・維持・発展に係る費用を個別に特定することが困難な場合も少なくないと思われる。また，無形資産の価値が時の経過とともに減少する場合には，個々の無形資産の価値が持続すると見込まれる期間を

合理的,客観的に見積もることが必要になる。
3 また,例えば,無形資産の形成・維持・発展の活動に着目して,当該活動が継続的に行われ,活動を反映する各期の費用の発生状況が比較的安定している状況においては,活動を反映する各期の費用の額を分割要因として残余利益等を配分することも合理的と考えられる。

なお,各期の無形資産の形成・維持・発展の活動の支出費用等の額に大きな変動がある場合など,各期の費用を分割要因として用いることに弊害があると認められる場合には,合理的な期間の支出費用等の額の平均値を使用する方法や,合理的な期間の支出額を集計し,一定の年数で配分するとした場合の配分額を使用する方法等によることも可能である。

(注) 各期の支出費用等の額を分割要因とする場合において,分割要因が合理的に決定され,無形資産の相対的な価値の割合が適切に算出されているときには,残余利益等の金額に比し分割要因の金額が相対的に少額であったとしても,残余利益分割法の適用は適当であると認められる。

4 残余利益等の分割要因として,無形資産の形成のために支出した費用等の額を使用する場合には,例えば,無形資産の形成活動との関係が深い次のような費用の中から関係する費用を特定することとなる。
　1 特許権,製造ノウハウ等,製造活動に用いられる無形資産:研究開発部門,製造部門の関係費用等
　2 ブランド,商標,販売網,顧客リスト等マーケティング活動に用いられる無形資産:広告宣伝部門,販売促進部門,マーケティング部門の関係費用等
　3 事業判断,リスク管理,資金調達,営業に関するノウハウ等,上記12以外の事業活動に用いられる無形資産:企画部門,業務部門,財務部門,営業部門等,活動の主体となっている部門の関係費用等

　移転価格税制上の対象となる無形資産の明確化により,包括的な定義を採用することにより,これまで以上に,超過ロイヤルティの回収を行う必要のある事例は増加していくものと考えられる。

　こうした状況の下で,株式会社パシフィック・フルーツ・リミテッド事件東京地裁判決及び同事件東京高裁判決において,「それぞれの機能が分割対象利益の発生に寄与する程度や性格等を考慮し,各当事者が分割対象利益の獲得に寄与した相対的な程度を推測するに足りる要因を選定すべきと解するのが相当である」とした上で,「措置法施行令39条の12第8項は,分割要因について,

法人又は国外関連者が『当該所得の発生に寄与した程度を推測するに足りる要因』と規定しており，『当該所得の発生に寄与した要因』とは規定していないことからすれば，同条項の解釈としては，分割要因と分割対象損益との間に，他方の増減がもう一方の増減に影響するといった関連性の存在は要求されていないものというべきである。」と判示したことは，我が国では，取引単利利益分割法により超過ロイヤルティの回収を行うことが，国際的に比較しても相対的に容易になっているものと考えられる。

② 各国での適用

取引単位利益分割法の適用は，グローバル企業の各国における所得・税額の配分に係る情報入手が困難であったため，一般的には行われておらず，これまで各国の税務当局は，取引単利営業利益法等により各国に所在する企業に対する独立企業間利益率の検証を行うだけのいわゆる片側検証が一般的であった。

しかしながら，BEPSへの対抗措置として導入された新たな移転価格文書では，各国における所得・税額の配分に係る国別報告書（Country by Country Report：CbCR）が各国の税務当局へ提供されることになった。国別報告書は，租税条約等に基づく情報交換を通じて各国の税務当局に提供されることになり，グローバル企業の収益の重要な源泉の配置が明確化される可能性が高まっている[95]。そのため，各国の税務当局が移転価格分析におけるバリューチェーン分

---

[95] 利益分割法の適用については，BEPSの問題が提起される以前から多国籍企業グループの統合化された事業活動から適用を主張する有力な議論があり，事業活動を貢献指標として利益を分割すべきであるとの提案がなされていた。Avi-Yonah, Reuven S. Clausing Kimberly A. and Durst, Michael C."Allocating Business Profits for Tax Purposes: A Proposal to Adopt a Formulary Profit Split" Fla Tax Rev. 9. No.5 (2009): 497-553.

定式配分方式については，独立企業原則の代替案として議論されてきている。
Coffill, Eric J. Willson, Prentiss Jr." FEDERAL FORMULARY APPORTIONMENT AS AN ALTERNATIVE TO ARM'S LENGTH PRICING: FROM THE FRYING PAN TO THE FIRE?" 59 Tax Notes 1103, MAY 24, 1993.

また，米国の1993年財務省規則案において利益分割法が規定された際には，通常の利益については，比較対象取引が存在し，独立価格比準法，再販売基準法及び原価基準法が適用可能であり，超過利益の分割に限定して利益分割法を適用させるべきであるとの議論が行われていた。
Horst, Thomas, "PROFIT SPLIT METHODS." 60 Tax Notes 335.

析への誘因が増し，親会社と子会社等，関連当事者間の両側検証又は全体検証により取引単位利益分割法を適用していく可能性が高まっていくものと考えられている[96]。

例えば，中国においては，2016年6月に公布された国家税務総局公告2016年第42号「関連取引申告及び移転価格同時文書化の管理に関する公告」（以下，「中国第42号公告」という。）第14条第3項第2号により，移転価格文書において取引単利利益分割法の前提となるバリューチェーン分析を説明することを求めている。

中国の税務当局は，グローバル企業の中国子会社に対して，現地市場の特徴として，人件費等のコスト低減による超過利益であるロケーション・セービングや中国市場固有の内外価格差による超過利益であるマーケット・プレミアムに基づく帰属利益の拡大を求めてきている。その上で，中国子会社の価値創造への貢献を測定して，中国子会社への帰属を求めていくため，グローバル・バリューチェーンにおけるグローバル企業の利益配分方針と配分結果の報告を求め，取引単位利益分割法の適用を拡大してきている。

中国税務当局の立場は，取引単位利益分割法の適用における貢献度分析の中で，無形資産の法的所有権に対する経済的所有権の重要性を強調していくことにより，BEPS最終報告書における実質性の議論を，実質性を反映した経済的所有権の議論に置き換えて主張してきている。

無形資産の経済的所有権に基づき帰属利益を決定すべきであるという議論は，タックス・ヘイブンへ法的所有権を移転して無形資産からの利益をタックス・ヘイブンへ集約化する多国籍企業に対して，親会社所在国が，経済実質的に無形資産の所有権を主張して帰属利益を確保していくためのものであった。しかし，G20の中国等新興国の立場は，例えば親会社が製造ノウハウを中国子会社に対して提供してロイヤルティを収受している事例において，親会社のノウハ

---

96 国税庁報道発表「CbCRの自動的情報交換の開始について」（2018年10月）によれば，国税庁は，29か国から558社の国別報告書を受領し，39か国へ609社の国別報告書を提供している。（http://www.nta.go.jp/information/release/pdf/001.pdf）

ウは価値が低下していくのに対して、中国子会社の貢献による無形資産の価値向上が実質的に重要となっているとするものである。

中国では、企業所得税法に関する規則に当たる特別納税調整実施弁法公告の改訂公開草案である2015年9月の特別納税調整実施弁法意見募集稿第6章無形資産の70条において、無形資産の経済的所有権者について明確に規定し、無形資産の価値創造に実質的に貢献する経済活動を行っている当事者として、無形資産のDEMPEに加え、普及拡販（Promotion）に係る活動を行い、実質的に機能及びリスク等を負担している企業や個人を指すとする独自の立場を採っていた。

2017年3月に公表された国家税務総局公告2017年第6号公告「国家税務総局の『特別納税調査調整及び相互協議手続に関する管理弁法』の公告」では、無形資産の経済的所有権に関する規定は削除されたが、30条において、関連当事者による無形資産の価値創造への貢献度の相応する利益配分を評価する場合に、無形資産の開発、改良、維持、保護、使用及び普及拡販に係る活動における関連当事者の価値貢献度、無形資産価値及び機能・リスク・資産の相互作用を考慮すべきであるとする実質的な分析を求めている。

3．我が国での導入における論点

米国での実務及び裁判例の動向と比較すると、わが国の移転価格課税では、外国子会社を検証対象に取引単位営業利益法を適用して、利益水準の上限を固定し、超過利益を日本の親会社の無形資産に帰属させる執行が積極的に行われている状況にある。外国子会社の利益水準が事後的に増加している事例であっても、取引単位営業利益法を適用することにより、無形資産価値の事後的上昇による利益の増加分を親会社への超過ロイヤルティとして回収させている事例もあると考えられる。

そのため、所得相応性基準を導入した米国の裁判例で争われている状況と異なり、わが国では、所得相応性基準が導入されていなかったにもかかわらず、所得相応性基準の主要争点である無形資産価値の事後的な上昇に対して、超過

ロイヤルティによる回収を求める移転価格課税が行われていたものと考えられる。

　売上総利益での比較により移転価格を算定する再販売価格基準法と，営業利益での比較により移転価格を算定する取引単位営業利益法との間には，利益水準指標としては売上総利益と営業利益の違いであり，営業費を控除するだけの差異に過ぎず，外国子会社に再販売価格基準法を適用して売上総利益の水準を固定することと，取引単位営業利益法を適用して営業利益の水準を固定することに大きな違いがないと解される可能性もある。

　しかし，第3章第1節4の米国における利益比準法による検証において指摘したように，無形資産価値の事後的な上昇がある場合に，無形資産使用料が外国子会社の販売費一般管理費から支出されていれば，再販売価格基準法と取引単位営業利益法の適用に違いが出てくることになる。

　わが国では，米国の裁判例において所得相応性基準の適用について争いになっている問題が，取引単位営業利益法の適用により無形資産価値の事後的上昇がある場合の課税において既に発生していたものと考えられる。

　所得相応性基準を背景とした価格調整措置の導入により，わが国における取引単位営業利益法の適用が，無形資産への移転価格課税における後知恵の問題を再認識させて，無形資産価値の事後的上昇への分析の必要性を理解していくことにつながれば望ましいと考えられる。

第5章

今後の課題
(包括的な救済措置の要請)

第1節　二重課税の可能性

1．先進国間の二重課税問題への発展

　移転価格税制に関するBEPS最終報告書「移転価格税制と価値創造の一致」における勧告では，無形資産の射程を拡げ，研究開発された無形資産だけでなく，事業再編等によりICT等を活用した新しいビジネスモデル構築等で創造された価値等についても，移転価格税制の対象として取り込むことを目指しており，我が国においても，包括的な定義を採用することとなったが，これまでの独立企業原則に基づく移転価格税制の適用範囲を拡大していくものと考えられている。

　各国の税務当局が，無形資産による超過利益の帰属に係る移転価格税制の適用において，包括的な定義を採用し，所得相応性基準を導入していく場合には，多国籍企業の無形資産による超過利益の帰属を自国へ取り込むことを目指し，無形資産の範囲を拡大して価値創造への自国の納税者の貢献を主張する姿勢を助長するため，独立企業原則の適用による経済的二重課税の回避が国際的に困難となっていく恐れがあるものと考えられる。

　これまで，米国では，アイルランドやプエルトリコ等の軽課税国・地域に所在する外国子会社へ無形資産を譲渡又は実施権許諾をする事例において，無形資産の譲渡価格やロイヤルティを低く設定し，後になって外国子会社の所得を増加させて，超過利益を軽課税国・地域へ留保する租税回避が行われており，所得相応性基準の導入により租税回避への対抗措置を目指していたものと考えられる。

　しかし，所得相応性基準は，軽課税国・地域だけでなく，米国及びドイツに加え，英国，オランダ，オーストラリア及びニュージーランド等において，適用可能となっており[1]，軽課税国・地域への租税回避でなく，先進国間の二重

1　第20回税制調査会（平成30年11月7日）財務省説明資料（国際課税について）［総20-2］

課税問題に発展する可能性があるものと考えられる。

2．国外関連者所在国における対応的調整の困難性

　所得相応性基準を背景とした価格調整措置の適用においては，無形資産の譲渡等に係る対価の額につき，無形資産に帰属すべき所得の金額に相応するものとするため，無形資産に係るロイヤルティについて調整していくことを求めており，外国子会社の利益水準を固定し，それを上回る超過利益を外国子会社でなく親会社へ帰属させることにより，無形資産価値の事後的上昇による超過ロイヤルティにより親会社へ回収させる課税を行うことになる。その場合には，国外関連者の所在する国の税務当局においては，親会社の所在する国の税務当局が一方的に国外関連者の利益水準を固定することに反発する可能性が高く，無形資産価値の事後的上昇に係る事実認識においても課税期間が一致しない可能性があり，移転価格課税が行われた場合に，対応的調整に応じるか否かについて不透明な状況にあるものと考えられる。

　また，無形資産に係る包括的な定義を前提に所得相応性基準を背景とした価格調整措置を適用し，超過利益を生む無形資産の価値が事後的に増加したという事実認定を行い，外国子会社等における親会社の無形資産から創出される超過ロイヤルティについて広範に親会社が回収する課税を行うことができるようになると，関連者間取引における有形資産や金融資産に基づかない所得に係る国際間の配分を事後的に幅広く修正できる可能性をもたらし，親会社所在国での移転価格課税の対象範囲と国外関連者所在国における二重課税の対象範囲が一致しない可能性があり，対応的調整が困難になる可能性があるものと考えられる。

3．二重課税排除の技術的困難性

　二重課税排除の技術的困難性として，比較可能性分析におけるタイミングの問題があり，分析の対象となる比較可能性の要素や非関連者間取引に係る情報

のBEPS行動8：評価困難な無形資産（Hard-To-Value Intangibles：HTVI）への対応。

の発生，収集及び作成の時点の違いにより，二重課税となる可能性がある。

　事前の利益計算と対価取決めの基礎となる財務予測において，リスクと予見不能な事象が生じる合理的な可能性を適切に考慮すれば，リスクの実現により実際の事後の利益と予測された利益の差異が反映されることになるが，適切な考慮がなければ，予測利益の過大評価や過少評価につながり，無形資産のDEMPEに貢献した多国籍企業グループのメンバー間でどのように配分されているか問題が生じることになる。この問題は，所得相応性基準を背景とした価格調整措置の適用においてより深刻な問題になると考えられ，親会社所在国と国外関連者所在国の税務当局の双方が一致した見方をしない場合には，解決できない二重課税問題になる可能性があると考えられる。

　また，情報の非対称性については，本来は，納税者と税務当局との間の問題であったが，所得相応性基準を背景とした価格調整措置による課税を行った場合には，親会社所在国と国外関連者所在国の税務当局の間における問題となる可能性がある。帳簿保存の期間が各国で異なる場合には，情報の非対称性が税務当局の間で起きる可能性があり，事前確認において情報の非対称性を克服する場合でなく，一方的な価格調整措置の適用を行う場合には，情報の非対称性の問題が二重課税排除の技術的困難性の要因になる可能性もあるものと考えられる。

　OECD移転価格ガイドラインで認められた5つの移転価格算定方法については，独立企業原則の適用を行うため，外部の比較対象取引を使用することにより客観性の確保に努め，外部の比較対象取引を使用しない取引単位利益分割法の適用についても詳細な議論を行い恣意的な配分結果とならないよう独立企業原則との整合性の確保に努めてきている。

　米国の裁判例では，非関連者間取引との比較を重視し，結果の合理性から独立企業基準と整合的となっているか判断が行われていることから，適正な適用が確保されてきているものと考えられるが，DCF法について，独立した算定方法の一つとして位置付けていく場合には，評価テクニックの詳細について，客観性を確保して独立企業原則と整合的に適用していかなければ，二重課税の

排除が技術的に困難となってくる可能性があるものと考えられる。

　さらに，取引単位利益分割法の適用において，我が国の裁判例では，「分割要因の選定に当たっては，国外関連取引の内容に応じて各当事者が果たす機能を分析し，その機能に差異があるときは，それぞれの機能が分割対象利益の発生に寄与する程度や性格等を考慮し，各当事者が分割対象利益の獲得に寄与した相対的な程度を推測するに足りる要因を選定すべきと解するのが相当である」とし，「措置法施行令39条の12第8項は，分割要因について，法人又は国外関連者が『当該所得の発生に寄与した程度を推測するに足りる要因』と規定しており，『当該所得の発生に寄与した要因』とは規定していないことからすれば，同条項の解釈としては，分割要因と分割対象損益との間に，他方の増減がもう一方の増減に影響するといった関連性の存在は要求されていないものというべきである。」として，OECD移転価格ガイドラインと異なる立場を表明している。

　しかし，国外関連者の所在する国の税務当局が，新OECD移転価格ガイドラインに基づき，利益分割法の適用のためには，分割要因と分割対象損益との間には強い相関関係が存在しなければならないと主張した場合には，二重課税の排除が技術的に困難となってくる可能性があるものと考えられる。

第2節　二重課税の排除

　無形資産の価値が事後的に上昇し，超過ロイヤルティの回収のために所得相応性基準を背景とした価格調整措置を適用して課税が行われた場合には，相互協議による二重課税の排除がより困難になるものと考えられていることから，以下では，相互協議手続を概観し，紛争解決のための方策を検討していくこととしたい。

1．相互協議と仲裁による解決

　相互協議手続は，税務当局が租税条約の適用に係る紛争を解決するために協議を行う確立された手段であり，OECDモデル租税条約第9条及び第25条によって規定され権限付けられたものであり，移転価格調整によって発生する二重課税を排除するために用いることができる[2]。

> （OECDモデル租税条約第9条第2項）
> 　一方の締約国において租税を課された当該一方の締約国の企業の利得を他方の締約国が当該他方の締約国の企業の利得に算入して租税を課する場合において，当該一方の締約国が，その算入された利得が，双方の企業の間に設けられた条件が独立の企業の間に設けられたであろう条件であったとしたならば当該他方の締約国の企業の利得となったとみられる利得であるときは，当該一方の締約国は，当該利得に対して当該一方の締約国において課された租税の額について適当な調整を行う。この調整に当たっては，この条約の他の規定に妥当な考慮を払うものとし，両締約国の権限のある当局は，必要がある場合には，相互に協議する。

> （OECDモデル租税条約第25条）
> 1．一方の又は双方の締約国の措置によりこの条約の規定に適合しない課税を受けたと認める者又は受けることになると認める者は，当該事案について，当該一方の又は双方の締約国の法令に定める救済手段とは別に，いずれか一方の締

---

[2] 新OECD移転価格ガイドライン・パラグラフ4.29。

第2節　二重課税の排除

> 約国の権限のある当局に対して，申立てをすることができる。当該申立ては，この条約の規定に適合しない課税に係る措置の最初の通知の日から3年以内に，しなければならない。
> 2．権限のある当局は，1の申立てを正当と認めるが，自ら満足すべき解決を与えることができない場合には，この条約の規定に適合しない課税を回避するため，他方の締約国の権限のある当局との合意によって当該事案を解決するよう努める。成立した全ての合意は，両締約国の法令上のいかなる期間制限にもかかわらず，実施されなければならない。
> 3．両締約国の権限のある当局は，この条約の解釈又は適用に関して生ずる困難又は疑義を合意によって解決するよう努める。両締約国の権限のある当局は，また，この条約に定めのない場合における二重課税を除去するため，相互に協議することができる。
> 4．両締約国の権限のある当局は，2及び3の合意に達するため，直接相互に通信すること（両締約国の権限のある当局又はその代表者により構成される合同委員会を通じて通信することを含む。）ができる。
> 5．a）一方の又は双方の締約国の措置によりある者がこの条約の規定に適合しない課税を受けた事案について，1の規定に従い，当該者が一方の締約国の権限のある当局に対して申立てをし，かつ，
> b）当該事案に対処するために両締約国の権限のある当局から求められる全ての情報が両締約国の権限のある当局に対して提供された日から2年以内に，2の規定に従い，両締約国の権限のある当局が当該事案を解決するための合意に達することができない場合において，当該者が書面によって要請するときは，当該事案の未解決の事項は，仲裁に付託される。ただし，当該未解決の事項について，いずれかの締約国の裁判所又は行政審判所が既に決定を行った場合には，当該未解決の事項は仲裁に付託されない。当該事案によって直接に影響を受ける者が，仲裁決定を実施する両締約国の権限のある当局の合意を受け入れない場合を除くほか，当該仲裁決定は両締約国を拘束するものとし，両締約国の法令上のいかなる期間制限にもかかわらず実施される。両締約国の権限のある当局は，この規定の実施方法を合意によって定める。

　第25条は，相互協議手続が一般的に用いられる三つの異なる適用範囲を規定している。最初の領域は「条約の規定に適合しない課税」であり，同条第1項及び第2項の対象となっている。この適用範囲における手続の開始は，納税者が行うものであり，他の二つの適用範囲は，必ずしも納税者が関与するものではなく，第3項の対象となり，「条約の解釈又は適用」の問題及び「条約に定めのない場合」の二重課税の排除を対象としている[3]。

第25条第5項は，権限のある当局が第25条第1項に基づき事案の開始から2年以内に合意に達することができない相互協議手続事案において，未解決の問題について，事案を申し立てた者の要請により，仲裁プロセスを通じて解決されると規定している。この相互協議手続の拡張は，権限のある当局が事案の解決を妨害する1又は複数の問題につき合意に達することができない場合であっても，当該問題を仲裁に付託することにより，事案の解決を可能にする道を残している[4]。

　仲裁は，納税者が事案により直接に影響を受ける者として，仲裁決定を実施する相互協議による合意を承諾しないときを除き，両国を拘束する。これは，強制的拘束的仲裁制度であるとともに，納税者は，仲裁の結果に不服がある時は，相互協議による合意を承諾せず，裁判に進むことができるので，憲法第32条の裁判を受ける権利が確保されていることになる。

---

[3] 新OECD移転価格ガイドライン・パラグラフ4.30では，第25条に関するコメンタリーのパラグラフ9は，第25条が第9条第1項に基づいて行われた移転価格課税から生ずる法的な二重課税の問題のみならず，多国籍企業グループの親会社と子会社のように法人格が別であっても，経済的に二重課税になっているのであれば，その問題を解決する上で権限のある当局によって使用されることを意図している点を明示している。

[4] 新OECD移転価格ガイドライン・パラグラフ4.31では，1又は複数の問題が当該規定に従い仲裁に付託された場合には，事案により直接に影響を受ける者が仲裁決定を実施する相互協議による合意を承諾しないときを除き，当該決定は両国を拘束するため，事案により直接に影響を受ける者に対する課税は，仲裁に付託された問題に関して下された決定に合致するようにしなければならず，かつ，仲裁プロセスにおいて下された決定は，当該者に提示される相互協議による合意において反映される。特定の二国間条約が第25条第5項に類似する仲裁規定を定めていない場合，CAは，紛争を解決するための合意に達する義務を有しておらず，第25条第2項はCAが「…相互協議により事案を解決するよう努める」ことのみを要求する。CAは，税務当局の和解権限に関して抵触する国内法又は国内法により課された制約が原因で，合意に達することができない場合がある。しかし，特定の二国間条約において第25条第5項に類似する強制的な拘束力ある仲裁規定が存在しない場合であっても，締約国のCAは，相互協議による合意により，一般的に適用するため又は特定の事案（OECDモデル租税条約第25条に関するコメンタリーのパラグラフ6パラ9を参照）に対処するための拘束力ある仲裁手続を設けることができる。他にも注記すべきは，関連者の所得の課税調整に関連する二重課税の排除に関する多国間条約（仲裁条約）が1990年7月23日にEC加盟国により署名されたことである。1995年1月1日に発効したこの仲裁条約は，EU加盟国間での移転価格問題紛争を解決するための仲裁の仕組みを定めている。

2．対応的調整の可能性

　移転価格事案における二重課税を排除するために，税務当局は第9条第2項に規定されている対応的調整の要請を考慮するが，実務上は相互協議手続の一部として実施できるもので，一方の締約国の税務当局が独立企業原則を適用した結果として，課税対象所得を増額する場合に，他方の締約国の税務当局は二重課税を軽減又は排除することができることになる[5]。

　第9条第2項は，適切な対応的調整を決定するのに必要な場合に権限のある当局が協議しなければならないと規定しているが，これは第25条の相互協議手続が対応的調整のために使用できることを確認するものとなっている[6]。

　第25条第5項に規定されている手続に類する仲裁手続による対応的調整を提供する仲裁決定がない場合，税務当局には相互協議により合意に達することが要求されないというルールを反映して，対応的調整は強制的なものとなっていない[7]。

　税務当局が対応的調整を行うことに同意した場合には，その調整は，調整が行われた関連者間取引が発生した年度に帰するのか，又は，その他の年度，例えば当初課税第一次調整が決定された年度に帰するのかを決定する必要がある。また，この問題は対応的調整を行うことに同意した管轄における過納税額に対する利子に係る納税者の権利の問題を生じさせる[8]。

　所得相応性基準を背景とした価格調整措置により事後に締約国における課税

---

[5] 新OECD移転価格ガイドライン・パラグラフ4.32では，この場合の対応的調整とは，他方の締約国の税務当局によって行われる関連者の租税債務を減額する調整であり，二つの締約国の間での所得の配分は整合的となり，二重課税は発生しない。ただし，対応的調整は，多国籍企業グループに対して，関連者間取引が当初より独立企業の条件で行われていた場合と比べ，より大きな特典を与えることを意図していないとしている。

[6] 新OECD移転価格ガイドライン・パラグラフ4.33。

[7] 新OECD移転価格ガイドライン・パラグラフ4.35では，対応的調整の非強制的性質は，一方の税務当局が他方の税務当局による恣意的又は場当たり的な調整の結果の受入れを強要されないために必要であり，OECD加盟各国の課税権を維持することも重要であるとしている。

[8] 新OECD移転価格ガイドライン・パラグラフ4.36では，費用収益の対応を達成し，関連者間取引が独立企業間のものであった場合の経済的状況を反映するので適切であるが，調整年度と，納税者又は裁判所の最終的決定により受け入れられた年度との間に隔たりがある場合，税務当局は，受入年度や当初課税年度に対応的調整を行うことに同意する柔軟性を有するべきであるとしている。

所得の帰属が決定された場合には，締約国間で対応的調整の年度を揃えていく必要があると考えられる。

対応的調整は，移転価格調整の結果生ずる二重課税を救済するための非常に有効な手段となり得るため，OECD加盟国は，相互協議手続が実施される場合には合意に達するように誠実に努めていると考えられる[9]。

OECD加盟国の中には，納税者による関連者間取引に係る独立企業間価格を実際に請求された金額と異なっていても，税務上の移転価格として申告することを認めることにより，第一次調整を行う必要性を減少させることができる手続を有している場合がある[10]。しかし，大多数のOECD加盟国は，税務申告書は実際の取引を反映すべきであるという理由から，補償調整を認めていないが，仮に一方の締約国で補償調整が認められ，他方の締約国では認められない場合，結果的に二重課税になる恐れがあると考えられる[11]。

3．移転価格事案における相互協議手続の利用の拒絶

対応的調整及び相互協議手続によって多くの移転価格に係る紛争を解決することができるとはいえ，納税者は以下の懸念を表明している。

① 移転価格事案において相互協議手続を利用するのを拒絶される場合がある。
② 課税額査定の変更に関する国内法の時効期間制限は，関連する租税条約が期間制限に優越していない場合には，対応的調整の利用を不可能にすることがある。

---

9 新OECD移転価格ガイドライン・パラグラフ4.37では，相互協議手続により税務当局は，交渉による解決を達成し，非対立的な方法で問題を処理することができるとしている。

10 新OECD移転価格ガイドライン・パラグラフ4.38では，「補償調整」として税務申告書が提出される前に実施されるとしており，関連者間取引における価格設定の時点で比較可能な非関連取引に係る情報を入手することができなくても，納税者が独立企業原則に従って課税所得を申告することを容易にすると考えられている。

11 新OECD移転価格ガイドライン・パラグラフ4.39では，補償調整によってもたらされる問題を解決するために相互協議を利用することが可能であり，期末調整についての各国の異なるアプローチから生じうる全ての二重課税を解決するために最善の努力をすることが権限のある当局に奨励されるとしている。

③ 相互協議手続事案は，長期にわたる場合がある。
④ 納税者の参加は，限定的である場合がある。
⑤ 公表されている指針は，相互協議手続をどのように利用できるかに関して納税者に指示を与えるものとして容易に入手可能ではない場合がある。
⑥ 相互協議手続事案が解決するまで税金の不足分の徴収又は利息の発生を停止させる手続がない場合がある[12]。

相互協議の利用拒否に関する懸念事項に対応するため，行動14のミニマム・スタンダードには以下の要素が含まれている。

（要素1.2）
納税者と調整を行った税務当局との間で，条約上の濫用防止規定を適用するための条件が満たされているか又は国内法上の濫用防止規定を適用することが条約の規定に抵触するか否かに関して見解の相違がある場合，相互協議を利用できるものとする。

（要素2.1）
相互協議に関するルール，指針及び手続を公表する。

（要素3.2）
当該指針において，納税者が相互協議の申立に当たって求められる情報及び書類を特定する。

（要素2.6）
税務当局と納税者が税務調査の結果に同意したとしても相互協議の利用を妨

---

[12] 新OECD移転価格ガイドライン・パラグラフ4.42では，BEPS行動計画の行動14の作業は，条約相手国の移転価格課税に対して相互協議の利用が拒否されることへの懸念事項に対応したものであり，行動14のミニマム・スタンダードの要素1.1は，移転価格事案において相互協議が利用できることを担保している。また，パラグラフ4.43では，租税条約に適合しない課税事案を相互協議で解決することは，条約締結時に締約国が引き受けた義務の必要不可欠な一部であり，誠実に履行されなければならないとしており，条約相手国の移転価格調整に関して相互協議の利用を認めないことは，租税条約の一次的な目的を損ない得ると指摘している。

げるものではないことを明確にする。
(要素3.1)
両国の権限のある当局は，
(i) 第25条第1項を改正し相互協議の申立をいずれかの締約国の権限のある当局に対して行うことを認めるようにすること，又は
(ii) 事案の申立を受けた権限のある当局が納税者申立を正当でないと考える場合，相手国に通知又は相手国と協議を実施することのいずれかにより，相互協議の申立があったことを知らせるものとする[13]。

　本ミニマムスタンダードにより，現在では，相互協議へのアクセスは容易になってきているが，相互協議手続の円滑化については十分に進んでいない状況にあり，所得相応性基準を背景とした価格調整措置の適用における二重課税排除の困難性を解決していくためには，相互協議での議論を柔軟に行っていくことができるよう手当をしていく必要があると考えられる。

4．期間制限

　条約又は国内法によって定められた，対応的調整を行うための期間制限が徒過した場合，第9条第2項に基づき二重課税を排除することはできないが，同項は，対応的調整を実施すべきでないような期間制限が存在すべきか否かを定めていない。二重課税を軽減するために期間制限を設定しないアプローチを望む国もあれば，期間制限を設定しないアプローチが執行上不合理であると考える国もある。そのため，二重課税の排除は，適用される条約が国内法上の期間制限に優先的に適用されるか，別の期間制限を設定するか又は国内法上の期間制限に何の効力も持たないかによって左右されると考えられている[14]。

　納税者と税務当局に確実性を与える上で，納税者の租税債務を確定させる期間制限は必要であり，移転価格事案では，関係する関連者の租税債務を確定する上で期間制限を経過している場合，国内法上，対応的調整ができない可能性

13　新 OECD 移転価格ガイドライン・パラグラフ4.44。
14　新 OECD 移転価格ガイドライン・パラグラフ4.45。

を認めている[15]。

　OECDモデル租税条約第25条第2項は，相互協議に従い，締約国の国内法における期間制限の規定にかかわらず，権限のある当局間の合意を実施することを求めることにより，期間制限の問題に対応している。第25条に関するコメンタリーのパラグラフ29は，第25条第2項の最終文において，当該合意を実施する義務が明確に規定されていることを認識している。そのため，二国間条約が当該規定を定めている場合，期間制限が対応的調整の実施を妨げることはないと考えられている[16]。

　相互協議に当たり，二国間条約が国内法上の期間制限に優先して適用されない場合，税務当局は，調整の実施の妨げとなるいかなる期間制限も経過するかなり前に，納税者の申立てに基づいて速やかに協議を開始できる状態であるべきであり，OECD加盟国は，協議が終結するまでの間，租税債務を決定する期限の停止を認める国内法を採用することが奨励されている[17]。

　BEPS行動計画の行動14の作業は，国内法上の期間制限が，実効的な相互協議に与えうる障害に直接的に対応するものである。行動14のミニマム・スタンダードの要素3.3は，各国が各租税条約に第25条第2項の第2文を導入し，国内法上の期間制限が，(1)権限のある当局による相互協議の合意の実施を妨げることがないように，かつ，(2)租税条約に適合しない課税事案を解決するという目的を損なわないようにすべきという勧告を含んでいる[18]。

　行動14のミニマム・スタンダードの要素3.3は，租税条約に第25条第2項の第2文を導入することができない場合，相互協議による二重課税の排除ができない調整が後々になって実施されるのを避けるために，締約国が第9条第1項

---

[15] 新OECD移転価格ガイドライン・パラグラフ4.46では，二重課税を最小化するために，このような期間制限が存在していること及びそれらは国によって異なるという事実が考慮されるべきであるとも指摘している。

[16] 新OECD移転価格ガイドライン・パラグラフ4.47では，この方法により国内法上の期間制限に優先させる意思がない又は優先させることができない国は，この点に関して留保を表明している。従って，OECD加盟国は，相互協議が開始された場合に，対応的調整を行うために国内法上の期間制限を可能な限り延長することを奨励されているのである。

[17] 新OECD移転価格ガイドライン・パラグラフ4.48。

[18] 新OECD移転価格ガイドライン・パラグラフ4.49。

に従って調整を行うことができる期間を制限するような代替的な条約規定を受け入れるつもりであるべきとしている[19]。

　第一次調整に関して期限を一般的に推奨することはできないが、税務当局には、期間制限を延長することなく、国内法上の期限内に課税を行うことが推奨されている。もし事案の複雑性や納税者の協力不足のために期限の延長が必要となったとしても、その延長は最小限かつ特定された期間であるべきであると考えられている。さらに、国内法が納税者との合意による期限の延長を認めている場合にも、そのような延長は納税者が真に自発的に合意する場合に限りなされるべきであると考えられる。

　そのために、税務調査官は、国境を越えた移転価格に基づき課税を行う意思があれば早い段階で納税者にその意思を示すことが奨励され、それにより、納税者は、必要に応じて相手国当局に連絡し、予想される相互協議の見地から関連事項の検討を開始することができることになる[20]。

　検討すべき別の期間制限は、OECDモデル租税条約第25条の下で、納税者は、その期限内に相互協議の申立をしなくてはならないという3年の期間制限である。この3年の期限は、条約の規定に適合しない課税の最初の通知の時、例えば、税務当局が「調整措置」若しくは「課税の措置」といった調整の提案を納税者に最初に通知した時点、又は、第25条に関するコメンタリーのパラグラフ21-24で検討されているとおりのいずれか早い日から起算される。相互協

19　新OECD移転価格ガイドライン・パラグラフ4.50では、このような場合、代替的な条約規定が国内法において規定される調整の期間制限を反映するよう起草されれば、ミニマム・スタンダードの上記要素を満たすことになるであろう。BEPS行動14に関する報告書において提示される当該代替的規定は、次のとおりとなっている。
［第9条に追加］：
3．一方の締約国は、企業に発生するはずであったが、第1項に定める条件を理由として発生しなかった利得につき、当該利得が当該企業に発生するはずであった課税年度の末日から［二国間で合意した期間］が経過した後は、当該利得を当該企業の利得に含めてはならず、そのため、当該利得に対して課税してもならない。本項の規定は、詐欺、重過失又は故意の不履行の場合には適用しない。
　また行動14のミニマム・スタンダードの要素3.3は、恒久的施設に帰属可能な所得に対する調整についても、第7条に上記のような代替的規定を盛り込むべきとしているのである。
20　新OECD移転価格ガイドライン・パラグラフ4.51。

議を申し立てるには期間が短すぎると考えている国もあれば、長すぎるとして第25条に留保を付している国もある[21]。

3年の期間制限は、第25条に関するコメンタリー・パラグラフ21-24に記載されている起算日の決定に関する論点を提起する[22]。

期間制限が原因で、相互協議による効果的で確実な二重課税の排除又は回避ができなくなる可能性を最小限に抑えるため、できるだけ早い段階、すなわち、調整が行われるであろうことが予測された段階で、納税者が協議を申し立てることが認められるべきであると考えられている。もしこれがなされるならば、相互に受入れ可能な協議の結論に達するための手続面の障害をできるだけ少なくすることができると見込まれるので、いずれかの税務当局が何らかの取消不能な措置を採る前に、当該相互協議を開始することができるであろう[23]。

相互協議の期間制限については、所得相応性基準を背景とした価格調整措置の適用により、過去に遡って帰属利益の変更が行われる場合に、権限のある当局にとって柔軟な合意のための障害となる恐れがある。現在でも、過去に納付した税金について対応的調整に応じることに抵抗のある権限のある当局は、将来の事前確認の中で、対応的調整に相当する減額を認める実務が行われてきている。

---

21 新OECD移転価格ガイドライン・パラグラフ4.52では、第25条に関するコメンタリーは、「この期間制限は、最低限のものと理解されるべきであり、締約国はその締結する二国間租税条約において、納税者に有利なよう、より長い期間について合意することは自由である」としている。この点、行動14のミニマム・スタンダード要素1.1に、各国は条約に、第25条第1項から第3項を導入し、それらがコメンタリーに従って解釈されるべきという勧告が含まれていることは特筆に価する。

22 新OECD移転価格ガイドライン・パラグラフ4.53では、特に、パラグラフ21は3年の期間は「納税者にとって最も有利に解釈されるべきである」と述べており、パラグラフ22は課税日の決定に関する指針を含み、パラグラフ23は申告納税の場合について検討し、パラグラフ24は「両締約国によりなされた決定又は措置の組み合せによって条約に適合しない課税を受けることとなった場合、最も遅い決定又は措置についての当初の通知の日から起算されるにすぎない」と明記している。

23 新OECD移転価格ガイドライン・パラグラフ4.54では、提案された調整が最終的措置をもたらすとは限らないし、対応的調整の申立を引き起こさないかもしれないことから、一部の権限のある当局は、このような早い段階で関与することを望まないかもしれない。したがって、あまりに早期に相互協議の申立をすることは、不要な作業を生み出すことになるかもしれないとも考えられている。

所得相応性基準を背景とした価格調整措置の適用は，一方の締約にとって合理的と解されても，他方の締約国においては相当の抵抗が想定されるものであり，相互協議の期間制限等を前提とする柔軟な合意への障害を除去していくことが特に課題となっているものと考えられる。

5．相互協議の継続期間

相互協議が開始されても，当該協議は長引くことになるかもしれず，移転価格事案は複雑であるために，権限のある当局による迅速な合意を困難にする可能性がある。特に，距離的に離れている場合，権限のある当局が頻繁に直接会うことは困難であり，書簡が実際の対面協議の代わりとなる場合があるが，言語，手続及び法令・会計上の制度の違いからも困難が生じることから，協議継続期間を長引かせる可能性があると考えられている[24]。

相互協議事案の複雑さによって，当該事案の解決までに要する時間は変わる可能性がある一方で，権限のある当局の多くは，24か月以内に相互協議による事案の解決のため，合意に達するよう尽力している。そのため，条約に関連する紛争を適時に効果的かつ効率的な解決を確保するために，BEPS行動計画の行動14で採用されたミニマム・スタンダードは，平均して24か月以内に相互協議事案の解決を求めているのである（要素1.3)[25]。

より根本的な解決としては，権限のある当局が当該規定の2年間で解決できなかった問題を解決するために，第25条第5項のような強制的で拘束力のある仲裁規定を租税条約に採用すれば，相互協議が長期化するリスクを大幅に減少

---

24 新OECD移転価格ガイドライン・パラグラフ4.55では，納税者が，権限のある当局が移転価格事案を十分に理解するために必要とする全ての情報の提供を納税者が遅らせた場合にも，手続は長引くかもしれないと指摘している。
25 新OECD移転価格ガイドライン・パラグラフ4.56では，目標達成への各国の進捗は，行動14のミニマム・スタンダードの実施効果を評価するための目に見える手段を提供するために開発された相互協議の統計に関する合意済みの報告枠組みに基づき，定期的に審査されるとしている（要素1.5及び1.6参照)。また，相互協議プロセスを担当する職員の権限（要素2.3)，権限のある当局の機能に関する業績指標（要素2.4）及び権限のある当局の適切なリソース（要素2.5）といった行動14のミニマム・スタンダードの他の要素は，相互協議事案の適時の解決に貢献することが期待されている。

させるはずであると考えられている[26]。

6．納税者の参加

　OECDモデル租税条約第25条第1項は，相互協議の開始を求める申立を行う権利を納税者に与えているが，協議に参加する具体的な権利は有しておらず，納税者も権限のある当局への事前説明のために協議に参加する権利や協議の進捗状況を知る権利を有するべきだと主張してきている[27]。

　OECDモデル租税条約第25条において規定され，多くの二国間合意において採用された相互協議は訴訟プロセスではなく，納税者からの情報提供が役立つ場合がある一方で，相互協議は政府間プロセスであり，当該プロセスにおける納税者の参加は権限のある当局の裁量及び相互協議に委ねられることとなっている[28]。

　納税者にとっては，問題に関連する全ての情報を適時に権限のある当局に提供することが絶対的に必要であり，権限のある当局には，限られたリソースしかないため，複雑で事実集約的な事案が多い移転価格事案においては，関連者の活動の完全かつ正確な理解を権限のある当局に求めるのは難しい可能性があるので，納税者は，協議を促進するために，あらゆる努力を行うべきであると考えられている[29]。

　実際には，多くのOECD加盟国の権限のある当局は，納税者に，協議の進捗状況について知らせ，協議の過程において，検討中の解決案を受け入れることができるかどうか尋ねており，大多数の国で標準的な手続として広く採り入

---

[26] 新OECD移転価格ガイドライン・パラグラフ4.57。
[27] 新OECD移転価格ガイドライン・パラグラフ4.58では，相互協議の合意については，実務上，納税者の了解の下で行われていることは記述されるべきであるが，納税者が実際の協議の場に同席する権利を有すべきと提案する税務代理人もおり，事案の事実や主張について両権限のある当局の誤解がないようにすることを狙いとしているのである。
[28] 新OECD移転価格ガイドライン・パラグラフ4.59。
[29] 新OECD移転価格ガイドライン・パラグラフ4.60では，相互協議が根本的には納税者に対して支援を提供する手段として設計されていることから，権限のある当局は可能な限り事案に関して誤解が生じないようにするために，納税者に関連する事実及び争点を当局に提出するためのあらゆる合理的な機会を納税者に認めるべきであるとしている。

れられるべきであると考えられている。納税者の参加については，OECD の実効的相互協議マニュアル（MEMAP）に反映されている[30]。

7．相互協議プログラム指針の公表

相互協議に係る指針が公表されており容易に入手可能である場合，相互協議のプロセスに対する納税者の貢献は促進されると考えられており，BEPS 行動計画行動14の作業では，指針を提供することの重要性を直接的に認識している。そのため，行動14のミニマム・スタンダード要素2.1では，各国は相互協議に関するルール，ガイドライン及び手続を策定及び公表し，当該情報が納税者にとって入手可能になる適切な手段を講じるべきであるとしている。当該指針には，納税者が権限のある当局に対してどのように支援を要請するかに関する情報を含め，明確かつ平易な言葉遣いで起草すべきで，かつ，一般納税者が容易に入手可能であるべきであるとしている[31]。

行動14の作業は，相互協議プログラム指針の内容に関する他の多くの側面についても取り組んでいる。

・行動14のミニマム・スタンダードの要素3.2は，各国は，自国の相互協議プログラムの指針において，相互協議の申立に当たって，納税者に提出することが求められる情報及び書類を特定すべき，と述べている。要素3.2に従い，各国は，納税者が当該指針に沿って情報及び書類を提出している場合，納税者の情報提供が不十分であることを根拠に相互協議の利用を拒否してはなら

---

30 新 OECD 移転価格ガイドライン・パラグラフ4.61。
31 新 OECD 移転価格ガイドライン・パラグラフ4.62では，BEPS 行動14報告書は，調整が租税条約でカバーされる論点に関係する可能性のある場合（条約相手国における移転価格調整が行われる場合等）に，上記の情報が特に関連性を有する可能性があること，及び，当該場合において，納税者にとって相互協議プログラム指針が入手可能となるように，各国が適切な手段を講じるべきであることを注記している。上記の公表された指針の透明性及び周知を促進するために，行動14のミニマム・スタンダード要素2.2は，公開プラットフォーム上にて各国の相互協議プロファイルを公表し，権限のある当局への連絡先情報，関連する国内指針へのリンク及びその他の各国特有の役立つ情報を広く入手可能にすることを定めているのである。BEPS 包摂的枠組みの参加国のプロファイルでは，報告目的のために開発され，合意済みの報告様式に従って作成され，OECD のウェブサイト上にて公表されている。

・行動14のミニマム・スタンダードの要素2.6は，各国は，自国の相互協議プログラム指針において，税務当局と納税者との間の税務調査上の和解が相互協議の利用を妨げるものではないことを明確にすべきである，と述べている。
・拘束力のない行動14のベスト・プラクティスには，各国の相互協議のプログラム指針において次の事項を定めるべきであることを追加的に勧告している。相互協議と国内の行政上及び司法上の救済手段との関係に関する説明（ベスト・プラクティス8），相互協議中の加算税・延滞税への配慮に関する指針（ベスト・プラクティス10），多国間の協議及びAPAに関する指針（ベスト・プラクティス11）。ベスト・プラクティス9は，納税者に相互協議の利用を認めることにより，善意の納税者が外国で調整を受けた場合に生じ得る二重課税につき，CAが協議を通じて解決できるようにすることを上記の指針に定めることを勧告しているのである[32]。

規則や指針は，事実上，それらが当該CAとその国の納税者との国内的な関係を規定するにとどまるので，手続の運用について規定している規則又は指針についてCA間の合意は必要ではない。しかしながら，CAは，各国の規則又は指針を相互協議の相手国のCAに知らせ，相互協議プロファイルのアップデートを行っておくべきであるとしている[33]。

8．税金の不足分の徴収及び利息の発生に関する問題

対応的調整を通じて二重課税を排除するプロセスは，税金の不足分の徴収及び当該不足分又は過払分に対する利息の金額査定に関する問題により，複雑化する可能性がある。すなわち，徴収の停止を認める国内手続が存在しないことが原因で，対応的調整手続が完了する前に，査定された不足分が徴収される可能性があるということである。そのため，多国籍企業グループは，問題が解決

---

32 新OECD移転価格ガイドライン・パラグラフ4.63。
33 新OECD移転価格ガイドライン・パラグラフ4.64。

される前に同じ税金を2度支払わされるかもしれない。この問題は，相互協議に限らず，不服申立ての場合も生じる。BEPS行動計画の行動14の作業は，相互協議を通じて事案が解決される前に両締約国が租税を徴収することは，納税者の事業に対して（例えば，キャッシュ・フロー上の問題の結果として）大きな影響を及ぼす可能性があることを認識している。このような税金の徴収は，権限のある当局が，既徴収税額を還付しなければならない恐れがあると考える場合に，相互協議への誠実に参加することをさらに困難にする可能性もある[34]。

　不足分の徴収が全体的又は部分的に停止されるか否かを問わず，他にも複雑な問題が生じる可能性がある。多くの移転価格事案を処理するには長い時間を要するため，その他の国で税金の不足分につき発生する利息又は対応的調整が認められる場合に過払い分につき発生する利息は，本来の税額と同等となる又はこれを超過する場合がある。各国は，相互協議において，国内法の相違により，多国籍企業グループに追加費用が発生するか又は関連者間取引が当初から独立企業基準に基づき行われていれば得られていなかったであろう便益（例えば，対応的調整を行う国において支払われた利息が第一次調整を行う国により課された利息を超過する場合）が多国籍企業にもたらされることを考慮に入れるべきであるとしている[35]。

---

[34] 新OECD移転価格ガイドライン・パラグラフ4.65では，行動14報告書は，ベスト・プラクティス6として，各国は，相互協議が進行中である期間中，徴収手続を停止するために適切な措置を講じるべきである，という勧告を含んでいる。この徴収の停止は，最低でも，国内の行政上又は司法上の救済を求めている者に対して適用されるのと同一の条件に基づき利用可能とするべきである。この観点において，注記すべきは，行動14のミニマム・スタンダードの要素2.2に従い作成された各国の相互協議プロファイル（4.62参照）には，特定の国における徴収の停止に関する手続の利用可能性に関する情報が記載されていることである。

[35] 新OECD移転価格ガイドライン・パラグラフ4.66では，BEPS行動14報告書は，ベスト・プラクティス10として，相互協議の指針を公表する国は，相互協議中の利息に対する指針を定めるべきである，という勧告を含んでいる。加えて，行動14のミニマム・スタンダードの要素2.2の各国の相互協議のプロファイルには，各国の利息及び加算税に関する取扱いが記載されている。パラグラフ4.67では，どの年度に対応的調整を行うかという問題は，パラグラフ4.36で取り上げられており，特定の事案については，論争中の調整に関連して，権限ある両当局は，納税者に利子を課したり，あるいは納税者に利子を支払ったりしないことについて合意することが適切であると考えられている。ただし，このことは，この問題に対処する特定の規定が，関係する二国間条約にない場合，不可能であろう。また，このアプローチは，執行面での複雑さを軽減するが，不足税額に係る利子や過納金に係る利子は，異なる管轄の

9．仲裁

　二重課税問題は，伝統的には相互協議を通じて解決されてきたが，税務当局が協議の末に自力で合意に至ることができない場合及び解決の可能性を提供する第25条第5項の規定に類する仲裁規定のような仕組みがない場合，二重課税の排除は保証されないと考えられている。しかし，租税条約に第25条第5項に類する仲裁規定がある場合，権限のある当局が合意に至ることを妨げる事項を仲裁に付託することにより，当該事案の解決を依然として可能なものとなる[36]。

　OECDモデル租税条約の2008年改正において，権限のある当局が2年以内に合意に至ることができなかった場合，当該事案を申し立てた者の要請により，仲裁手続を通じて解決されることを規定する新第5項が，第25条に追加された。この相互協議の拡大は，事案の解決を妨げる事項に関して権限のある当局が合意に至ることができない場合に，それらの事項を仲裁に付託することによって事案の解決が依然として可能であることを保証するものである[37]。

　第25条第5項に類する仲裁規定が特定の二国間条約に存在することは，仲裁による必要がない場合であっても，相互協議自体をより効果的にするはずであると考えられている[38]。

　特に，所得相応性基準を背景とした価格調整措置の適用により，二重課税問題がより複雑化していく場合には，相互協議での解決が一層困難になる可能性があり，仲裁については，これまで以上に有効に作用していくことが期待されている。

　　異なる納税者に帰属するのであるから，このようなアプローチの下で，適正な経済的結果が達成されるという保証はないと考えられている。
36　新OECD移転価格ガイドライン・パラグラフ4.177。
37　新OECD移転価格ガイドライン・パラグラフ4.178では，第25条第5項に基づく仲裁は，相互協議の一部であり，締約国間の租税条約に係る紛争を解決する代替手段ではない。第25条コメンタリーのパラグラフ63-85は，相互協議における仲裁の指針を提供している。
38　新OECD移転価格ガイドライン・パラグラフ4.179では，これにより，政府と納税者は，最初から相互協議に投入する時間と労力が満足の行く結果を生み出すであろうと知っているため，相互協議のより一層の利用が促進されるはずであり，政府は，後続の補完的手続の必要性を回避するため，相互協議を必ず効率的に実施するインセンティブを有するであろうと考えられている。

第3節　BEPS防止措置実施条約によるマルチでの救済

　グローバル企業の濫用的租税回避等によるBEPSへの対抗として，移転価格税制と価値創造の一致が求められることになるが，我が国の移転価格税制には大きな影響を与えるものと考えられる。

　第一に，実質性を重視する考え方により，無形資産に係る契約上の法的な所有権に対して，実質的な機能リスク分析による配分を求めることがより可能になってくるものと考えられる。特に，BEPSの中心課題であった超過利益については，移転価格税制の強化により，帰属利益を取り込むための課税処分が積極化する可能性がある。そのため，無形資産に係る包括的定義を前提とした価値創造への貢献度分析を行い，超過利益の価値創造に沿った配分を行っていくものと考えられる。

　第二に，所得相応性基準を背景とした価格調整措置の導入により，超過ロイヤルティの回収を可能とする定期的調整が行われることとなれば，課税関係の安定性が大きく損なわれる可能性があり，適用要件の厳格化が課題となっているものと考えられる。BEPSへの対抗措置による超過利益の価値創造に沿った配分を所得相応性基準を背景とした価格調整措置の適用により実現することは，これまでの米国での所得相応性基準の適用を超える問題であり，極めて慎重な検討が必要である。例えば，我が国のように取引単位営業利益法の適用により，無形資産価値の事後的上昇に対して既に歯止めをかける執行を行っている場合，あるいは中国のようにバリューチェーン分析を強く求めている場合には，価格調整措置の導入により取引単位利益分割法による定期的調整が行われる可能性があるものと考えられる。

　バリューチェーン分析による取引単位利益分割法の適用は，統合アプローチによりグローバル企業全体を移転価格税制の対象とするものであり，二重課税となった場合には解決が極めて困難になるという問題がある。BEPSへの対抗措置は包括的アプローチにより対応することが求められているが，グローバ

ル・バリューチェーン分析により包括的な所得相応性基準を背景とした価格調整措置の適用を行っていくためには，二重課税の解決も包括的に確保していくことが求められていると考えられる。

　BEPSへの対抗措置としての移転価格税制と価値創造の一致を前提に所得相応性基準を背景とした価格調整措置の適用を行うことは，グローバル企業にとって二重課税リスクを拡大させるものであり，価格調整措置の適用において各国の税務当局が整合的な対応を行っていくことが求められていると考えられる。

参 考 文 献

青山慶二「プロフィット・スプリット法」金子宏編『国際課税の理論と実務』有斐閣，1997年4月。

大岩利依子「移転価格税制における無形資産取引の考察―無形資産の所有権について（1-3）」商学研究58巻2・3合併号，58巻4号，59巻1号（2007-2008年）。

岡村忠生「関連法人グループと内国歳入法典四八二条(1)～(3)・完」税法学1984年404号，405号，406号。

岡村忠生「内国歳入法典四八二条の適用における告知と証明責任」法学論叢1989年124巻5＝6号。

岡村忠生「内国歳入法482条における費用分担取決めについて」京都大学法学部創立百周年記念論文集第2巻245頁。

岡村忠生「無形資産の課税繰延取引と内国歳入法典482条(1)(2)」民商118巻4-5号610頁，6号803頁。

岡村忠生「税務訴訟における主張と立証―非正常取引を念頭に―」芝池義一，田中治，岡村忠生『租税行政と権利保護』ミネルヴァ書房，1995年。

金子宏「アメリカ合衆国の所得課税における独立当事者間取引（arm's length transaction）の法理―内国歳入法典482条について―」『所得課税の法と政策』有斐閣，1996年。

金子宏「移転価格税制の法理論的検討―わが国の制度を素材として―」『所得課税の法と政策』有斐閣，1996年。

川端康之「米国内国歳入法典四八二条における所得配分―関係理論から見た『所得創造理論』―㈠～（四・完）」民商法雑誌第101巻第2～5号，1989～1990年。

川端康之「利益分割法における分割要素」関西大学商学論集第43巻第4号，1998年。

木村弘之亮『租税証拠法の研究』成文堂，1987年。

木村弘之亮『多国籍企業税法―移転価格の法理』慶応大法学研究会，1993年。

木村弘之亮「OECD vs US 移転価格税制―利益比準法，取引単位営業利益法，利益分割法をめぐって」慶応義塾大学法学研究会『法學研究』，2000年72巻12号。

財務省主税局参事官室「BEPS プロジェクトの概要」月刊国際税務 Vol.36, No.2（国際税務研究会），2016年。

品川芳宣「移転価格税制における独立企業間価格の算定」TKC 税研情報14巻1号，2005年。

田中琢二，青山慶二「BEPS 行動計画について」租税研究796号（日本租税研究協会），2016年。

田中琢二「BEPS 報告書とその背景・概要・展望」月刊国際税務 Vol.36, No.2（国際税務研究会），2016年。

中里実「独立当事者価格決定のメカニズム」租税法研究21号，1993年。

中里実「国際取引と課税―課税権の配分と国際的租税回避―」有斐閣，1994年。

中村雅秀「国際移転価格の経営学」清文社，2006年。

中村雅秀「アメリカ属領法人優遇税制と製薬産業」立命館国際研究［立命館大学国際関係学会編］，2005年6月。

日本租税研究協会「内国歳入法第482に関する白書（移転価格の研究）の概要」日本租税研究協会，1998年。

藤枝純「IRS による米国移転価格税制の再検討―日米租税摩擦―（上），（下）」国際商事法務第17巻第1・2号，1989年。

藤枝純「日米移転価格税制の考察(1),(2)」国際商事法務第19巻第6・7号，1991年。

藤枝純「米国移転価格最終規則の解説（上），（下）」国際税務第14巻第8・10号，1994年。

増井良啓「移転価格税制―経済的二重課税の排除を中心として―」日税研論集33号，1995年。

増井良啓「技術的生産活動と移転価格税制」金子宏編『国際課税の理論と実務』有斐閣，1997年。

増井良啓「移転価格税制の長期的展望」水野忠恒編『国際課税の理論と課題』税務経理協会，2005年。

水野忠恒「Arm's Length Transaction の法理」税理第22巻第10号，1979年。

水野忠恒「独立企業間価格の算定方法等の確認について」税務弘報35巻7号，1987年。

村井正「トランスファー・プライシングによる租税回避行為の規制」関西大学『多国籍企業の研究』，1980年。

望月文夫「日米移転価格税制の制度と運用―無形資産取引を中心に」大蔵財務協会，

2007年。

矢内一好「租税条約における特殊関連企業条項の意義」租税研究第537号，1994年。

矢内一好「移転価格税制の理論」中央経済社，1998年。

山川博樹「我が国における移転価格税制の執行―理論と実務―」税務研究会，1996年。

山川博樹「移転価格税制―二国間事前確認と無形資産に係る実務上の論点を中心に―」税務研究会，2007年。

渡辺裕泰「無形資産が絡んだ取引の移転価格課税―TNMM（取引単位営業利益法）導入の必要性」ジュリスト1248号，2003年。

NERAエコノミックコンサルティング「移転価格の経済分析―超過利益の帰属と産業別無形資産の価値評価―」中央経済社，2008年。

Altus Alliance, "Comments on Chapter VI and VII of the OECD TP Guidelines." (http://www.oecd.org/dataoecd/41/29/46018080.pdf), 2010.

Astra Zeneca, "Transfer Pricing Aspects of Intangibles Project Scoping," (http://www.oecd.org/dataoecd/37/49/46025487.pdf), 2010.

Avi-Yonah, Reuven S., "The Rise and Fall of Arm's Length : A Study in the Evolution of U. S. International Taxation." Michigan Law, Public and Legal Theory Working Paper Series, Working Paper No. 92, 2007.

Avi-Yonah, Reuven S., "MIGRATION OF INTELLECTUAL PROPERTY : UNINTENDED EFFECT OF TRANSFER PRICING REGS." Tax Notes, Dec. 9, 2002.

Avi-Yonah, Reuven S." XILINX REVISITED." Tax Notes Int'l, June 8, 2009.

Avi-Yonah, Reuven S." XILINX AND THE ARM'S-LENGTH STANDARD." Tax Notes Int'l, March 29, 2010.

Barsalou Lawson, "Reply to the invitation to Comment on the Scoping of the OECD's future projrct on the Transfer Pricing Aspects of Intangibles," (http://www.oecd.org/dataoecd/37/4/46025988.pdf), 2010.

Barsalou, Lawson, "Reply to the Invitation to Comment on the Scoping of the OECD's future project on the Transfer Pricing Aspects of Intangibles." (http://www.oecd.org/dataoecd/37/4/46025988.pdf), 2010.

Bassani, Sheena (Barsalou Lawson); Cousins, Andrew (Cadbury), "Marketing Intangibles?" (http://www.oecd.org/dataoecd/20/43/46366788.pdf), 2010.

BEB-VVA-Gallo," Comments of the scoping of the OECD future project on the Transfer Pricing Aspects of Intangibles"
(http://www.oecd.org/dataoecd/37/3/46026017.pdf), 2010.

Berry, Charles H, "Economics and the Section 482 Regulation," 43 Tax Notes 741 (1989).

BIAC, "BIAC Responses to the OECD Questions for Purposes of Scoping an OECD Project on Intangibles." (http://www.oecd.org/dataoecd/18/33/46026029.pdf), 2010.

Birch, Robert J, "High Profit Intangibles After the White Paper and Bausch and Lomb: Is The Treasury Using Opaque Lenses?" University of Miami Law School Institutional Repository, University of Miami Business Law Review, 10-1-1991.

Bollmann, Frank (International Valuation Standards Council), "The Valuation of Intangible Assets." (http://www.oecd.org/dataoecd/5/18/47420919.pdf), 2011.

Coffill, Eric J. Willson, Prentiss Jr." FEDERAL FORMULARY APPORTIONMENT AS AN ALTERNATIVE TO ARM'S LENGTH PRICING: FROM THE FRYING PAN TO THE FIRE?" 59 Tax Notes 1103, MAY 24, 1993.

Collins, Alister (AstraZeneca), "Transfer Pricing Aspects of Intangibles Project Scoping." (http://www.oecd.org/dataoecd/37/49/46025487.pdf), 2011.

Collins, Alister (AstraZeneca); Neighbour, John (KPMG), "Characterization of intangible transfers and transfers made in connection with a cost contribution agreement." (http://www.oecd.org/dataoecd/20/23/46366888.pdf), 2011.

Dolan, D. Kevin, "Intercompany transfer Pricing for the Layman," Tax Notes Vol. 49 (October 8, 1990).

Eales, Jim "Valuation of Intangibles under IFRS 3R, IAS 36 and IAS 38."
(http://www.oecd.org/dataoecd/4/53/47421362.pdf), 2011.

Falk, Daniel, "IT'S TIME TO REVISIT THE APPLICATION OF THE CUT. (Section 482--Transfer Pricing)" Tax Notes, Apr. 18, 2016.

Gaffney, Mike, "BASICALLY, EVERYONE ON A PROFIT SPLIT?" Tax Notes,

May 4, 2015.

Granfield, Michael E, "An Economic Analysis of the Documentation and Financial Implications of the New Section 482 Regulations," 7 Tax Notes International 97 (1993).

Green, Robert (Skadden), "Presentation on OECD Project on Transfer Pricing Issues Relating to Intangibles." (http://www.oecd.org/dataoecd/1/22/46364462.pdf), 2011.

Horst, Thomas, "The Comparable Profit Method," 59 Tax Notes 1253, 1993.

Horst, Thomas, "PROFIT SPLIT METHODS," 60 Tax Notes 335.

Kimberly A. and Durst, Michael C. "Allocating Business Profits for Tax Purposes: A Proposal to Adopt a Formulary Profit Split" Fla Tax Rev. 9. No. 5, 2009.

Kittle, Brian, "TRANSFER PRICING AUDIT ROADMAP: AN EXAM RESPONSE FRAMEWORK," Tax Notes, Sept. 28, 2015.

Leroux, Isabelle and Quenedey, Anne (Bird & Bird), "Legal protection of intangibles." (http://www.oecd.org/dataoecd/4/35/47421262.pdf), 2011.

Mazur, Orly, "TAXING THE CLOUD: TRANSFER PRICING CONSIDERATIONS," Tax Notes, Jan. 30, 2017.

Müller, Johann H. (Tax Executive Institute), "Valuation in a highly uncertain environment: Commonality and valuation of contingent purchase prices, price adjustment clauses, and renegotiations."
(http://www.oecd.org/dataoecd/5/13/47421134.pdf), 2011.

Müller, Johann H. (Tax Executive Institute), "Definitional and ownership issues related to intangibles developed through research and development."
http://www.oecd.org/dataoecd/20/46/46366876.pdf, 2011.

OECD, "Addressing Base Erosion and Profit Shifting." 2013.

OECD, "Action Plan on Base Erosion and Profit Shifting." 2013.

OECD, "Aligning Transfer Pricing Outcomes with Value Creation." 2013.

OECD, "Guidance on Transfer Pricing Documentation and Country by Country Reporting." 2013.

OECD, "Transfer Pricing Guideline for Multinational Enterprises and Tax

Administrations." 2017.

PricewaterhouseCoopers, "Transfer Pricing Aspects of Intangibles." (http://www.oecd.org/dataoecd/52/7/46043673.pdf), 2011.

Sullivan, Martin A. "ANALYSIS: HOW TO PREVENT THE GREAT ESCAPE OF RESIDUAL PROFITS." Tax Notes, Oct. 7, 2013.

Sullivan, Martin A. "ANALYSIS: SHOULD WE PROMOTE OR PUNISH EXCESS PROFITS?" Tax Notes, Nov. 2, 2015.

Theeuwes, An (VNO-NCW), "OECD Project on the Transfer Pricing aspects of Intangibles, Definitional issues."
(http://www.oecd.org/dataoecd/20/41/46365062.pdf), 2011.

Treasury Department Office of International Tax Counsel Office of Tax Analysis and Internal Revenue Service Office of Assistant Commissioner (International) Office of Associate Chief Counsel (International), "A Study of Intercompany Pricing Discussion Draft," October 18, 1988. Chapter 2. Transfer Pricing Law and Regulations before 1986.

Voorhis, Robert A., "Service Discretion and Burden of Proof in International Tax Cases Involving Section 482" (1982), Cornell International Law Journal, Volume 15 Issue 1 Winter 1982.

Wheeler, James E. "An Academic Look at Transfer Pricing in a Global Economy," Tax Notes 87, at 88 (1988).

【著者紹介】

角田　伸広（つのだ　のぶひろ）

KPMG税理士法人パートナー　法学博士，経営法博士，税理士

国税庁において国際業務課長及び相互協議室長等，東京・大阪国税局において課税第1部長，調査第1部長及び国際情報課長等を歴任し，二重課税回避，情報交換，移転価格調査及び事前確認等の企画・立案・実施・管理等を行う。OECD租税委員会及びUN国際租税協力専門家委員会においてOECDモデル租税条約，移転価格ガイドライン，UNモデル租税条約及び移転価格実務マニュアル等の改訂・策定の議論に参画。2013年KPMG税理士法人に入所。

主な著書に，『租税条約の実務詳解―BEPS防止措置実施条約から情報交換・相互協議・仲裁まで』（共著，中央経済社），『タックス・ヘイブン対策税制の実務詳解―パナマ文書／抜本改正から判決事例まで』（共著，中央経済社），『BEPS移転価格文書の最終チェックQ&A100』（中央経済社），『BEPSで変わる移転価格文書の作成実務―新無形資産ルールと同時文書化への対応』（中央経済社），『移転価格税制の実務詳解―BEPS対応から判決・裁決事例まで』（共著，中央経済社），『移転価格税制実務指針―中国執行実務の視点から』（監訳，中央経済社）などがある。

所得相応性基準
―評価困難な無形資産取引に係る価格調整措置導入の背景

2019年3月20日　第1版第1刷発行

著　者　角　田　伸　広
発行者　山　本　　　継
発行所　㈱中央経済社
発売元　㈱中央経済グループ
　　　　パブリッシング

〒101-0051　東京都千代田区神田神保町1-31-2
電　話　03（3293）3371（編集代表）
　　　　03（3293）3381（営業代表）
http://www.chuokeizai.co.jp/
印刷／文唱堂印刷㈱
製本／㈲井上製本所

© 2019
Printed in Japan

＊頁の「欠落」や「順序違い」などがありましたらお取り替えいたしますので発売元までご送付ください。（送料小社負担）

ISBN978-4-502-29971-1 C3034

JCOPY〈出版者著作権管理機構委託出版物〉本書を無断で複写複製（コピー）することは，著作権法上の例外を除き，禁じられています。本書をコピーされる場合は事前に出版者著作権管理機構（JCOPY）の許諾を受けてください。

JCOPY〈http://www.jcopy.or.jp　eメール：info@jcopy.or.jp　電話：03-3513-6969〉